运动营养学

主　编　史仍飞　袁海平

编　委（按姓氏笔画排序）：
王　茹（上海体育大学）
史仍飞（上海体育大学）
左　群（上海体育大学）
庄　洁（上海体育大学）
郑　璇（长海医院）
郑晟琳（上海体育大学）
袁海平（上海体育大学）

北京体育大学出版社

策划编辑　木　凡
责任编辑　钱春华　仝杨杨
责任校对　李志诚
版式设计　司　维　博文宏图

图书在版编目（CIP）数据

运动营养学/史仍飞，袁海平主编．－北京：北京体育大学出版社，2015.11（2025.6 重印）
ISBN 978－7－5644－2104－5

Ⅰ．①运… Ⅱ．①史… ②袁… Ⅲ．①体育卫生－营养学 Ⅳ．①G804.32

中国版本图书馆 CIP 数据核字（2015）第 279939 号

运动营养学　　史仍飞　袁海平　主编

出版发行：北京体育大学出版社
地　　址：北京市海淀区农大南路 1 号院 2 号楼 2 层办公 B－212
邮　　编：100084
网　　址：http://cbs.bsu.edu.cn
发 行 部：010－62989320
邮 购 部：北京体育大学出版社读者服务部 010－62989432
印　　刷：三河市龙大印装有限公司
开　　本：710mm×1000mm　1/16
成品尺寸：170mm×228mm
印　　张：23
字　　数：384 千字
版　　次：2015 年 11 月第 1 版
印　　次：2025 年 6 月第 9 次印刷
定　　价：56.00 元

编者的话

《运动营养学》是我们在第一版的基础上，根据多年的教学经验重新修订的一本教材。本书围绕“营养”与“运动”两大健康要素，努力结合国内外研究成果和进展，尽可能全面阐述运动营养学的基础与专业理论。期望为体育院校运动人体科学、运动医学、体育教育、运动训练学等专业学生提供一部较高质量的教材，同时也可作为从事以上专业的教师和科研人员的一部参考书。

运动营养学是营养学中的一个分支，它是研究营养与竞技体育、大众健身、疾病康复关系的一门学科。合理营养是健康的基础，也是保证运动员取得良好运动成绩的基本因素之一。竞技体育的高度发展，最佳运动成绩的取得已经越来越要求运动员发挥自身的体能极限。要想创造一个新的成绩，就必须进行超负荷训练，没有充足合理的营养支持，不可能达到预期目标，同时也无法保证训练效果。另外，随着社会经济的发展和人们生活水平的提高，人们对运动、营养与健康的关系日渐重视，我国健身活动蓬勃开展，与之不相适应的是由于缺乏合理的营养指导，健身者不知道如何采用合理的营养来保证最佳的健身效果。身体健康在于运动和营养，人体许多疾病的发生及亚健康状态均与缺乏合理的运动及营养密切相关，如何通过合理膳食及适当运动达到促进健康、加速疾病恢复是人们迫切的意愿。因此加强运动营养学的教学与研究，是发展全民体育事业的必由之路。

本教材努力注重科学性、先进性、系统性、应用性和可读性的有机统一。教材共 18 章，内容包括营养学基本理论、营养与健康、营养学知识在体育锻炼和运动训练中的应用、营养与疾病防治以及食品安全与管理等。内容较为广泛，不同专业学生可根据培养目标，将各章节内容确定为掌握、熟悉和了解。本书可供体育院校多专业及医学院校相关专业选用，各专业可根据培养目标，确定不同的教学大纲，这为担任专业课程的老师提供了便利，也为学生提供了较宽领域的营养知识。

在编写本书过程中，全体参编人员团结协作，尽责尽力，付出了大量心血。学校及运动科学学院领导给予极大的支持和帮助，在此表示衷心感谢！本教材参阅和引用了国内外许多学者的研究成果和资料，在此一并致谢！

目 录

绪 论

随着世界经济的发展和人们生活水平的提高，膳食结构发生了很大的改变。运动、健康与膳食是衡量一个国家经济和科学文化发展水平的重要标志；合理营养、适量体力活动和健康的生活方式是增进健康的有效措施。其中合理营养和平衡膳食是防止疾病、维持人体健康水平的物质基础，因此如何通过合理营养提高人们的健康水平是生命科学工作者的必修课。

营养学（nutriology）是研究营养与生物健康关系的一门学科，属生物学分支。人体营养学是研究合理利用食物以满足人体需要，促进健康，提高机能的科学，属预防医学范畴。运动营养学（sports nutriology）是营养学的分支，是一门研究合理营养对运动员竞技能力和健康影响的新兴学科。其研究内容主要包括：人体营养学基础；运动员在不同的训练或比赛情况下的营养需要；饮食和营养干预措施对提高运动员机体机能、运动能力的作用；营养与运动机体体力适应、疲劳恢复的关系；运动营养与慢性疾病防治以及健康的关系；食品安全与管理。

学习运动营养学的目的和任务是：（1）掌握营养学的基础知识和合理营养的基本要求，认识营养对健康及运动能力的促进作用及其规律；（2）掌握不同项目、不同年龄、不同性别运动员的营养特点及其在比赛期、特殊环境中训练和控制体重等的营养措施。（3）了解营养、运动与慢性病防治的关系及其饮食防治方法；（4）初步掌握营养调查方法和对人体营养状况进行综合评价，并提出有效措施。以达到提高运动员竞技水平、改善人体营养状况、增强体质、防治疾病、增进健康和提高生活质量的目的。

一、运动营养学的相关概念

（一）营养（nutrition）

从字义上讲“营”是谋求，“养”是“养生”，营养就是谋求养生，具体是指生物从外界摄入食物，在人体内经过消化、吸收、代谢以满足其自身生理功能和从事各种活动需要的必要生物学过程。

（二）营养素（nutrients）

其是指食物中可被人体消化吸收，对人体有益的化学物质，包括碳水化合物类、脂类、蛋白质、维生素、矿物质、膳食纤维以及水等7大类。食物中存在的膳食纤维，身体不能消化吸收，但它对人体健康有重要意义，属于膳食必需成分。营养素有3大基本功能：提供能量、构建机体和修复组织、调节代谢以维持正常生理功能。

（三）食物（food）

其是生物为了生存和生活所必需摄入体内的营养物质。近年来，随着科学的发展，农作物的种植方式和食品的加工方式发生了很大的改变，人类对食物成分的认识进一步深入，对食物成分的研究也由已知的营养成分扩展到功效成分，如大豆异黄酮、植物甾醇等。这些改变必将对营养学的发展产生重大影响。为此中国疾病预防控制中心营养与食品安全所的营养学专家们对我国的食物成分表进行了修订，这为中国居民选择和搭配食物提供了依据。

（四）膳食（diet）

即人们日常食用的饮食，它是由多种食物组成的。食物可视为营养素的载体，膳食可视为含有多种营养素的多种食物的混合体。

（五）膳食指南（dietary guideline）

其是根据营养学原则，以科学成果为依据，针对人群中存在的主要营养问题，告诉人们科学用餐的重要指导原则。中国营养学会制定了《中国居民膳食指南》（2007），其宗旨是帮助我国居民合理选择食物，注意食品卫生并进行适量的身体活动，以改善人们的营养和健康状况，减少或预防慢性病的发生，提高国民的健康素质。《中国居民膳食指南》由一般人群膳食指南、特定人群膳食指南和中国居民膳食宝塔3部分组成。根据膳食指南的原则来搭配、安排日常饮食是通往健康的光明之路。

（六）膳食营养素参考摄入量（dietary reference intakes，DRIs）

其是指为满足人群健康个体基本营养所需的能量和特定营养素的摄入量，是中国营养学会2000年在美国推荐膳食营养素供给量（recommended dietary allowances，RDAs）基础上发展起来的一组每日平均膳食营养素参考摄入量的参考值，是设计和评价膳食质量的标准，也是膳食指南的体现。它包括以下4项指标。

（1）平均需要量（estimated average requirement，EAR）是某一特定性别、年龄及生理状况群体中50%个体对某营养素需要量的平均值。这一摄入水平不能满足群体中另外50%个体对该营养素的需要。

（2）推荐摄入量（recommended nutrient intake，RNI）相当于传统的RDA，可以满足某一特定群体中绝大多数（97%～98%）个体的需要，长期摄入RNI水平，可以满足身体对该营养素的需要，保持健康和维持组织中有适当的储备。RNI的主要用途是作为个体每日摄入该营养素的目标值。

（3）适宜摄入量（adequate intake，AI）是通过观察或实验获得的健康人群某种营养素的摄入量，其准确性不如RNI。例如纯母乳喂养的足月产健康婴儿，从出生到4～6个月，他们的营养素全部来自母乳。母乳中供给的营养素量就是他们的AI值，AI的主要用途是 作为个体营养素摄入量的目标。AI与RNI相似之处是二者都用作个体摄入的目标，能满足目标人群中几乎所有个体的需要。AI和RNI的区别在于AI的准确性远不如RNI，可能显著高于RNI。因此使用AI时要比使用RNI更加小心。

（4）可耐受最高摄入量（tolerable upper intake level，UL）是平均每日可以摄入某营养素的最高限量，该量对一般人群中几乎所有个体都是安全的，当从食物、饮水及补充剂中某营养素摄入总量超过 UL 值越多，损害人体健康的危险性就越大。

人体每天都需要从膳食中获得一定量的各种必需营养成分。当一个人群的平均摄入量达到 EAR 水平时，人群中有半数个体的需要量可以得到满足：当摄入量达到 RNI 水平时，几乎所有个体都没有发生缺乏症的危险。摄入量在 RNI 和 UL 之间是一个安全摄入范围，一般不会发生缺乏也不会中毒。摄入量超过 UL 水平再继续增加，则产生毒副作用的可能性随之增加。

二、运动营养学的意义

饮食营养与人的健康关系非常密切。营养素、食物和饮食是维持人体生命和机体生命活动代谢的最基本条件。合理的运动和营养对促进生长发育、增进健康、提高机能、防治疾病、延缓衰老以及运动员达到优异成绩，都是不可缺少的重要因素。运动营养学在体育科学、康复医学、预防医学中占有很重要的地位。同时，它又是一门综合性学科，与运动生理学、运动生物化学、运动医学、康复医学、体育训练学等有非常密切的关系。

（一）营养与生长发育及生理机能

影响生长发育和生理机能的因素是多方面的，而营养是重要的因素之一，因为营养素是构成机体的物质保证。成年人需要营养素来维持体重及保障机体功能；儿童、青少年除了维持机体功能外，还需要更多营养素满足生长发育的需要；妊娠和哺乳的妇女需要额外的营养素以保证胎儿及母体相关组织增长和泌乳的需要，合理的营养可促进婴、幼儿童及青少年的生长发育，而营养不良则可导致体质下降、智力发育不良、患病率和死亡率上升。因此人体每天都需要从膳食中获取各种营养物质来维持其生存、健康和社会生活。如果长期摄取某种营养素不足或过多就可能发生相应的营养缺乏或过剩的危害。

营养可从神经和体液两个方面影响人体机能。人脑的决定性生长是在出生后到2周岁，若此时营养缺乏，会影响脑细胞的数量、大小和神经髓鞘及神经递质的形成，因而导致脑发育障碍。生理机能的调节，是靠体液中的激素、酶、矿物质和维生素等完成。其中的矿物质与维生素及体液中的水就是营养素，直接由食物中摄取。而激素与酶则需要蛋白质、脂肪、矿物质、维生素等营养素参与合成，也需从食物中摄取。所以，营养的好坏，对代谢调节物质含量和功能有直接影响。如蛋白质、维生素营养不良时，必定导致酶系统的缺乏。脂类营养不良时可影响激素的合成，缺铁则影响血红蛋白的合成，降低血液的携氧功能等。

（二）营养与健康长寿及疾病防治

食物对健康和寿命的影响一直是中外学者探究的议题之一。健康长寿，自古即为世人向往，时至今日，科学饮食仍以其特有的保健和益寿魅力，深受人们欢迎，更被大力提倡和研究。吃是生命活动的表现，也是健康长寿的保证。“安谷则昌，绝谷则危。安民之本，必资于食。”只有健康的身体，才能有所成就、有所贡献。

医学科学深入而迅猛地发展和医学模式的改变，人民生活水平不断地提高，传染病发病率及死亡率均显著下降，人类的平均寿命明显延长，而退行性疾病已成为死亡的主要原因。当前我国病死率排在前4位的是：恶性肿瘤、脑血管疾病、呼吸系统疾病和心血管疾病。近50年来大量的流行病学调查、临床观察和动物实验研究的资料均表明，不良的饮食习惯、不合理的营养方式是引起退行性病变的重要原因之一。营养不良包括营养缺乏、营养过剩、营养不平衡，这些都会给健康带来不利的影响。在我国营养缺乏症依然存在，如维生素A缺乏引起干眼病，缺钙引起佝偻病等；但因营养过剩所致的肥胖、高脂血症、冠心病、糖尿病、癌症等疾病发病率在某些地区明显增高。流行病学研究表明，动脉粥样硬化是一种由遗传基因与环境因素相互作用而形成的慢性全身性疾病，其有关危险因素多达10种，但最重要的有3种：高血压病、高血脂和糖尿病。而这3大因素均与饮食营养有非常密切的关系。合理的饮食可以预防和治疗疾病，而饮食不合理则可以引起或加重疾病。

营养与疾病相互影响，营养不良，机体抵抗力下降，易患各种疾病，而机体患病时体内代谢改变或食欲不良，容易发生营养缺乏。所以在疾病的预防和治疗上，营养都是十分重要的。各种营养素与健康的关系非常密切，著名营养学家诺贝尔奖金获得者莱纳斯·波林斯断言：“合理营养可以使人的寿命延长20年。”中国有句名言“药补不如食补”，反映了营养对健康的重要意义。

（三）营养与体育科学

近年来，随着体育科学的迅速发展，运动营养学越来越受到人们的注意与重视，将营养与训练有机地结合，成为运动训练工作中重要的一环，从而促使运动训练效果和运动成绩的迅速提高。

合理营养是运动员健康和运动能力的保证，也是影响身体素质和身体成分的一个关键因素。营养与运动员的训练、机能状态、体力适应、恢复过程以及运动性疾病的发生均有密切的关系。合理营养有助于为运动员提供适宜的能量，发展身体素质和专项竞技能力，提高运动成绩。近年来许多研究结果表明，影响运动能力最主要、最基本的因素是运动时能量的产生、利用及其调节。能量的产生与利用增加，以及调节能力的增强，将促进运动能力的提高。运动员在运动时能量的供给和运动后物质的恢复都与其营养水平有关，营养素既可作为运动时的能源物质，又可参与运动时或运动后物质代谢和能量代谢的调节。摄入食物的量和时间在很大程度上影响运动能力。运动性疲劳的常见原因有能源物质的消耗、脱水、酸性产物堆积、电解质丢失、维生素和微量元素缺乏或不足，而这些都可通过合理营养得到纠正，从而加速疲劳的恢复。此外，运动员因训练和比赛的需要存在一些特殊的营养问题，如按体重级别（举重、摔击、拳击、柔道、跆拳道、轻量级划船等）进行比赛的运动员，在比赛前常有减体重的问题，体操、跳水等运动员因完成高难度动作的需要，则要求长期控体重。这些问题都涉及到运动员的合理营养。营养措施不当，就会带来严重的医学问题，影响运动员的健康和竞技运动能力。运动员采取特殊的营养策略，可以发挥他们的最大运动潜能。因此营养条件是运动训练和比赛的一个重要的物质基础。不同项目运动员吃什么？吃多少？怎样吃是值得认真研究的重大问题。

在群众体育运动中，体育运动和合理营养的结合在增强人民体质和健康水平中的作用日益突出。营养是构成机体组织的物质基础，体育运动是增强人体机能的有效手段，两者科学的配合，可更有效地促进身体发育，提高健康水平。只注意营养而缺乏体育运动，会使人肌肉松弛、肥胖无力、机能减弱；进行体育健身而缺乏必要的营养，体内消耗的能量物质得不到应有的补偿，也会使人的机能减弱，妨碍发育，并发营养缺乏症，有碍身体健康。所以，适当的运动和合理的营养相结合才是保证健康的重要措施。

三、营养及运动营养学发展概况

人类是在漫长的生活实践中对营养逐渐由感性经验上升到科学认识的。我国从3 000年前就有食医，认为食养居于术养、药养等养生之首。在黄帝内经以及各家医学著作中有对食养、饮食的阐述，指出就食物的功能而言，食用和药用同等重要，“用之充饥则谓之食，以其疗病则谓之药”。此后在历代医书中均有关于饮食营养与健康的论述，在《神农本草》和《本草纲目》等医学著作中记载了数百种食物的性质及其对人体健康的影响。现代营养学奠基于18世纪中叶，期间提出呼吸是氧化燃烧的理论，营养过程是对碳水化合物、脂肪、蛋白质的氧化，确定了碳水化合物、脂肪、蛋白质的氧化系数。19～20世纪中叶，陆续发现了各种营养素：如1810年发现了第一种氨基酸，1838年蛋白质作为一种科学术语而被命名，1844年发现了血糖，1881年对无机盐有了较多研究，1920年正式命名维生素，1929年证明亚油酸为人体必需脂肪酸，1938年提出8种必需氨基酸。1934年美国营养学会成立后承认营养学为一门独立的学科。1943年，美国首次提出各社会人体膳食营养素供给量的建议，此后许多国家也提出了自己的营养素供给量建议，作为合理营养的科学依据。

我国的现代营养学是在20世纪初创立的，其间进行了食品营养成分和营养状况的调查研究。1939年，中华医学会提出了我国第一个营养素供给量的建议。1945年正式成立了中国营养学会。1952年我国出版了第1版《食物成分表》，1956年创刊了《营养学报》，1959年对全国26省市的50万人进行了四季膳食调查，1962年提出了建国后第一个营养素供给量建议，1982年和1992年又进行了第二次、第三次全国性营养调查，1988年中国营养学会修订了每人每日膳食营养素供给量，1989年中国营养学会提出我国居民膳食指南。随着我国经济的发展和人民生活水平的提高，膳食结构的改变，又于1997年修订了膳食指南。1998年中国营养学会为了配合国务院制订的《中国营养改善行动计划》，又发布了《中国居民平衡膳食宝塔》，把我国食物分类的概念和每人每日各类食物合理摄入范围，以形象、量化和直观的形式展现出来，这对普及营养知识，指导居民合理膳食，具有重要的实际意义。2000 年 10 月 17 日中国营养学会在第八次全国营养学术会议上又公布了我国第一部“膳食营养素参考摄入量”，这标志着我国营养学界在理论研究和实践运用的结合方面又迈出了新的一步。2006 年中国营养学会组织了修订《中国居民膳食指南》专家委员会，对中国营养学会 1997 年发布的《中国居民膳食指南》进行修订，经过多次论证、修改，并广泛征求相关领域专家、机构和企业的意见，形成了《中国居民膳食指南》（2007），于 2007 年 9 月由中国营养学会理事会扩大会议通过。2009 年修订并出版了《食物成分表》第 2 版，食物成分数据不仅是营养学研究的依据，也是营养学这一学科发展和进步的具体体现。这种互为依托、互相促进的关系必将有利于其共同发展，并对人类营养和健康起到保障作用。同时以分子营养学的研究手段阐述各种营养相关疾病的发病机制，探讨营养素与基因的相互作用，并从分子水平利用营养素预防和控制与营养相关的疾病，已成为 21 世纪营养学的又一研究热点。

运动营养学是营养学中一个新的分支，也是运动医学中起步较晚的一项内容。我国运动营养学的研究始于 20 世纪 50 年代后期，最初的研究多为运动员膳食营养调查，个别运动项目运动员的能量消耗，以及维生素 C、维生素 B_1 需要量的研究。70 年代，特别是 80 年代以来，随着运动训练和比赛的需要以及体育科学的发展，运动营养得到较大重视，因而有了较快的发展。现在不仅在体育界，而且在医药卫生界，也开展了运动营养的研究。近年来运动营养研究的主要内容大致为：我国优秀运动员营养素需要量的制订；各种营养素代谢与运动能力的关系，运动员长期控制体重与急性减体重的营养问题，营养对运动员体成分的影响，运动员的水盐代谢；提高运动能力及消除疲劳的营养措施；合理膳食营养和营养学强力手段在训练和比赛中的应用；运动饮料、运动食品与营养补剂的研制以及加强其他科学技术在运动营养学领域的应用。

总之运动营养科学事业关系到体育运动走向世界强国的大业。科学合理的营养，必将增强运动员身体素质，使之能够承受高强度、快节奏的运动方式，并提高运动员所必需的适应力、拼搏力、耐受力、爆发力和运动技术水平。

思考题：

1. 何谓营养素？人体需要的营养素有哪几类？
2. 膳食、食物、营养、营养素的概念分别是什么？它们有何关系？
3. 何谓 DRIs？有何意义？
4. 简述营养与健康、营养与运动能力的关系。

（袁海平）

第一章 运动与能量

提 要 能量是维持正常生命活动的基础，亦是维持人体运动能力的重要前提。本章主要介绍热能的基本概念，人体的能量消耗、需要量及供给。运动中的能量供应及其与运动能力的关系。

能量代谢是人体一切生命活动的基本特征，能量代谢停止，生命也就终止，所以能量需要是运动营养学首先要考虑的问题。人体所需的能量来自食物中的宏量营养素，包括碳水化合物、脂类和蛋白质3大物质。这些物质在体内生物氧化释放的能量一部分用于维持体温和转化为热能向外环境中散发；另一部分形成三磷酸腺苷（adenosine trphosphate，ATP）储存于高能磷酸键中。ATP在生理条件下释放出能量供机体各种生命活动需要。人体运动时骨骼肌能量消耗迅速增加，但不同的运动方式、不同的运动负荷量其能量需求及消耗特点不一样。因此，对运动员及健身者来说，了解能量及人体对能量的需求是极为重要的。

第一节 能量单位和能量系数

人体不仅在体力活动时需要能量，机体处于安静状态下也需要消耗能量以维持体温、心跳、呼吸等各项基本生命活动。如果人体能量摄入不足，机体会动用自身能量储备甚至消耗自身组织以满足生命活动对能量的需求，若长期处于能量不足状态可导致生长发育迟缓、消瘦、活力消失、甚至生命活动停止而死亡。反之若能量摄入过剩，会以脂肪形式储存于体内，长期能量摄入过剩会发生异常的脂肪堆积。因此能量摄入与消耗的定量平衡尤为重要。营养学上常以能量单位与能量系数来表示能量供给量及消耗量。

一、能量单位

能量单位以“千卡”或“ 焦耳”表示，1 千卡（kcal）就等于 1 kg 纯水从 15℃升高到 16℃所吸收的能量，即纯水每升高 1℃所吸收的能量。1 焦耳（joule，J）即用 1 牛顿（N）的力度使 1 kg 的物体移动 1 m 的距离所消耗的能量。目前国际上通用焦耳作为能量单位，营养学上使用最多的是其 1 000 倍或 10 万倍的单位即千焦（kJ）或兆焦（MJ）。其换算关系为：

1 kcal = 4.184 kJ　　　　1 kJ = 0.239 kcal

1 000 kcal = 4.184 MJ　　　1 MJ = 239 kcal。

二、能量系数

每克碳水化物、蛋白质、脂肪 3 种产能营养素在体外燃烧时分别释放 17.15 kJ（4.10 kcal）、23.64 kJ（5.65 kcal）、39.54 kJ（9.45 kcal）的能量，碳水化物、脂肪在体外燃烧与体内完全氧化所产生的能量相近。而蛋白质体内氧化释放的能量只为体外燃烧释放能量的 77%。这是因为体内蛋白质不能完全氧化，代谢废物中还有尿素、尿酸等含氮有机物，如果把 1 g 蛋白质的这些代谢产物在测热器中燃烧，则可放出 5.44 kJ（1.3 kcal）能量。所以 1 g 蛋白质在体内燃烧只能放出 18.2 kJ（4.35 kcal）能量。

每克碳水化物、蛋白质、脂肪在体内氧化产生的能量值称为能量系数。食物中的营养素在人体的消化道内不能被完全消化吸收，一般混合食物中碳水化物、蛋白质、脂肪三者的吸收率分别为 98%、92%、95%，故 3 种产能营养素的能量系数分别为：

1 g 碳水化物：17.15 kJ × 98% = 16.84 kJ（4 kcal）

1 g 蛋白质：（23.64 kJ − 5.44 kJ）× 92% = 16.74 kJ（4 kcal）

1 g 脂肪：39.54 kJ × 95% = 37.56 kJ（9 kcal）

第二节 人体的能量消耗

人体的能量消耗包括基础代谢、体力活动和食物的热效应 3 个方面。为了达到能量的平衡，人体每天摄入的能量应恰好能满足这 3 个方面的需要，这样才能有健康的体质和良好的工作效率。运动员的能量消耗比普通人高，其能量代谢具有强度大、消耗率高和伴有不同程度氧债等特点，若以相对代谢率来比较，运动时肌肉中的代谢可比静止状态高两三倍甚至百倍以上。（图 1 - 1）

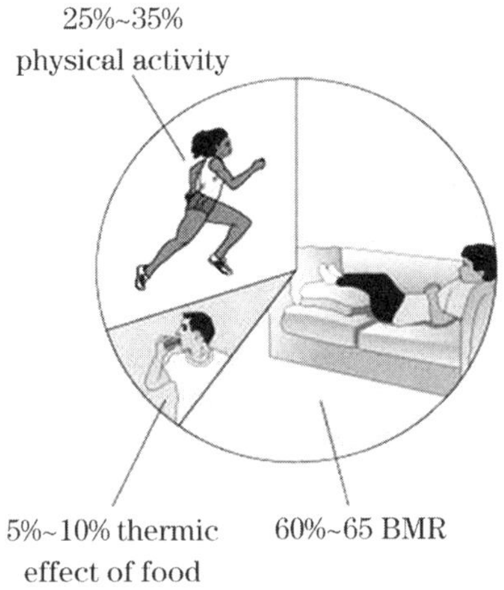

图 1 - 1　成人能量消耗示意图

一、基础代谢

基础代谢（basal metabolism，BM）是指维持生命的最低能量消耗，即人体在清晨而又极端安静的状态下，不受精神紧张、肌肉活动、食物和环境温度等因素影响时的能量代谢。一般在室温 18 ~ 25℃，禁食 12 h 后，静卧、放松而又清醒时测量。此时能量仅用于维持体温和呼吸、血液循环及其他器官的生理需要。在此状态下测得的能量消耗比一般休息时低，但比熟睡时高 10%，因此计算 24 h 的能量消耗时应扣除睡眠时少消耗的这部分热能。

单位时间内的基础代谢称为基础代谢率（basal metabolic rate，BMR），指人体处于基础代谢状态下，每小时每平方米体表面积的能量消耗，单位为 kJ/（m^2·h）或 kcal/（m^2·h）。根据基础代谢率可计算出每天基础代谢的能量消耗（basic energy expenditure，BEE）。

基础代谢一般以每小时每平方米体表面积的产热量为单位，传统以 kcal/m^2h 表示，现国际单位则以 kJ/m^2·h 表示。基础代谢的能量消耗常根据体表面积、体重、基础代谢率计算。粗略估计 BMR 的方法是成人男性按每公斤体重每小时 1 kcal（4.18 kJ）、女性按 0.95 kcal（3.97 kJ），和体重相乘直接计算。

现代测定基础代谢的仪器已发展为轻便型，可在床旁操作，通常测定 6 min 内的 O_2 耗量并以每升 O_2 的热价为 4.825 kcal 计算，以求出总的能量消耗。

WHO 于 1985 年推荐使用 Schofield 公式（表 1－1），计算 1 天的基础代谢能量消耗。我国儿童和青少年的基础代谢参考值按下表公式计算，18 岁以上人群的基础代谢按公式计算的结果减去 5%。

表 1－1 WHO 建议的计算基础代谢公式（kcal/d）

年龄/岁	公式（男）	公式（女）
0～3	（60.9×w）－54	（61.0×w）－51
3～10	（22.7×w）＋495	（22.5×w）＋499
10～18	（17.5×w）＋651	（12.2×w）＋746
18～30	（15.3×w）＋679	（14.7×w）＋496
30～60	（11.6×w）＋879	（8.7×w）＋829
>60	（13.5×w）＋487	（10.5×w）＋596

注：w 为体重（kg）。摘自 Technical Report Serie 724，Geneva，WHO，1985。

赵松山于 1984 年提出一个相对适合中国人的体表面积计算公式：

体表面积（m^2）＝0.00659×身高（cm）＋0.0126×体重（kg）－0.1603

根据这个公式先计算体表面积，再按年龄、性别在表1－2中查出相应的BMR，就可计算出24 h的基础代谢水平。表1－2是1～80岁不同年龄段的人体基础代谢率。

表1－2 人体基础代谢率

年龄/岁	男		女		年龄/岁	男		女	
	kJ/m²	kcal/m²	kJ/m²	kcal/m²		kJ/m²	kcal/m²	kJ/m²	kcal/m²
1	221.8	53.0	221.8	53.0	30	154.0	36.8	146.9	35.1
3	214.6	51.3	214.2	51.2	35	152.7	36.5	146.4	35.0
5	206.3	49.3	202.5	48.4	40	151.9	36.3	146.0	34.9
7	197.7	47.3	200.0	45.4	45	151.5	36.2	144.3	34.5
9	189.9	45.2	179.1	42.8	50	149.8	35.8	139.7	33.9
11	179.9	43.0	175.7	42.0	55	148.1	35.4	139.3	33.3
13	177.0	42.3	168.6	40.3	60	146.0	34.9	136.8	32.7
15	174.9	41.8	158.8	37.9	65	143.9	34.4	134.7	32.2
17	170.7	40.8	151.9	36.3	70	141.4	33.8	132.6	31.7
19	164.0	39.2	148.5	35.5	75	138.9	33.2	131.0	31.3
20	161.5	38.6	147.7	35.3	80	138.1	33.0	129.3	30.9
25	156.9	37.5	147.3	35.2					

引自：营养与食品卫生学：第五版，2003：31。

1985年WHO提出用静息代谢率（resting metabolic rate，RMR）代替BMR。测定时全身处于休息状态，禁食仅需4 h。因此，RMR的值一定略高于BMR（表1－3）。RMR一般占总能量消耗的60%～65%。

表 1－3 人体 24 h 静息代谢参考值（kcal）

年龄/岁	体重/kg								
	40	50	57	64	70	77	84	91	100
男性									
10～18	1 351	1 526	1 648	1 771	1 876	1 998	2 121	2 243	2 401
18～30	1 291	1 444	1 551	1 658	1 750	1 857	1 964	2 071	2 209
30～60	1 343	1 459	1 540	1 621	1 691	1 772	1 853	1 935	2 039
>60	1 027	1 162	1 256	1 351	1 423	1 526	1 621	1 716	1 837
女性									
10～18	1 234	1 356	1 441	1 527	1 600	1 685	1 771	1 856	1 966
18～30	1 084	1 231	1 334	1 437	1 525	1 628	1 731	1 833	1 966
30～60	1 177	1 264	1 325	1 386	1 438	1 499	1 560	1 621	1 699
>60	1 016	1 121	1 195	1 268	1 331	1 404	1 478	1 552	1 646

摘自：Nutrition science and applications：第二版，1997：190。

人体的基础代谢不仅个体之间存在差异，自身的基础代谢也常有变化。其影响因素主要有以下几方面。

（1）年龄：婴幼儿基础代谢率非常高，青春期出现一个代谢活跃阶段，以后随年龄增长基础代谢水平不断下降，30 岁以后每 10 年降低约 2%，60 岁以后下降更多。但如注意加强体育锻炼，这种降低相对缓慢得多。

（2）性别：在同一年龄、同一体表面积的情况下，女性的基础代谢率低于男性 5%～10%。

（3）体形：体表面积大者散发能量也多，所以同等体重情况下瘦高者基础代谢高于矮胖者。人体瘦体组织（包括肌肉、心、脑、肝肾等）消耗的能量占基础代谢的 70%～80%，所以瘦体质量（lean body mass）大、肌肉发达者基础代谢水平高。

（4）不同生理、病理状况的影响：孕妇的基础代谢相对较高。生病发热、甲状腺素、去甲肾上素等有关激素水平异常时可改变基础代谢的能量消耗。

（5）尼古丁和咖啡因：可以刺激基础代谢水平升高。

（6）遗传：人与人之间的基础代谢水平的个体差异，遗传因素是关键的影响因素之一。

（7）其他因素的影响：炎热或寒冷、过多摄食、应急状态、精神紧张时、运动强度高者都可以使基础代谢水平升高，也有人把这一部分的能量消耗称为适应性生热作用（adaptive thermogenesis）。另外，在禁食、饥饿或少食时基础代谢水平也相应降低。

二、体力活动

肌肉活动对于能量代谢的影响最为显著。人在运动或劳动时耗氧量显著增加，机体耗氧量的增加与肌肉活动的强度呈正比关系。体力活动的能量消耗又称生热效应（thermic effect of exercise TEE）。一般情况下人体各种体力活动所消耗的能量约占总能量消耗的25%～35%，是影响人体能量消耗的主要因素，也是人体能量消耗中变化最大的一部分，因此是人体控制能量消耗、保持能量平衡、维持健康最重要的部分。其消耗能量的多少主要与以下因素有关：（1）去脂组织含量（瘦体重）越高者，活动时消耗能量越多，因为去脂组织是代谢活性组织，脂肪组织则是相对惰性的组织；（2）体重越重者，做相同的运动所消耗的能量也越多；（3）活动时间越长、强度越大、消耗能量越多。因此运动员体力活动的能量消耗因运动量（包括运动强度、密度、运动持续时间）的不同有很大差异，最大无氧运动的能量消耗是睡眠时的20倍以上。多数项目运动员在训练时间内的能量消耗均相当于或甚至超出重体力、极重体力劳动强度的消耗量。

中国营养学会2001年将我国居民活动强度由以前的五级调整为3级，即轻、中、重体力活动（表1－4），表中体力活动水平（physical activity level，PAL）指1人1天24 h消耗的总能量与其基础代谢能量之比值（又称为体力活动水平系数），最好能达到1.75以上。成人能量的推荐摄入量用BMR乘以不同的体力活动水平系数进行计算。

表 1－4 中国营养学会建议的我国成人活动水平分级

活动水平	工作内容举例	PAL	
		男	女
轻	办公室工作、修理电器钟表、售货员、酒店服务员、化学实验操作、讲课等	1.55	1.56
中	学生日常活动、机动车驾驶、电工安装、车床操作、金工切割等	1.78	1.64
重	体育运动、非机械化农业劳动、炼钢、舞蹈、装卸、采矿等	2.10	1.82

摘自：中国居民膳食营养素参考摄入量（简要本）：第一版，2001：15。

三、食物热效应

食物热效应（thermic effect of food，TEF）是指由于进餐后几小时内发生的超过 RMR 的能量消耗，过去称食物特殊动力作用（specific dynamic action，SDA）。人体在摄食过程中，由于要对食物中营养素进行消化、吸收、代谢、转化等，需要额外消耗能量，同时引起体温升高和散发能量。食物特殊动力作用在进食后即可出现，2 h 后达最高点，3～4 h 基本恢复进餐前的水平。

不同的产能营养素其食物热效应不等。脂肪的食物热效应约消耗本身产生能量的 4%～5%，碳水化物为 5%～6%，而蛋白质特别高，可达 30%。一般混合食物引起的额外能量消耗为 150～200 kcal，相当于总能量的 5%～10%。出现食物特殊动力作用的原因目前仍不十分清楚，一般认为有以下几方面：（1）各营养素消化吸收后转变化 ATP 贮存的量不一样，蛋白为 32%～34%，低于脂肪和碳水合物的 38%～40%，而其余的则变成热量。（2）食物热效应与食物营养成分、进食量和进食频率有关，一般来说含蛋白质丰富的食物最高，其次是富含碳水化合物的食物，最后才是富含脂肪的食物。（3）混合性食物其食物热效应占其基础代谢能量的 10%；运动员的蛋白质摄入量较高，其食物特殊动力作用高于常人，一般按 15% 计，吃得越多，能量消耗也越多。（4）进食快比进食慢者食物热效应高，进食快时中枢神经系统更活跃，激素和酶的分泌速度更快、量更多，吸收和贮存的速率更高，其能量消耗也相对更多。（5）消化液的分泌，胃肠道的蠕动消耗的能量也属于食物特殊动力作用。

第三节　人体能量需要及供给

一、能量需要量的测定

人体能量的需要量实际就是能量的消耗量，通常测定人体能量消耗的方法主要有以下几种。

（一）直接测热法（direct calorimetry）

基本原理是在隔热条件下，将人体在整个能量代谢过程中散发出的所有能量都统一予以测量，其中包括人体从辐射、传导、对流以及蒸发 4 个方面散发的能量。在测定时，使被测者进入一间隔热良好的小室中，小室四周被水包围，在室内做不同强度的各类活动所产生的能量被水吸收，通过仪表可准确测量出一定时间内水的温度变化，计算水吸收的能量，即为人体释放出的能量。该方法设备投资大，实际工作中很少用。

（二）间接测热法（indirect calorimetry）

1. 呼吸商

机体依靠呼吸功能从外界摄取氧，以供各种物质氧化的需要，同时也将代谢终产物 CO_2 呼出体外，一定时间内机体的 CO_2 产量与耗氧量的比值称为呼吸商（respiratory quotient，RQ），即：

$$\text{呼吸商}=\frac{\text{产生的 } CO_2\ (mL/min)}{\text{消耗的 } O_2\ (mL/min)}$$

碳水化物、蛋白质、脂肪氧化时，它们的 CO_2 产量和耗氧量各不相同，三者的呼吸商也不一样，分别为 1.0、0.8、0.7。在日常生活中，人体摄入的都是混合膳食，呼吸商在0.7～1.0之间，若摄入食物主要是碳水化物，则RQ接近于1.0，若主要是脂肪，则接近于0.7。

2. 食物的氧热价

通常将某种营养物质氧化时，消耗1 LO_2所产生的能量称为该物质的氧热价，氧热价在能量代谢方面具有重要意义。表1－5列出了3大产能物质的氧热价、呼吸商等数据。

表1－5　三种营养素的氧热价和呼吸商

营养物	耗氧量/（L/g）	CO_2产量/（L/g）	氧热价/（kJ/L）	吸吸商（RQ）
碳水化物	0.83	0.83	21.0	1.00
蛋白质	0.95	0.76	18.8	0.80
脂　肪	2.03	1.43	19.7	0.71

引自：张镜如，乔健天，生理学：第四版，1996。

间接测热法的基本原理是测定机体在一定时间内的耗氧量和CO_2的产生量来推算呼吸商，根据相应的氧热价间接计算出这段时间内机体的能量消耗。实际应用中，因受试者食用的是混合膳食，此时呼吸商相应的氧热价（即消耗1 L O_2产生的能量）为20.2 kJ（4.83 kcal），只要测出一定时间内氧的消耗量即可计算出受试者在该时间内的产能量。

$$产能量=20.2\ (kJ/L)\ \times O_2\ (L)$$

间接测热方法包括开放式和闭合式2种。开放式适用于测定运动时的能量消耗。其具体步骤是：先用气袋收集受试者运动过程中的呼出气，分析其中O_2和CO_2的容积百分比，从而计算出受试者单位时间内的耗氧量和CO_2产生量，求出呼吸商（respiratory quotient，RQ），根据呼吸商查出相应的氧热价（thermal equlvalent of oxygen），将该氧热价乘以单位时间内的耗氧量，得出产热量。某项运动的净耗能量应等于运动过程中（运动时间和恢复期时间）的总耗能量减去相应时间的静息耗能量。

凡运动时间极短（几秒钟），运动当时基本上处于闭气状态的运动项目，在测定热能消耗时，可以不收集运动时的呼出气体，运动的热能完全以恢复期所消耗的能量计算。

闭合式适用于测定 BMR 和 RMR。其具体步骤是：受试者从闭合装置中摄取 O_2，根据闭合装置中 O_2 量减少的情况得出受试者单位时间内的耗氧量，将耗氧量与4.825 kcal（人体在静息状态下消耗的食物为混合食物，其呼吸商一般为0.82，氧热价为4.825 kcal），相乘即得出 BMR 或 RMR。

（三）双标记水法（doubly labeled water，DLW）

此法是一种测定人体在日常生活和工作环境中自由进行各种活动的总能量消耗量的测量方法。它不干扰受试者的一切正常活动。

其原理是：受试者摄入一定量的双标记水（$^2H_2^{18}O$）后，机体被这2种稳定同位素所标记。当它们在体内达到平衡时，^2H 参加 H_2O 的代谢，其速率常数（rate constant）K_D 反映 H_2O 的代谢率；^{18}O 参与 H_2O 和 CO_2 的代谢，在 H_2O 和 CO_2 的反应平衡时，^{18}O 速率常数 K_O 反映 H_2O 和 CO_2 的代谢率。K_O-K_D 可算出 CO_2 的生成率。通过呼吸商（respiratory quotient，RQ）可计算出 CO_2 产生量，就可用 Weir 公式计算单位时间内平均能量消耗量（图1－2）。

DLW 法的优点是可测定自由活动人体一段时间（7～15 d）内的能量消耗量。样本收集和测定过程很简便，实验前收集受试者少量尿样（约1 mL）作本底值，喝入少量双标记水（婴儿剂量0.3 g/kg 体重），约6 h 后收集一次尿样，然后每1～2 d 收集一次尿样，连续收集8～15 d。用同位素质谱仪测定尿样 ^2H 和 ^{18}O 的丰度（enrichment），根据 ^2H 和 ^{18}O 的消失率计算能量消耗量。本法特别适用于不容易合作或活动不能受到限制和干扰的研究对象，如婴幼儿。与常规的呼吸计法比较，其精确度（2%～8%）和准确度（1%～3%）较高。无毒、无损伤，适用于任何人群或个体的测量，且同时可以测定机体的组织构成。但实验费用高，$^2H_2^{18}O$ 的价格昂贵，且需要昂贵的高灵敏度和精确度的同位素质谱仪和高技术素质的分析人员，故 DLW 法目前的使用仍有局限性。WHO 建议制定能量的需要应以实测的消耗量为基础。因此，随着科学和经济的发展，相信用 DLW 法研究人体能量代谢会日益增多。近年已采用 DLW 法测定个体自由活动条件下不同活动水平（PAL）的能量消耗值，为能量需要的估算提供了重要的实验依据。

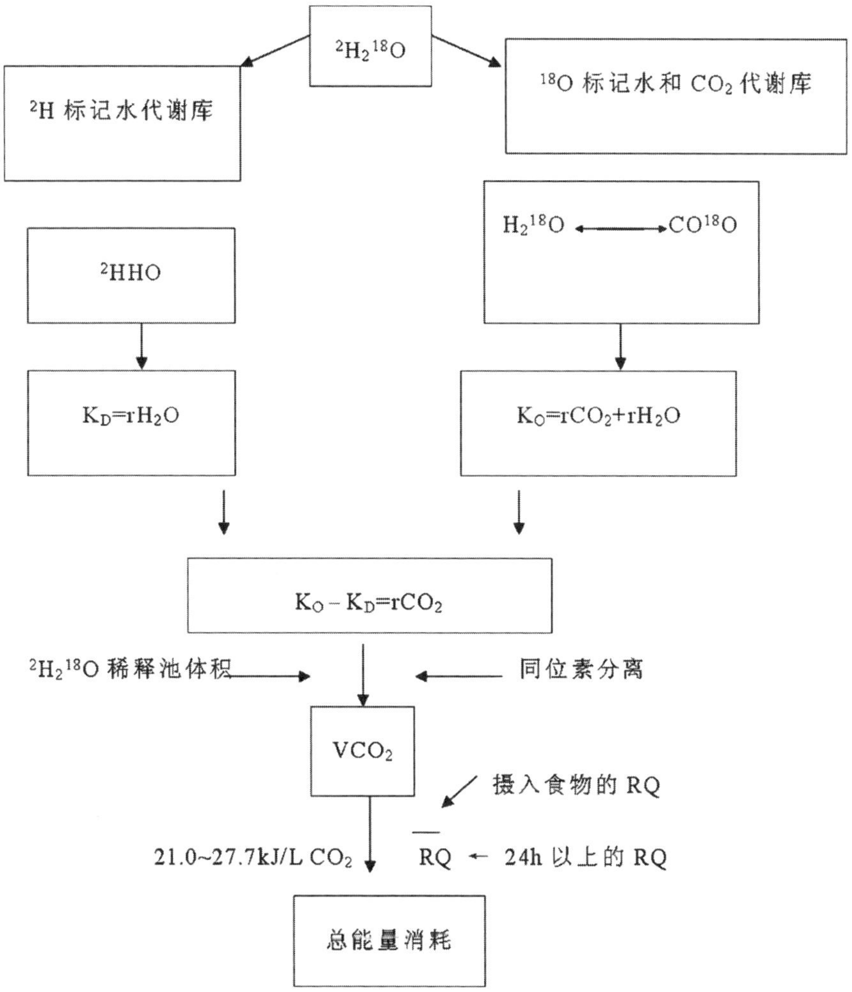

图 1－2　双标记水法测定能量消耗量原理

二、能量需要量的推算

能量需要量是指维持机体正常生理功能所需要的能量，低于这个数量将会对机体产生不利的影响。联合国粮食及农业组织（Food and Agriculture Organization，FAO）/世界卫生组织（World Health Organization，WHO）/联合国大学（United Nations University，UNU）（1985 年）对能量需要量的定义是：能长期保持良好健康状态，具有良好体形、机体构成和活动水平的个体，达到能量平衡，并能胜任必要的生产劳动和社会活动所需要的能量摄入量。婴幼儿、孕妇和乳母等特殊人群还需考虑特殊需要。人体能量需要量的推算有 3 种方法。

（1）FAO 按下式粗略计算人体每日能量需要量（kJ）。

男子　每日能量需要量 = 体重（kg）×192

女子　每日能量需要量 = 体重（kg）×167

并按劳动强度不同分别用不同的系数进行调整，轻体力劳动、积极活动和剧烈活动的调整系数分别为 0.9、1.17 和 1.34。

（2）生活作业观察法又称时间活动法（time - motion method），对调查对象进行 24 h 的跟踪观察，详细记录各项活动的持续时间（精确到秒），参照前面所述的各种活动的能量消耗常数，根据其体表面积即可推算出调查对象一日的能量消耗，进而确定能量需要量。观察时间越长，结果越准确。

（3）膳食摄入量与体重变化推算能量需要量。正常人的能量需要与其食欲往往相适应，此间体重保持相对稳定。如果能准确计算一定时期（≥15 d）摄入的能量，并观察体重的变化，当体重保持不变时，就表示摄入的能量与消耗的能量相等；如果体重减轻，则表示能量摄入不足，反之，则表示摄入过剩。此方法可靠，且简便易行。

（注：能量需要量的测定及推算主要参考黄承钰．医学营养学．第一版．2003：23）

三、能量供应

能量缺乏或过剩都对健康不利，人体能量的适宜供应量应等于人体的能量消耗量。产能营养素碳水化物、蛋白质和脂肪普遍存在于各种食物中，我国居民的膳食以植物性食品为主，谷类居第一位，蔬菜和水果占第二位，鱼、禽、肉、蛋等动物性食物位于第三位，奶类和豆类食物占第四位，最后是油脂类。三餐的能量分配要合理，一般早、中、晚餐的能量分别占一天总能量的30%、40%、30%为宜。早餐有食欲者，早餐比例还可适当增高。不同年龄段的人群的能量供给可以参见中国营养学会制订的膳食推荐摄入量。运动员一日的能量需要量一般在3 500~4 400 kcal（14 644~18 410 kJ），由于运动项目不一样，运动员的能量消耗量变化较大，例如棋类、射击等项目能量消耗较少，而马拉松、公路自行车、铁人三项等能量消耗较大，所以运动员的能量消耗范围是2 000~5 500 kcal，按体重计算为50~65 kcal/kg体重（209~272 kJ/kg体重）。

四、能量平衡

能量平衡即能量摄入与能量消耗相等，这是成人能量代谢的最佳状态。这种能量平衡对机体保持健康和胜任各种生命活动十分必要。能量代谢失去平衡，则不利于身体健康，若摄入能量不足，机体会调动和利用自身的能量储备，甚至分解自身组织，以维持生命活动的能量需求。如果儿童长期处于饥饿状态，则生长发育就受到影响甚至停止。相反能量摄入长期过剩，则会转化为脂肪在体内贮存，导致肥胖和机体负担加重，增加患心血管病、癌症、糖尿病等退行性疾病的危险性。评价成人能量营养状况的指标是体质指数（body mass index，BMI）。BMI的公式为BMI = 体重（kg）/身高（m）^{2}。WHO建议BMI < 18.5为营养不良，18.5~25为正常，>25为超重或肥胖。

五、运动员热能营养的评定

对成年运动员能量营养评定可采用本章所述各种方法，但最简易的方法是监测体重的变化。正常情况下，能量摄入量与消耗量相适应时，体重保持稳定，即为能量平衡；如体重增加，表示能量摄入大于能量消耗，每增加 1 kg 体重，就意味着储存 25 ~33 MJ 的能量；相反，则表示摄入不足。但由于运动员生活、工作的特殊性，有时其体重增加和减少必须考虑以下情况：（1）运动员经过系统的力量训练后引起的肌肉增长也会增加体重。（2）大负荷训练时的大量出汗可使体重减轻，但经过合理补液后，其体重应在 24 ~48 h 内恢复。（3）运动员由训练的过渡期进入准备期或大运动量训练后，体脂含量减少及失水，也可使体重略为减轻。总之，运动训练可使瘦体重（指肌肉、骨骼、内脏、体液、糖原等）增加，脂肪体重减少，在评定能量营养时要结合具体情况具体分析。体重和体脂同时增加，表明运动量不足或能量摄入过多；体重增加而体脂百分比减少或不变时，表明运动员瘦体重增加、运动能力提高的同时并没有能量摄入的过剩；当体重和体脂均减少时，在排除疾病的情况下，分析是否由于运动量过大而食物能量的摄入量未能满足机体需要所致，如运动员采取控制饮食措施来减体重或长期控制体重时，会造成能量营养不良。长期能量营养不良可引起消瘦、免疫机能减弱、器官功能和运动能力下降，最终影响生长和损害健康，因此运动员能量营养的平衡是健康和运动能力的保证，应及时发现、找出原因并纠正。

六、能量营养与运动能力

运用能量代谢的原理，可以指导运动员的饮食和训练，提高运动能力和健康水平。

（一）控制体重

根据能量代谢负平衡来减轻体重时，必须以不影响运动能力和健康为前提，消耗体内多余的脂肪，保证体内的蛋白质、矿物质、维生素和微量元素等营养平衡，并使体重维持在最佳运动能力的适宜水平。

（二）提高训练效果

能量营养不仅影响耐力，同时也影响速度和力量。长时间耐力性运动主要依靠有氧代谢供能，糖原储备量对运动耐力极为重要，为提高运动耐力和促进恢复，推荐摄糖量为 8 ~ 10 g/kg 体重。另外长时间耐力运动中，出汗量大，容易脱水，运动前、中、后要注意合理补液。力量及速度性项目主要依靠无氧代谢供能，除促进肌细胞的快速供能外，肌肉力量极为重要，膳食应提供丰富的蛋白质，供给量应达 1.4 ~ 1.8 g/kg 体重。另外，应多食碱性食物，防止乳酸性酸中毒。

（三）运动性疲劳的预防和延迟

饮食中能源物质可影响疲劳的产生。例如赛前一定时间内的高糖饮食有助于预防和推迟疲劳的发生，而高脂肪、高蛋白饮食可加速运动性疲劳的发生。

（四）提高运动技能

能量摄入过多，会引起体脂增加，不利于灵活、高难动作的完成。还可引起肥胖及肥胖相关疾病，如高血压病、糖尿病、冠心病及高脂血症等。相反能量营养不足，体重下降，导致力量和耐力下降，同时使人的免疫机能减弱，发生各种疾病。运动员应根据项目特点及比赛和训练的需要及时调整能量的摄入量。

因此合埋的能量营养是运动能力的保证，能量摄入在保证一定量的基础上，糖、脂肪、蛋白质 3 种营养素应有适当的比例，蛋白质供给量占一日总热量的 10% ~15%，脂肪占 20% ~25%，碳水化合物占 55% ~65%。

本章小结：

1. 人体内主要的产能营养素有碳水化合物、蛋白质、脂肪三者的能量系数分别为：16.84 kJ（4 kcal）、16.74 kJ（4 kcal）、37.56 kJ（9 kcal）。

2. 人体的能量消耗包括基础代谢、体力活动和食物热效应 3 个方面，为了达到能量平衡，人体每天摄入的能量应恰好能满足这 3 个方面的需要。运动员的能量消耗比普通人高，其能量代谢具有强度大、消耗率高和伴有不同程度氧债等特点；

若以相对代谢率来比较，运动时肌肉中的代谢可比静止状态高两三倍甚至百倍以上。

3. 人体能量需要量的测定方法主要有：直接测热法、间接测热法、双标记水法等。

4. 能量需要量是指维持机体正常生理功能所需要的能量，低于这个数量将会对机体产生不利影响。FAO/WHO/UNU 对能量需要量的定义是：能长期保持良好健康状态，具有良好体形、机体构成和活动水平的个体，达到能量平衡，并能胜任必要的生产劳动和社会活动所需要的能量摄入量。

5. 不同年龄段的人群的能量供给可以参见中国营养学会制定的膳食推荐摄入量。三餐的能量分配要合理，一般早、中、晚餐的能量分别占一天总能量的30%、40%、30%为宜。

6. 运用能量代谢的原理，可以指导运动员的饮食和训练，提高运动能力和健康水平。

思考题：

1. 何谓能量系数、基础代谢及食物热效应？

2. 基础代谢率和静息代谢率有何不同？其相互关系如何？

3. 何谓呼吸商和食物的氧热价，二者对人体能量需要量的测定有何意义？

4. 人体能量需要量的测定方法有几种？简述其基本原理。

5. 试述能量营养与运动能力有何关系？

6. 每克碳水化合物、脂肪、蛋白质在体内各产生多少能量？人体摄入各物质的能量比为多少？

7. 人体能量消耗主要有哪几个方面？各有何特点？

8. 何谓生热效应？与哪些因素有关？

9. 什么是食物的特殊动力作用？它是如何产生的？

（袁海平）

第二章 运动与糖

提 要 糖类是人类生存的最基本物质和最重要的食物能源，也是运动时维持肌肉耐力和神经功能的重要物质。了解糖类的营养学知识，对改善营养状况，提高健康水平和运动能力有着十分重要的意义，本章主要介绍糖的分类，消化吸收和代谢，糖的营养功用及其与运动的关系，糖类的来源及其在膳食中的地位。

糖是人体生命活动过程中必不可少的重要营养物质，主要作用是提供能源和碳源。人体所需能量的50% ~70% 由膳食中的糖供给，无论身体处于何种活动状态，糖均能氧化分解释放能量。若饮食中缺乏糖，机体就会加速消耗体内的肌糖原和肝糖原，从而影响人体的机能状态和运动能力。因此，人体合理的供糖与机能状态及运动能力的好坏密切相关。

第一节 糖的分类

糖类又称碳水化合物（carbohydrate），是由碳、氢、氧 3 种元素组成的一类化合物，按分子中单糖聚合度的多少一般将其分为 4 类：单糖、双糖、寡糖和多糖。根据 FAO/WHO 最新报告碳水化合物可分为糖（单糖、双糖和糖醇）、寡糖和多糖。营养学上较为重要的糖有如下几类。

一、单糖（monosaccharide）

单糖是所有碳水化合物的基本结构单元，易溶于水，有甜味、结晶性和旋光性。食物中的单糖主要为葡萄糖（glucose）、果糖（fructose）和半乳糖（galactose）。

（一）葡萄糖

葡萄糖是构成各种糖类的最基本单位，一般以游离态存在于葡萄、香蕉、柿子等多种水果中，它是机体吸收利用最好的糖，既可直接食用，又可通过静脉注释到血液中，释放能量最快。有D型和L型2种，人体只能代谢D型葡萄糖而不能利用L型。所以L型葡萄糖作甜味剂，可达到增加食品的甜味而又不增加能量摄入的双重目的。

（二）果　糖

果糖甜度最高，主要存在于水果和蜂蜜中，口服比葡萄糖吸收慢，但进入人体后经肝脏转变成葡萄糖被人体利用，也有一部分转变为糖原、乳酸和脂肪。果糖代谢比葡萄糖快，且不依赖胰岛素，对血糖影响小，适用于葡萄糖代谢及肝功能不全者补充能量。运动员补充果糖有利于肝糖原的合成。

（三）半乳糖

半乳糖是乳糖的重要组成成分。半乳糖在人体中也是先转变成葡萄糖后才被利用，母乳中的半乳糖是在体内重新合成的，而不是由食物中直接获得的。

二、双糖（disaccharide）

双糖聚合度为2，即由2分子单糖缩合而成。常见的天然存在于食品中的双糖有蔗糖（sucrose）、乳糖（lactose）和麦芽糖（maltose）等。

（一）蔗 糖

蔗糖俗称食糖，有白糖、红糖及冰糖3种形式。它是由1分子葡萄糖和1分子果糖以α－糖苷键连接而成。甘蔗、甜菜和蜂蜜中含量较多，日常食用的蔗糖是由甘蔗或甜菜中提取的。

（二）麦芽糖

麦芽糖是由2分子葡萄糖以α－1，4－糖苷键连接而成。淀粉在酶的作用下可降解生成大量的麦芽糖。

（三）乳 糖

乳糖是由1分子葡萄糖和1分子半乳糖以β－1，4－糖苷键连结而成，主要存在于奶及奶制品中。

（四）海藻糖

海藻糖（trehalose）是由2分子葡萄糖组成，存在于真菌及细菌之中，如食用蘑菇中含量较多。

三、寡糖（oligosaccharide）

寡糖聚合度为3－10，即由3～10个单糖分子脱水缩合而成的一类小分子多糖，又叫低聚糖，其甜度只有蔗糖的30%～60%。寡糖分2类：一类是水解产生的所有糖分子都是葡萄糖的称麦芽寡糖，另一类水解时产生不止一种单糖的叫杂寡糖，如豆类中以半乳糖、葡萄糖、果糖组成的棉子糖、木苏四糖。人体内没有能水解杂寡糖的酶，无法消化、吸收。但人体自己合成的杂寡糖有重要的生理功能，如低聚果糖，可在结肠发酵，促使有益菌群如双歧杆菌、乳酸菌等增殖，抑制有害菌的生长。

四、多糖（polysaccharide）

多糖聚合度大于10，即由10个以上单糖分子脱水缩合而成的大分子糖为多糖，一般不溶于水，无甜味。营养学上具有重要作用的多糖有3种：糖原（glycogen）、淀粉（starch）和纤维（fiber）。

（一）糖　原

糖原也称动物淀粉，在肝脏和肌肉合成并贮存，是一种含有许多葡萄糖分子和支链的动物多糖，其结构与淀粉相似。肝糖原可维持正常的血糖浓度，肌糖原可提供机体运动所需要的能量，尤其是高强度和长时间运动时的能量需要。

（二）淀　粉

淀粉是人类的主要食物，存在植物细胞中，尤其是根、茎和种子细胞之中。薯类、豆类和谷类含有丰富的淀粉。淀粉是由许多葡萄糖组成的、能被人体消化吸收的植物多糖。

（三）纤　维

纤维是指存在于植物体中不能被人体消化吸收的多糖，由植物细胞壁、细胞间质成分组成，包括纤维素（cellulose）、某些半纤维素（hemicellulose）和木质素（lignin）、果胶、树胶和粘胶等。存在于食物中的各类纤维统称为膳食纤维（dietary fiber）。膳食纤维的主要生理功能是增加粪便体积、促进胃肠蠕动、延缓胃排空时间、减缓葡萄糖吸收、降低血胆固醇。

第二节 糖类的消化、吸收和代谢

一、糖类的消化

人只能吸收单糖。双糖以上的糖首先要消化成单糖才能吸收。消化过程是由酶催化进行。

婴儿食物以奶为主，奶中的糖类绝大部分是乳糖，小肠壁微绒毛膜上的乳糖酶将乳糖消化成葡萄糖和半乳糖。乳糖酶随年龄的增长而减少。

成人摄入的糖类主要是淀粉、蔗糖、果糖。糖原易破坏，在制成食品时已不存在。淀粉要煮熟了才能消化，加热使淀粉膨胀、细胞壁破裂、分子散开，与酶充分接触。非淀粉类多糖，如纤维素、果胶等，人体缺乏消化它们的水解酶不能使之变成单糖而被吸收利用。

淀粉类的消化从口腔开始，口腔里的唾液淀粉酶能水解 α－1，4－糖苷键，使少量的淀粉水解，产生葡萄糖、麦芽糖、麦芽寡糖和糊精等的混合物，因此长时间咀嚼馒头、米饭等淀粉食品时有越来越甜的感觉。

胃里没有消化淀粉的酶。唾液淀粉酶作用的最适 pH 是 6.6～6.8，在食团没有被胃酸酸化前还能作用一段时间，离开胃时有 15%～20% 的淀粉被消化。

小肠是糖类消化的主要场所。肠腔内的胰 α 淀粉酶只能水解 α－1，4－糖苷键，其作用后的产物是麦芽糖、麦芽三糖和平均有 6 个分子葡萄糖的带支链的极限糊精。

这些产物再被小肠壁微绒毛膜上的异麦芽糖酶和麦芽糖酶水解成葡萄糖。

微绒毛膜上还有蔗糖酶，把蔗糖水解成葡萄糖和果糖。

胰淀粉酶的生物合成受胰岛素的调节，糖尿病人合成较少。蔗糖酶是适应性酶，多吃蔗糖后体内合成的蔗糖酶会增加 2～3 倍。

人体没有能消化杂寡糖的酶。

二、糖类的吸收

糖类的吸收在小肠内进行。小肠长约 340 cm，其上皮细胞向肠腔内生长出手指状的绒毛，每平方毫米约有 20～40 条，每条长 0.5～1.5 mm。使小肠与肠腔的接触面积达到约 300 m^2。绒毛上还伸出微绒毛，每一细胞约有 2 000～4 000 条微绒毛，进一步增加吸收面积。由小肠吸收到门静脉血中的糖都是单糖，但吸收速率各不相同。若以葡萄糖的吸收率为 100，则半乳糖为 110，果糖为 43，但是，如果糖和葡萄糖或淀粉同时食用，果糖可完全吸收，所以果糖吸收不良可能仅发生在单纯口服果糖时。这些糖类的吸收均为依赖于特定载体的主动转运过程。小肠上皮细胞吸收营养素的效率很高，但寿命很短，3～6 天就更新 1 次。维生素 B_{12} 缺乏或蛋白质能量营养不良时将影响肠黏膜细胞生长和更新，导致吸收不良。任何妨碍肠黏膜细胞增生的疾病，都能影响微绒毛膜上酶的合成和糖的吸收。

三、糖类的代谢

糖类的代谢目的主要是产生能量和提供体内合成的中间体，糖是运动时唯一无氧代谢合成 ATP 的细胞燃料，糖氧化具有耗氧量低，输出功率较脂肪氧化大等特点，是大强度、中等强度运动的主要燃料，在任何运动开始、加力或强攻时，都需要由糖代谢提供能量。糖代谢包括分解代谢与合成代谢。其分解代谢途径有以下几个方面。

（一）糖的无氧酵解（glycolysis）

反应主要在胞浆中进行，是不需氧情况下葡萄糖生成乳酸的过程。其生理意义在于迅速提供能量，1 分子葡萄糖经酵解可净生成 2 分子 ATP。

（二）糖的有氧氧化（aerobic oxidation）

有氧氧化是糖氧化供能的主要形式。其反应是指葡萄糖在有氧条件下彻底氧化生成水和 CO_2 的过程，主要包括 3 个阶段：第一阶段为葡萄糖循酵解途径分解为丙酮酸；第二阶段为丙酮酸进入线粒体，氧化脱羧生成乙酰 CoA、NADH + H^+、CO_2；第三阶段为三羧酸循环和氧化磷酸化。1 分子葡萄糖经有氧氧化可生成 36 ~ 38 分子 ATP。

（三）糖异生（gluconeogenesis）

某些氨基酸、甘油、乳酸及丙酮酸，可逆行糖氧化途径并绕过某些不可逆反应而合成葡萄糖。肌肉中由于缺乏糖异生的关键酶——葡萄糖磷酸酶，必须将乳酸运到肝脏才能完成糖原的异生过程。

（四）磷酸戊糖代谢途径（pentose phosphate）

是葡萄糖的另一代谢过程，通过此代谢过程可生成辅酶Ⅱ和核糖。

糖的氧化过程需要多种维生素和金属离子作为辅酶，如维生素 B_1、维生素 B_2、PP、铁、镁、锰等，这些物质严重缺乏时，可造成糖代谢障碍；糖代谢还受机体的摄氧量、代谢中间产物、激素和神经体液等多种因素的影响。

第三节　糖类的营养功用及其与运动的关系

糖的营养功用主要是提供能量，现在随着对糖研究的不断深入，对其功能的认识及其在运动中应用的意义正在逐步扩大。

一、糖的营养功用

（一）提供能量

膳食糖是人类获取能量的最经济和最主要的来源，所有的糖类在体内消化后，主要以葡萄糖的形式被吸收，并迅速被机体氧化提供能量，每克葡萄糖可以产生 16.7 kJ（4 kcal）的能量。碳水化合物所提供的能量几乎能为所有的组织所利用，特别对于骨骼肌、心肌和大脑组织更为重要。碳水化合物在供能上有许多优点，比脂肪和蛋白质易消化吸收，产热快，耗氧少，且在无氧的情况下也可分解供能。糖是运动中重要的能源，运动时运动肌摄糖量为安静时的20倍以上。体内糖贮量与多数运动项目的运动能力成正相关，当糖贮量减少时，不仅使机体的耐力下降，而且也影响其速度，使机体的最大输出功率下降。因此，如何通过补糖来提高运动能力深受人们关注。

（二）构成机体的重要物质

碳水化合物也是构成机体的重要物质，并参与细胞的多种活动。糖和脂形成的糖脂是细胞膜与神经组织的结构成分之一，对维持神经组织系统的机能活动有特别重要的作用。糖与蛋白质结合的糖蛋白是一些具有重要生理功能的物质，如抗体、酶和激素的组成成分，核糖及脱氧核糖是核酸的重要组成成分。

（三）参与营养素的代谢

碳水化合物与机体某些营养素的正常代谢关系密切，充足的碳水化合物摄入，可以节省体内蛋白质或其他代谢物的消耗，使氮在体内的储量增加，这种作用称为碳水化合物对蛋白质的节约作用。脂肪在体内的代谢也需要碳水化合物参与，脂肪在体内代谢所产生的乙烯基必须与草酰乙酸（葡萄糖代谢产物）结合进入三羧酸循环中才能彻底氧化，如果碳水化合物摄入不足，脂肪则氧化不全而产生过量的酮体。足量的碳水化合物具有抗生酮作用。

（四）解毒保肝作用

肝脏中肝糖原储备较充足时，由糖生成的葡萄糖醛酸对由某些化学毒物（如四氯化碳、酒精、砷）以及由各种致病微生物感染引起的毒血症有较强的解毒能力。因此，保证糖的供给，在一定程度上可保护肝脏免受有害因素的损害，并可保持肝脏的正常解毒功能。

（五）增加胃的充盈感

摄入含碳水化合物丰富的食物，容易增加胃和腹的充盈感。特别是缓慢吸收和抗消化的碳水化合物，维持充盈感的时间更长。从而延长饥饿到来的时间，这些理论已在糖尿病、肥胖病及控体重运动员的膳食制定中得到一定应用。碳水化合物的类型和量都影响充盈感的程度。

二、血糖指数

血糖指数（glycemic index，GI）是1981年加拿大内科医生Jenkins在《美国临床营养期刊》中首先提出的一个衡量碳水化物对血糖浓度影响的有效指标。血糖指数又称食物血糖生成指数，FAO/WHO专家委员会1997年对血糖生成指数定义为50 g碳水化物的食物血糖应答曲线下面积与同一个体摄入50 g葡萄糖后2h血浆葡萄糖糖耐量曲线下面积之比值（图2－1）。

其计算公式为：

$$\text{血糖生成指数}=\frac{\text{进食某种含 50 g 碳水化合物的食物 2 h 内血糖反应曲线下的面积}}{\text{进食 50 g 葡萄糖 2 h 内血糖反应下的面积}}\times 100\%$$

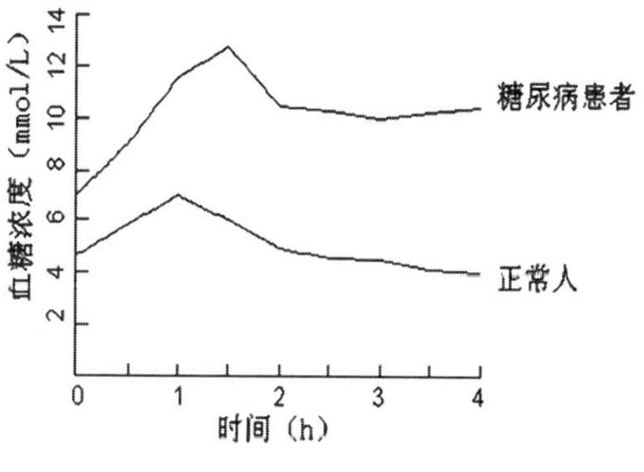

图2－1　糖耐量曲线

GI≥70的为高血糖指数食物，该类食物进入胃肠后消化快、吸收完全，葡萄糖迅速进入血液，血糖峰值高，但下降速度也快；GI≤55的为低血糖指数食物，其在胃肠内停留时间长，释放缓慢，葡萄糖进入血液峰值低，下降速度慢。即GI越小的食物，升高血糖的程度越小。GI为55～70的为中血糖指数食物，如全麦面包、米饭、橘子、芒果等。目前利用GI的概念指导特殊人群饮食的研究正在不断深入，部分研究成果已得到应用，例如糖尿病人可注意选用GI低的食物，如蔬菜、豆类、肉类、奶类等。而消化道病人可注意选用GI高的食物，如糖类、粮谷类、少数水果如西瓜、葡萄等。近年来，GI的研究也逐步应用到运动营养领域中，为科学调配运动员训练及比赛期的膳食提供了一个新思路。有研究表明，通过控制饮食中的GI，可以调节体内糖原储备，更有效地进行运动。低血糖指数食物可用于降体重运动员，中血糖指数（GI）的食物可作为大运动量训练前的糖原补充剂，而高血糖指数的食物对训练后的恢复有益，因为它能及时补充运动中糖原的消耗，提高肌糖原再合成速率，有利于运动后减轻疲劳和体力恢复。（表2－1、表2－2）

表2－1　常见糖类的血糖生成指数

糖	GI
麦芽糖	105.0
葡萄糖	100.0
白糖	83.8
蜂蜜	73.5
蔗糖	65.0
巧克力	49.0
乳糖	46.0
果糖	23.0

表2－2　常见食物的血糖生成指数

食物名称	GI	食物名称	GI	食物名称	GI
馒头	88.10	熟土豆	66.40	可乐	40.30
面包	87.90	大麦粉	66.00	扁豆	38.00
大米	83.20	菠萝	66.00	梨	36.00
面条	81.60	荞麦面条	59.30	苹果	36.00
烙饼	79.60	荞麦	54.00	苕粉	34.50

续表

食物名称	GI	食物名称	GI	食物名称	GI
玉米片	78.50	甘薯（生）	54.00	藕粉	32.60
熟甘薯	76.70	香蕉	52.00	鲜桃	28.00
南瓜	75.00	猕猴桃	52.00	牛奶	27.60
油条	74.90	山药	51.00	绿豆	27.20
西瓜	72.00	酸奶	48.00	四季豆	27.00
小米	71.00	闲趣饼干	47.10	柚子	25.00
胡萝卜	71.00	柑	43.00	大豆	18.00
玉米粉	68.00	葡萄	43.00	花生	14.00

最高：馒头、面包、大米、面条。

最低：花生、大豆。

另外，可以引起糖耐量改变的因素有很多种，包括食物中淀粉的结构、颗粒的大小及包裹淀粉的纤维状态等，食物内非淀粉多糖的种类、含量等，以及食物中蛋白质的含量和种类，食物的烹调方法等。

三、糖在运动中的营养学意义

糖在能量代谢中十分重要，是运动中的主要能量来源，对人体运动能力有很大影响，因此如何利用糖来提高运动成绩，是运动营养学中的重要课题，迄今国内外已进行了大量研究。

人体内糖的主要贮备形式是糖原，肌糖原约 350 g，可供给 1 400 kcal 热能，肝糖原约 70 ~ 90 g，可提供 280 ~ 360 kcal 热能，血糖总量约 20 g，可提供 80 kcal 热能。很多项目如马拉松、长距离滑雪、竞走等，能量消耗都在 1 000 kcal 以上有的甚至达 2 000 ~ 4 000 kcal，所以在长于 1 h 以上的运动项目中体内糖原会耗竭，合理补糖可提高运动成绩。

糖在体内氧化具有产能迅速、耗氧量少、代谢完全、终产物不增加体液酸度等优点。因此，糖是人体最重要的供能物质，也是唯一能进行无氧和有氧氧化合成 ATP 的营养素，能在任何运动状态下为肌肉提供能量。肌糖原能以 1 500 kcal/h 的高速率无氧代谢供能，维持 1 min 左右的高强度运动；也能以提供 700 ~ 800 kcal/h 的有氧代谢供能，是长时间、持续达 2 ~ 3 h 中等强度训练中肌肉的优质燃料；血糖的氧化速率相对较低，为 50 ~ 250 kcal/h，但它是中枢神经系统的重要能源物质。当血糖浓度下降时，首先影响中枢神经系统的机能，产生疲劳或头晕等现象，从而影响运动能力。

在训练和比赛中，运动员每日耗能量依赖于运动量和运动强度。一次 60 ~ 90 min 的训练课耗能 1 000 ~ 1 400 kcal，要求每千克体重摄能量 50 kcal，其中糖供能约占 55% ~ 65%，一般不超过 70%，相当于每日摄糖 500 ~ 600 g。运动员能量需要量高，日耗能量大多比未受训练的个体多 2 ~ 3 倍，能量消耗的 40% 以上用于训练；然而，一般健康人体内源性糖储备总量只有 2 000 kcal。所以，在进行大强度运动训练时应设法使糖的储备达到最大。糖原贮备减少，不仅使机体耐力下降，而且也使大强度运动时的最大摄氧量降低。体内糖原贮量与运动能力成正比关系。运动前补糖可以增加体内肌糖原，肝糖原贮备和血糖的来源。运动中合理地补充糖，可以减少糖原消耗，提高血糖水平，有利于提高运动能力。但不同种类糖的功效有所不同，如葡萄糖、蔗糖较易引起胰岛素反应，而果糖的此种反应较小，有研究表明，低聚麦芽糖对增加糖原贮备、维持血糖、减少胰岛素反应、提高运动能力等有良好作用。运动后补糖可促进糖原贮备的恢复，加速运动性疲劳的消除。对长跑和自行车运动员的试验表明，剧烈运动后，若食用高糖膳食，其体力可在 42 h 内完全恢复；但高蛋白低糖膳食，体力则需要 5 ~ 7 d 才完全恢复。关于运动员如何应用糖的问题，在第七章详述。

第四节　糖类的来源及其在膳食中的地位

糖是机体重要的能量来源之一，其供给量尚无正式规定，一般认为可占总热能供给量的 60% ~ 70% 为宜，最低不应低于 55%。也可根据饮食习惯和生活水平，在保证能量平衡的前提下作适当调整。但每人每天最少需要摄入可消化的碳水化合物为 50 ~ 100 g，否则会引起脂肪和组织蛋白分解过多，出现相应症状。

碳水化合物广泛分布于自然界中，人类所需的碳水化合物的食物来源是多方面的，主要来自植物性食物，动物性食物中含量很少。按食物来源大致可分为以下几类：(1) 谷类；(2) 根茎作物；(3) 食糖作物；(4) 豆类；(5) 蔬菜；(6) 水果；(7) 乳产品。无论是发达国家还是发展中国家，糖类的主要来源都是谷类食物，它占总糖类消耗的 50% 以上。其次是食糖，如蔗糖和麦芽糖等，然后依次是根茎作物、水果、蔬菜、豆类和乳制品。上述各种可以供给碳水化合物的食品中，应尽量以粮食和薯类为主要来源，同时为了得到一定数量的纤维素，还应多吃蔬菜水果，而少吃蔗糖。因为粮食和薯类除含有大量淀粉外，还含蛋白质、纤维素和矿物质等。而食糖除供能外，基本上不含其他营养素，而且蔗糖对食物中枢有抑制作用，过多食用会抑制食欲。根据流行病学的观察，进食过量食糖（每日消费 100 g 以上）与冠状动脉硬化性心脏病有一定的关系。相反，淀粉、谷类、膳食纤维和植物蛋白质的消费量却与该病呈负相关。另外食用蔗糖的量，与血脂升高的水平成正相关。因此，在一天热能摄入量中，应以淀粉为主，其他种类的糖控制在 10% 左右。有研究表明糖尿病患者在得到医学治疗后（如用胰岛素加以控制），利用多糖类食物，也比其他糖类更为有利，至于在运动状况下，特殊劳动与高、低气温条件和其他环境条件下，热能的供给方式和比例可根据具体情况作适当的改变（见后续章节）。

本章小结：

1. 糖类又称碳水化合物，是人体生命活动过程中必不可少的重要营养物质，营养学上一般将其分为 4 类：单糖、双糖、寡糖和多糖。

2. 人体只能吸收单糖。双糖以上的糖首先要消化成单糖才能吸收。消化糖类的酶主要有：唾液淀粉酶、胰 α 淀粉酶、异麦芽糖酶、麦芽糖酶、蔗糖酶和乳糖酶等。

3. 糖类的吸收在小肠内进行。由小肠吸收到门静脉血中的糖都是单糖，但吸收速率各不相同。糖类的吸收均为依赖于载体的主动转运过程。若维生素或蛋白质营养不良将会导致肠黏膜细胞吸收不良。

4. 糖类代谢的目的主要是产生能量和提供体内合成的中间体。其主要代谢途径有：糖的无氧酵解、糖的有氧氧化、糖异生、磷酸戊糖途径等。

5. 糖的主要生物学功能是：提供能量，构成机体的重要物质，参与营养素的代谢等。

6. 血糖指数（GI）是指分别摄入含50 g碳水化合物的食物与50 g葡萄糖后2 h血浆葡萄糖耐量曲线下面积之比值。GI越小的食物，升高血糖的程度越小，利用GI的概念指导各类人群膳食具有重要的生物学意义。

7. 糖是运动时的主要能量来源，运动前、运动中、运动后的合理补糖对提高运动能力，加快运动疲劳的恢复具有重要的作用。

8. 糖的供给量可占总热能供给量的55%～65%，一般不超过70%，糖类的主要食物来源以粮食和薯类为主，同时，为了得到一定量的纤维素，还应多吃蔬菜水果，而少吃蔗糖。

思考题：

1. 简述糖的分类及其食物来源。
2. 简述糖类的消化吸收过程。
3. 糖的营养功用有哪些？
4. 试分析合理补糖与运动能力的关系？
5. 何为血糖指数（GI）？利用GI概念指导膳食有何意义？

（袁海平）

第三章　运动与蛋白质

提　要　生命在于运动，而运动是通过蛋白质来完成，所以，运动与蛋白质关系非常密切。人体的生长、发育、繁殖等一切生命活动都离不开蛋白质，这也正是蛋白质的营养价值所在。本章主要从营养学角度介绍蛋白质的组成和分类、氨基酸的分类、蛋白质的营养学评价及蛋白质食物来源等。此外还介绍了运动对蛋白质的特殊营养需求和过量补充蛋白质和氨基酸的副作用。

第一节　蛋白质和必需氨基酸

蛋白质（protein）是生物体的基本组成成分。它不仅是机体发挥生理功能，实现生命活动的重要结构和生物活性物质，还是机体的三大能源物质之一，而后者对运动有其特殊生理意义。

一、蛋白质化学组成

蛋白质主要由碳（50%～55%）、氢（6%～7%）、氧（19%～24%）、氮（13%～19%）和硫（0%～4%）等化学元素组成。此外还有其他含量较少的元素，如磷、铁、铜、锌、锰、钴、钼、碘等。在不同蛋白质中，其他元素的含量可因结构不同而不同，但氮元素含量在所有蛋白质中基本一致，平均为16%，故常用样品中氮含量来评定其蛋白质的含量。即：样品中蛋白质质量 = 样品含氮量

×6.25。

蛋白质是生物大分子，分子量约从5 000个到数百万个，其基本组成单位是氨基酸（amino acid）。氨基酸是指含有氨基的羧酸。在自然界中，人们发现的氨基酸已有约180种，但是参与蛋白质组成的氨基酸只有20种，而这20种氨基酸都是a－氨基酸。各种氨基酸按一定的排列顺序，通过肽键连结成长链。蛋白质被分解后的次级结构称为肽（peptide），含10个以上氨基酸的肽称为多肽，含10个以下氨基酸的肽称为寡肽，含3个或2个氨基酸的肽分别称为三肽和二肽。

二、必需氨基酸和半必需氨基酸

根据机体对食物中氨基酸的依赖性，或机体合成氨基酸的能力，营养学上，将组成蛋白质的20种氨基酸分为必需氨基酸和非必需氨基酸。必需氨基酸（essential amino acid）是指人体必需，但自身不能合成，或者合成的量不能满足机体需要，必须从食物中获得的一类氨基酸，共8种，分别是赖氨酸、苯丙氨酸、亮氨酸、异亮氨酸、苏氨酸、蛋氨酸、缬氨酸和色氨酸。

所谓非必需氨基酸（nonessential amino acid）是指能够在体内自行合成，或者可由其他氨基酸转变而来，可以不必由食物供给的一类氨基酸。例如，从a－酮戊二酸转化为谷氨酸，从丙酮酸转化为丙氨酸等。而半胱氨酸和酪氨酸可分别由蛋氨酸和苯丙氨酸转变而成，如果膳食提供的半胱氨酸和酪氨酸数量足够，则机体对必需氨基酸（蛋氨酸和苯丙氨酸）的需求相应减少，因此，营养学上，将能减少机体对某些必需氨基酸需要量的氨基酸，称为条件必需氨基酸或半必需氨基酸。人体所需要的必需氨基酸、非必需氨基酸和条件必需氨基酸见表3－1，各年龄组氨基酸需要量见表3－2。

表3-1 人体的必需氨基酸、非必需氨基酸与条件必需氨基酸

必需氨基酸	非必需氨基酸	条件必需氨基酸
异亮氨酸	天门冬氨酸	半胱氨酸
亮氨酸	天门冬酰胺	丙氨酸
赖氨酸	谷氨酸	
蛋氨酸	谷氨酰胺	
苯丙氨酸	甘氨酸	
苏氨酸	脯氨酸	
色氨酸	丝氨酸	
缬氨酸	精氨酸	
	胱氨酸	
	丙氨酸	

表3-2 各年龄组的氨基酸推荐值 mg/（kg. d）

氨基酸	婴儿7-12个月	儿童		成人	Young的建议
		1-3岁	4-13岁	19岁以上	
组氨酸	32	21	16	14	
异亮氨酸	43	28	22	19	23
亮氨酸	96	62	48	42	40
赖氨酸	89	58	45	38	30
蛋氨酸+胱氨酸	43	28	22	19	13
苯丙氨酸+酪氨酸	84	54	41	33	39
苏氨酸	49	32	24	20	15
色氨酸	13	8	6	5	6
缬氨酸	58	37	28	24	20

注：美国学者提出的推荐值（National Academy Press，2002年）。

三、氨基酸模式和限制氨基酸

人体蛋白质以及各种食物蛋白质在必需氨基酸的种类和含量上存在着差异，机体对饮食中蛋白质的需求，实际上就是对氨基酸的需求。而人体对每种必需氨基酸的需求有一定比例。某一种氨基酸过多或过少可导致其余氨基酸的有效利用程度。营养学上，用氨基酸模式（amino acid pattern）来反映这种差异的存在。所谓氨基酸模式，就是蛋白质中各种必需氨基酸的构成比例。其计算方法是将该种蛋白质中的色氨酸含量定为1，分别计算出其他必需氨基酸的相应比值，这一系列的比值就是该种蛋白质的氨基酸模式。一种蛋白质中若所含的必需氨基酸都充足，并且相互间的比例又接近于人体蛋白质必需氨基酸相互间的比例关系，那么这种蛋白质非常容易被机体所利用，其营养价值也越高。相反，若一种蛋白质缺乏一种或几种必需氨基酸，单独食用时，不能有效被机体所利用，则这种蛋白质的营养价值就偏低。一般人们将蛋类、奶类、肉类、鱼类，虾类以及大豆中的蛋白质称为优质蛋白。就是因为这些蛋白质的氨基酸模式与人体的氨基酸模式接近，其中鸡蛋的氨基酸模式与人体蛋白质氨基酸模式最为接近，所以，在实验中常以其作为参考蛋白。食物蛋白质中一种或几种必需氨基酸含量相对较低，不能满足机体对蛋白质合成的需要，可导致其他的必需氨基酸在体内不能被充分利用而使蛋白质营养价值降低，因此，营养学上，将这些含量相对较低的必需氨基酸称为限制氨基酸。植物蛋白质中，赖氨酸、蛋氨酸、苏氨酸和色氨酸含量相对较低，所以营养价值也相对较低。

世界卫生组织1985年建议的人体必需氨基酸模式，以及鸡蛋、牛奶和牛肉中蛋白质的必需氨基酸含量见表3－3。值得注意的是，在生长发育阶段，机体对各种氨基酸的需求都明显高于成年期。

表 3－3 人体必需氨基酸模式与优质动物蛋白的比较 mg/g 蛋白质

氨基酸	氨基酸模式				食物中氨基酸含量		
	婴儿[a]	学龄前儿童	学龄儿童	成人	鸡蛋	牛奶	牛肉
组氨酸	26	19	19	16	22	27	34
异亮氨酸	64	28	28	13	54	47	48
亮氨酸	93	66	44	19	86	95	81
赖氨酸	6	58	44	16	70	78	89
蛋氨酸＋胱氨酸	42	25	22	17	57	33	40
苯丙氨酸＋酪氨酸	72	63	22	19	93	102	80
苏氨酸	43	34	28	9	47	44	46
色氨酸	17	11	(9)	5	17	14	12
缬氨酸	6	58	44	16	70	78	89
总计（含组氨酸）	460	339	241	127	512	504	479
总计（去组氨酸）	434	320	222	111	490	477	445

四、蛋白质的生理功能

（一）维持人体组织的生长、更新和修复

蛋白质是构成细胞、组织和器官的主要材料。体内组织的生长、细胞增殖与组织破损修复等都需要新的蛋白质合成。例如，为了形成骨骼或牙齿，细胞首先要排列胶原蛋白质基质，然后用钙、磷、镁、氟和其他矿物质充填基质。胶原蛋白是肌腱和动脉壁细胞间连接的成分。将撕裂组织连接起来的瘢痕也是由胶原蛋白组成的。

（二）调节人体生理功能、催化新陈代谢反应

生物体内的各种生命活动几乎都离不开蛋白质。参与机体体液调节的许多激素是蛋白质或肽类物质，如胰岛素、生长激素、甲状腺激素等；而机体的新陈代谢则通过各种酶蛋白催化完成；有些可溶性蛋白质可维持体液的电解质平衡，具有调节酸碱平衡的作用。

（三）氧化供能

蛋白质是机体三大供能物质之一，1 g 蛋白质完全氧化可产 16.74 kJ 的能量，产生的能量一般不参与供能，主要用于机体的自我更新。但在饥饿、长期低糖膳食或长时间大强度运动时，体内糖原储备会大量消耗，这是非结构蛋白质分解加速，某些氨基酸代谢参与功能。例如，在长时间大强度运动引起肌糖原大量消耗时，肝脏和运动肌内的氨基酸和蛋白质分解明显加快，尤其是肝脏内保存着 300 g 左右的生理上可利用的储存蛋白，是运动时蛋白质氧化供能的主要来源。

（四）免疫保护作用

免疫球蛋白、多种细胞因子和补体等重要免疫活性物质，都属于蛋白质。

（五）运动和支持作用

机体的运动是通过骨骼肌收缩而实现的，而骨骼肌中起收缩作用的主要成分是肌纤维蛋白。

（六）物质转运

体内许多小分子物质的转运由蛋白质承担。如血红蛋白运输氧，脂蛋白运输脂类，有些蛋白质还运输维生素和矿物质。

第二节　蛋白质代谢与氮平衡

一、食物蛋白质的消化、吸收

由食物摄入的蛋白质，在胃中开始消化，经过胃酸和胃蛋白酶的作用，使蛋白质分解为结构较简单的多肽和少量氨基酸，这些被消化的食物进入肠道后，受胰液及肠液中蛋白酶及肽酶的作用，进一步水解成各种氨基酸，氨基酸通过主动转运系统被小肠黏膜细胞吸收，然后释放入血流，被运送到各器官组织利用（图3－1）。

（一）蛋白质的消化

1. 胃的消化

由于唾液中不含水解蛋白质的酶，所以食物蛋白质的消化从胃开始，但主要在小肠。胃内消化蛋白质的酶是胃蛋白酶（pepsin）。胃蛋白酶是由胃黏膜主细胞合成并分泌的胃蛋白酶原经胃酸激活而生成；胃蛋白酶也能再激活胃蛋白酶原生成新的胃蛋白酶。胃蛋白酶最适宜作用的pH值是1.5～2.5，对蛋白质肽键作用的特异性较差，主要水解芳香族氨基酸、蛋氨酸或亮氨酸等残基组成的肽键。胃蛋白酶对乳中的酪蛋白（casein）有乳化作用，这对婴儿较为重要，因为乳液凝成乳块后在胃中停留时间延长，有利于消化吸收。

2. 小肠的消化

食物在胃内停留时间较短，蛋白质在胃内消化很不完全，消化产物及未被消化的蛋白质在小肠内经胰液及小肠黏膜细胞分泌的多种蛋白酶及肽酶的共同作用，进一步水解为氨基酸，所以，小肠是蛋白质消化的主要部位。蛋白质在小肠内的消化主要依赖于胰腺分泌的各种蛋白酶，可分为：（1）内肽酶：可以水解蛋白质内部的肽键，包括胰蛋白酶、糜蛋白酶和弹性蛋白酶；（2）外肽酶：可将肽链末端的氨基酸逐个水解，包括氨基肽酶和羧基肽酶。肠黏膜细胞的刷状缘及细胞液中还存在一些寡肽酶，例如氨基肽酶及二肽酶等。氨基肽酶从肽链的末端逐个水解释放除出氨基酸，最后生成二肽，二肽再经二肽酶水解，最终生成氨基酸。

（二）蛋白质的吸收

经过小肠腔内和膜的消化，蛋白质被分解为可被吸收的氨基酸和2~3个氨基酸的小肽。过去认为只有游离氨基酸才能被吸收，现在发现2~3个氨基酸的小肽也可被吸收。研究一般认为，大分子蛋白质的吸收是微量的，无任何营养学意义，应当注意肠内细菌的毒素、食物抗原等可能进入血液成为致病因子。

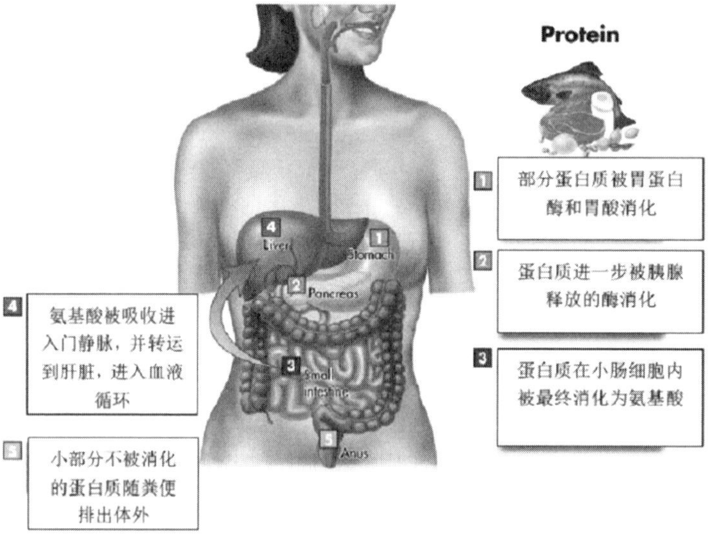

图3-1 蛋白质的消化和吸收

二、氨基酸转运和分布

不同氨基酸存在不同的转运机制以维持不同的浓度梯度。必需氨基酸在细胞内外的梯度比非必需氨基酸低。氨基酸进出细胞的转运由膜结合蛋白来完成。氨基酸通过膜上载体的转运机制，不仅存在于肠黏膜细胞上，类似的作用也存在于肾小管细胞、肌肉细胞、脂肪细胞、白细胞、网织红细胞、成纤维细胞上，对于细胞内聚集氨基酸具有普遍意义。但是，在不同细胞中，载体的性质可能有所差异。

存在于人体各组织、器官和体液中游离氨基酸统称为氨基酸池（amino acid pool），在细胞内、外游离氨基酸池中，不同氨基酸浓度差异很大。碱性氨基酸（精氨酸和谷氨酰胺）浓度在血浆中很低，但在细胞内（骨骼肌细胞）却是最高的。

氨基酸池中的游离氨基酸除了来自于食物外，大部分来自体内蛋白质的分解产物。这些氨基酸少数用于合成体内含氮化合物，主要被用来重新合成人体蛋白质，以达到机体蛋白质的不断更新和修复。未被利用的氨基酸则经过代谢转变成尿素、氨、尿酸和肌酐等，由尿排出体外或转化为糖原和脂肪，所以，由尿排出的氮包括食物氮和内源性氮。正常人在细胞外约有氨基酸氮 55 mg/L，而在细胞内约有氨基酸氮 800 mg/L，但游离氨基酸氮的总量比蛋白结合状态的氨基酸氮少，游离氨基酸总氮量为 0. 33 g/kg 体重，而机体氮量为 24 g/kg 体重。

三、氨基酸合成和降解

机体内的蛋白质总是处于分解、合成的动态变化之中。不同蛋白质更新率有所不同，蛋白质如果是信号分子类，则其更新率相对较高。反之，结构蛋白（胶原蛋白和心肌纤维蛋白）具有相对长的寿命。机体内存在合成蛋白质所需氨基酸的特殊代谢路径，也存在降解氨基酸的代谢途径。

（一）非必需氨基酸的合成

非必需氨基酸的合成可通过转氨基作用实现，如 α－酮戊二酸可通过转来的氨基形成谷氨酸，还可以通过其他氨基酸转化而来，如酪氨酸可由苯丙氨酸合成。

（二）氨基酸的降解

各种氨基酸可按照特定的化学反应进行降解。多数必需氨基酸主要在肝内降解，异亮氨酸、亮氨酸和缬氨酸则主要在肌肉以及肾、脑中降解。氨基酸降解后的产物，一方面可以通过糖异生过程，生成葡萄糖，如葡萄糖－丙氨酸循环的代谢途径；就是有效的氨基酸糖异生途径，还有就是通过氨基酸的氧化作用为机体供能，如支链氨基酸通过氧化，可为长时间持续运动提供能量。此外，氨基酸降解产物也为其他含氮物质，如谷胱甘肽、肌酐、肌酸、肉碱、吡啶等提供重要氮源（图3－2）。

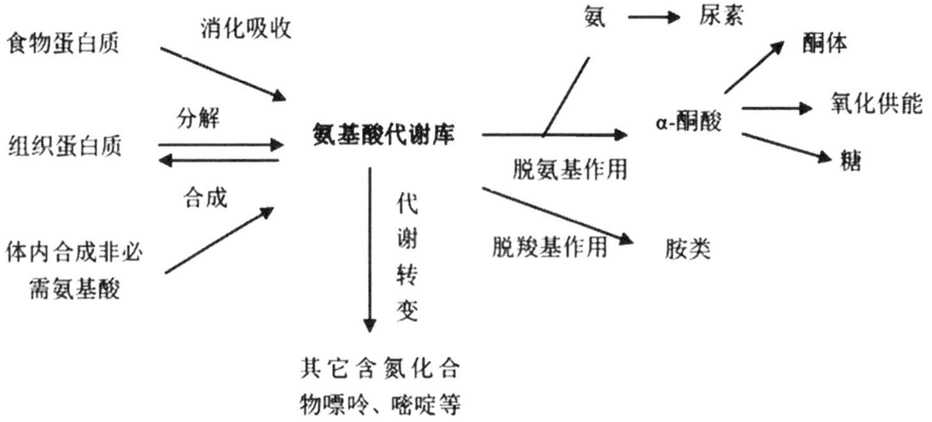

图3－2　氨基酸的降解

四、氮平衡

蛋白质是有机高分子含氮化合物，是机体最重要的氮源。在一定时间内，摄入的氮量和排出的氮量之间的关系，营养学上就称之为氮平衡（Nitrogen balance）。它是体内蛋白质代谢状态的反映，可用于衡量人体蛋白质的需求状态。氮平衡可分3种：（1）总氮平衡，即在一定时间内，机体摄入的氮量与排出的氮量基本相等。它表示人体内蛋白质的合成与分解处在平衡状态，机体组织一直维持相同量的蛋白质。（2）正氮平衡，即机体摄入氮量大于排出氮量，表示蛋白质的合成大于分解量，蛋白质量增加。（3）负氮平衡，即机体摄入的氮量小于排出的氮量，表示机体蛋白质的合成小于分解，蛋白质量减少。

氮平衡的测定方法：给予被测对象特定水平的氨基酸或蛋白质若干天，然后收集 24 h 的尿液和粪便，分别测定尿氮、粪氮。具体计算公式为：$B = I - (U + F + S)$（B 为氮平衡值；I 为机体摄入氮；U 为尿氮；F 为粪氮；S 为皮肤等氮损失）。

机体每天由于皮肤、毛发和黏膜的脱落等，可损失约 20 g 以上的蛋白质，这种排出是机体不可避免的氮消耗，称为必要氮损失。当膳食中的碳水化合物和脂肪不能满足机体能量需要或蛋白质摄入过多时，蛋白质才分别被用来作为能源或转化成碳水化合物和脂肪。因此，理论上只要从膳食中获得相当于必要氮损失量的蛋白质，即可满足人体对蛋白质的基本需要。

尿中的含氮产物不仅有氨基酸氧化的终产物，如尿素和氨，而且有核酸和肌酸降解的终产物，如尿酸和肌酐，但非尿素氮和非氨氮的量相对稳定而且在总尿氮中所占比例较小。大多数情况下，尿氮主要以尿素形式排出。正常情况下，健康成年人摄入充足的蛋白质以满足生理需要，他们的氮摄入量与排出氮量相等，即处于零氮平衡。生长发育期的婴幼儿和青少年、孕妇、蛋白质缺乏症或疾病恢复期病人应处于正氮平衡，氮摄入量要超过排出量；反之，饥饿、应激状态，如烧伤、创伤、感染和发烧病人则处于负氮平衡，氮排出量超过氮摄入量。

第三节 蛋白质的营养学评价

生命是蛋白质存在的形式，所以，蛋白质是生命中起决定性作用的营养物质。如果人体内缺少蛋白质，可导致儿童发育迟缓、体质瘦弱、抗病能力低，也可导致成年人体重减轻、肌肉萎缩、疲乏无力、贫血、病后康复缓慢等，严重的可出现营养不良性水肿，甚至危及生命。因此，了解和掌握蛋白质的营养学评价，对合理选择和摄取蛋白质有重要指导意义。

一、食物蛋白质的分类

组成蛋白质的天然氨基酸有 20 种，体内只能合成非必需氨基酸，必需氨基酸则须由食物蛋白质提供。营养学上根据食物蛋白质所含氨基酸的种类和数量将蛋白质分为3类。

（一）完全蛋白质

完全蛋白质为优质蛋白质，蛋白质中所含的必需氨基酸种类齐全，数量充足，彼此比例适当。奶、蛋、鱼、虾及动物肉类中的蛋白质属于完全蛋白质。

（二）半完全蛋白质

蛋白质中所含氨基酸种类齐全，但其中某些氨基酸的数量不能满足人体的需要，即不符合人体蛋白的氨基酸模式，如小麦中的麦胶蛋白便是半完全蛋白质，含赖氨酸很少。

（三）不完全蛋白质

蛋白质中不包含人体所需的全部必需氨基酸。如肉皮中的胶原蛋白便属不完全蛋白质。

不同食物中蛋白质所含氨基酸的数量和比例不同，因而不同食物的营养价值相差很大，只有食物中的氨基酸比例与人体比较一致时，人体才能够高效利用这些蛋白质食物。自然界中很难找到完全符合人体需求的蛋白类食品。但把不同的蛋白类食品搭配起来时，各种蛋白质所含氨基酸可以相互配合，取长补短，从整体上可改变氨基酸含量的比例，使之更加接近人体所需的最佳的氨基酸模式，因而可大大提高混合蛋白食品的营养价值。如谷类蛋白质中赖氨酸较少，限制了其营养价值，若与含赖氨酸较多的大豆或肉类、蛋类搭配食用，则谷类营养价值就可提高；大豆中蛋氨酸含量较低，而玉米中蛋氨酸含量则较高，两者互补，营养价值皆相应提高。所以，食物多样化，粗细粮搭配，动物蛋白与植物蛋白合理地搭配，可以较好地发挥蛋白质的互补作用，有利于提高食物的营养价值。

二、蛋白质消化率和生物价

（一）消化率

蛋白质消化率是指在消化道内被吸收的蛋白质占摄入蛋白质的百分比，不仅反映了蛋白质在消化道内被分解的程度，同时还反映消化后的氨基酸和肽被吸收的程度，是评价食物蛋白质营养学价值的生物学方法之一。蛋白质被人体消化、吸收得越彻底，其营养价值就越高。一般采用动物或人体实验测定，根据是否考虑内源粪代谢氮因素，可分为表观消化率和真消化率两种方法。

1. 蛋白质真消化率

测定蛋白质消化率时，无论是以人还是以动物为实验对象，都必须测定实验期内摄入的食物氮、排出体外的粪氮和粪代谢氮，再进行计算。粪代谢氮，是指肠道内源性氮，是在试验对象完全不摄入蛋白质时，粪中的含氮量。成人 24 h 内粪代谢氮一般为 0.9～1.2 g。

$$\text{蛋白质真消化率（\%）}=\frac{\text{食物氮}-\text{（粪氮}-\text{粪代谢氮）}}{\text{食物氮}}\times 100$$

2. 蛋白质表现消化率

上式计算结果是食物蛋白质的真消化率，但在实际应用中，往往不考虑粪代谢氮。这样不仅实验方法简便，而且因所测得的结果比真消化率要低，具有一定安全性，这种消化率叫作表现消化率。

$$\text{蛋白质表现消化率（\%）}=\frac{\text{食物氮}-\text{粪氮}}{\text{食物氮}}\times 100$$

食物品种、烹调加工、消化酶的作用等因素可影响食物蛋白质的消化率。植物蛋白质的消化率（平均为 78%）低于动物蛋白质（平均为 92%），是由于植物蛋白质被植物纤维包围，妨碍与消化酶充分接触。有的食物含有抑制蛋白质消化的因素，如大豆中的抗胰蛋白酶，蛋清中的抗生物素等，因而使蛋白质的消化率降低。烹调加工可以去除植物纤维素或使其软化，加热可破坏抗胰蛋白酶等抑制消化的物质，因而可以提高蛋白质的消化率。如整粒大豆的消化率为 60%，做成豆腐、豆浆后可提高到90%。其他蛋白质在煮熟后吸收率也能提高，如乳类为98%，肉类为93%，蛋类为98%，米饭为82%。蒸煮一般对提高消化率较好，但过高温的煎炸过程不仅可降低消化率，还会破坏氨基酸，降低蛋白质的营养价值。

（二）蛋白质生物价

生物价是主要用来评价蛋白质的体内利用价值，它表示食物中的蛋白质成分在人体内真正被利用的程度，因此也叫蛋白质的生理价值。

蛋白质生物价 =（氮在体内储留量 ÷ 氮在体内吸收量）×100%

其中，氮在体内吸收量 = 食物氮 -（粪氮 - 粪代谢氮），体内储留量 = 吸收氮量 -（尿氮 - 尿内源性氮）。

一般情况下，生物价越高的蛋白质食物，被机体利用程度高，其营养价值也越高。动物蛋白质的生物价一般比植物蛋白质高。常用食物蛋白质的生物价如表3-4。蛋白质的生物价主要取决于其中氨基酸含量的相互比值。

表3-4　常用食物蛋白质的生物价　%

食物	生物价	食物	生物价
鸡蛋	94	小米	57
牛奶	85	玉米	60
猪肉	74	大豆	57
牛肉	76	马铃薯	67
牛肝	77	白薯	72
鱼	76	高粱	56
虾	77	绿豆	58
大米	77	花生	59
面粉	67	白菜	76

三、蛋白质含量和摄入量

蛋白质含量是评价食物蛋白质营养价值的重要指标，为了维持机体功能的完善，既要有高质量的蛋白质，也要有足够数量的蛋白质。如果食物中蛋白质含量很少，即使营养价值很高，也不能满足人体需要。食物中蛋白质含量一般是用凯氏定氮法，检测食物中的氮含量，再乘以蛋白质的换算系数，就可得到食物蛋白质的含量。蛋白质中含氮量平均为16%，其倒数即为6.25。所以：

蛋白质含量 = 含氮量 ×6.25。

在常用的每100 g食物中，肉类含蛋白质10 ~20 g；鱼类含蛋白质15 ~20 g；全蛋含蛋白质13 ~15 g；豆类含蛋白质20 ~30 g；谷类含蛋白质8 ~10 g；蔬菜、水果含蛋白质1 ~2 g；可见动物类食物比植物性食物蛋白质含量高。

蛋白质在体内的储存量很少，营养充分时可储存少量。而体内的蛋白质每天需要进行更新，其中部分来自体内蛋白质分解后重新合成，部分则需从食物中摄取。因此，每天必须供给一定量的蛋白质，才能满足机体需要。供给量不足，造成蛋白质缺乏；供给过高，体内过多的蛋白质经分解成尿素等后排出体外，不仅浪费蛋白质，而且增加肝脏和肾脏的负担，对人体不利。

蛋白质的摄入量必须满足机体的氮平衡。根据我国营养学会1988年修订的标准，因我国目前膳食以植物性蛋白质为主，一般成人的供给量为每日每千克体重1 ~1.5 g。蛋白质供给的热能，应占一日膳食总能的10% ~14%，儿童为12% ~14%，成人为10% ~12%。

另外，蛋白质的摄入量还受机体状态的影响。如生长发育期、妊娠期、哺乳期、伤病康复、重体力劳动等使机体对蛋白质的需要量增加；此外食物蛋白质的质量也是决定蛋白质摄入量的因素。摄入蛋白质为完全蛋白，需要量较小，反之则需要量较多。中国营养学会推荐的我国14岁以上居民蛋白质摄入量见表3 -5。

表 3－5　中国 14 岁以上居民膳食能量、蛋白质推荐摄入量与脂肪供能比

年龄/岁	能量/kcal		蛋白质/g		脂肪供能比/%
	男	女	男	女	
14～	2 900	2 400	85	80	25～30
18～					20～30
轻体力活动	2 400	2 100	75	65	
中体力活动	2 700	2 300	80	70	
重体力活动	3 200	2 700	90	80	
50～					20～30
轻体力活动	2 300	1 900	75	65	
中体力活动	2 600	2 000	75	65	
重体力活动	3 100	2 700	75	65	
60～					20～30
轻体力活动	1 900	1 800	75	65	
中体力活动	2 200	2 000	75	65	
70～					20～30
轻体力活动	1 900	1 700	75	65	
中体力活动	2 100	1 900	75	65	
80～	1 900	1 700	75	65	20～30

注：摘自中国营养学会网站。

四、特殊人群的蛋白质推荐摄入量

（一）婴幼儿的蛋白质推荐摄入量

婴幼儿处于生长发育的高峰时期，应有足量的优质蛋白质以维持机体蛋白质的合成与更新，蛋白质需要量按单位体重计大于成人，所需的必需氨基酸比例大，

除成人的必需氨基酸外，婴儿还需要组氨酸、半胱氨酸与酪氨酸。

人乳因蛋白质的氨基酸组成适宜而被认为是理想的婴幼儿食品，尽管母乳中的蛋白质含量变化较大，其含量平均为0.8～0.98/100 mL，每天一般摄入180～200 mL/kg体重即可满足蛋白质的摄入量（1.5～3 g/kg体重/日）。中国营养学会推荐的婴幼儿蛋白质摄入量为：出生至1岁为1.5～3.0 g/kg体重/日，1～2岁为35 g/d，2～3岁为40 g/d。当婴幼儿膳食中蛋白质供给不足时，可表现出消化吸收障碍、生长发育迟缓或停滞、肝功能障碍、抵抗力下降、消瘦、腹泻、水肿与贫血等。但高蛋白膳食对婴幼儿同样不利，因为尚处发育阶段的消化道与肾脏功能不适应高蛋白质膳食。

（二）学龄前儿童的蛋白质推荐摄入量

学龄前儿童摄入蛋白质的主要目的是满足细胞及组织增长，故对蛋白质尤其是必需氨基酸的种类与数量有一定的要求。中国营养学会建议学龄前儿童蛋白质适宜摄入量为45～55 g/d，蛋白质供能占总能量的13%～15%，动物性蛋白质应占一半以上。学龄前儿童蛋白质营养不良，不仅影响儿童的体格与智力发育，也使免疫力低下，患病率增加。

（三）青少年的蛋白质推荐摄入量

青少年肌肉、骨骼发育迅速，学习任务繁重，需要摄入充足的蛋白质。此期一般体重增加30 kg，其中约16%为蛋白质。因此，蛋白质的需要量尤为突出，推荐蛋白质的适宜摄入量为75～80 g/d，占总能量的12%～14%，其中应有一半为优质蛋白质。

（四）孕妇的蛋白质推荐摄入量

母体储备的氮除供给胎儿生长发育及子宫、乳房增长的需要外，还要为分娩期的消耗做准备。足月胎儿体内蛋白质400～800 g，加之胎盘与孕妇自身组织增长的需要，孕期母体约需储存蛋白质900 g。

（五）老年人的蛋白质推荐摄入量

老年阶段蛋白质分解代谢大于合成代谢，机体处于负氮平衡状态。但胃肠道、肝脏、胰腺等功能减少，蛋白质的消化吸收能力降低；内分泌功能下降，对氨基酸与蛋白质的利用能力降低，蛋白质的摄入应保质限量。一般认为每日以 1.0～1.2 g/kg 体重为宜。摄入过多会增加肝肾负担，同时注意提高膳食蛋白质质量，冬菇或豆类等优质蛋白质应占 1/3 以上。

五、蛋白质—能量营养不良及评价

蛋白质—能量营养不良是由于产热营养素摄入不足导致的能量摄入不足或（和）蛋白质摄入量明显减少所引起的发育迟缓、消瘦、水肿为主的综合征，往往伴有消化吸收不良、抵抗力下降、易发感染等症状。蛋白质—能量营养不良多发生于发展中国家的婴儿和儿童，但也可发生于成年人尤其是老年人，术后长期不能恢复或慢性消耗性疾病患者也时有发生。蛋白质—能量营养不良有因疾病和膳食不当引起的，但大多数则是因贫穷和饥饿引起的，主要分布在非洲、中南美洲、中东、东亚和南亚地区。

蛋白质—能量营养不良可分为原发性和继发性两种。由食物来源不足引起的原发性蛋白质—能量营养不良已很少见，大多是由于认识上的误区或不恰当的生活方式造成的。如过度节食、偏食或由于过度或不恰当的减肥甚至患上厌食综合征，或摄入大量碳水化合物而忽视蛋白质的摄入，均可导致原发性蛋白质—能量营养不良的发生。原发性蛋白质—能量营养不良主要是增加能量和蛋白质尤其是优质蛋白质的摄入量，同时增加微生物和矿物质的摄入。对于继发性蛋白质—能量营养不良，首先要治疗原发病，在此基础上，逐渐增加蛋白质和能量摄入，以达到体重逐渐恢复、机体抵抗力逐渐增加的目的。

适度的体育锻炼有助于此类患者的恢复，特别有助于增加肌肉的力量和心肺功能。轻度患者在加强营养的同时，可适当增加轻到中度体育锻炼，如太极拳、台球、乒乓球或慢跑；对于中到重度患者早期以卧床休息为主，增加能量和蛋白质摄入量，1 周后可增加下床活动次数，并适当增加轻度体育活动，如散步、打台球等，随着身体好转逐渐增加打乒乓球、打羽毛球或慢跑。当体重达到或接近正常水平时，就没有必要继续进食高能量高蛋白质食物，而应根据本人的活动水平摄入适当的能量或蛋白质，以免造成肥胖。

评价蛋白质营养状况的指标主要有血清蛋白质、上臂肌围和上臂肌区、血清氨基酸比值、尿肌酐/身高指数、发根的生化和形态检查等。

第四节　运动与蛋白质

一、运动中蛋白质代谢的特点

人体在运动过程中处于一种特殊的应激状态，身体机能也随之产生一系列的适应性变化。同样，运动中蛋白质的代谢也会因身体机能的变化而变化。

（一）蛋白质合成与分解

不同的运动项目蛋白质合成和分解的速度不尽相同。在生理范围内，进行力量训练时，机体其他部位的蛋白质合成减少，而骨骼肌中蛋白质合成增加，从而使肌纤维增粗，力量增大。如果运动过程中出现疲劳积累则会引起骨骼肌中蛋白质合成减慢，分解加速，蛋白质含量减少，肌纤维变细，肌肉力量明显下降。

（二）氨基酸的氧化供能作用

在蛋白质、脂肪和碳水化合物3大营养物质中，蛋白质在运动中供能的比例相对较小。氨基酸氧化可满足运动中5%～15%的能量需求。在体内肌糖原储备充足时，蛋白质供能仅占总能量需求的5%左右；大部分运动情况下，蛋白质供给总能量的6%～7%。在体内肌糖原耗竭时氨基酸供能可上升至10%～15%，这取决于运动的类型、强度和持续时间。耐力运动时支链氨酸的氧化作用增强，其氧化速度与运动强度成正比。

（三）氨基酸的糖异生作用

短时间激烈运动对蛋白质代谢的影响较小，长时间耐力运动时，肌糖原被大量消耗，脂肪动用和利用加速，能量需求的平衡关系有可能受到破坏。为了补充骨骼肌和大脑正常活动对糖的需求，蛋白质分解代谢增强，氨基酸的糖异生作用加强，从而可避免运动时出现低血糖。

（四）蛋白质的净降解

耐力运动时，通过氧化和糖异生作用，氨基酸的利用率提高了，这就必须增加氨基酸以补充氨基酸代谢率。这时膳食中的蛋白质似乎对补充氨基酸不大起作用，因为运动可使血液从内脏流向肌肉，从而减弱内脏的吸收机能。只有组织蛋白质的净降解可以作为氨基酸利用增高的来源。因此，运动时蛋白质合成速度减慢，导致了组织蛋白净降解出现。

二、蛋白质代谢对运动能力的影响

（一）蛋白质与运动能力提高

运动时人体的代谢机能增强，表现出运动能力与蛋白质代谢关系密切。力量性运动的能力在很大程度上取决于肌肉的体积。经常从事力量性练习的适应性变化是肌肉增粗，这种适应性变化主要是由于肌肉中收缩蛋白质的增多。肌肉蛋白质数量上的增长有赖于蛋白质合成加快或蛋白质分解减慢。由于蛋白质对运动能力的影响效果明显，不少国家在运动员膳食中增加蛋白质的含量。

在耐力运动中，一方面，氨基酸可通过氧化作用为机体提供能量，另一方面，氨基酸可通过丙氨酸—葡萄糖循环生成葡萄糖，以维持血糖恒定。某些氨基酸的中间代谢产物可变成三羧酸循环的中间代谢产物，这对运动时肌肉代谢有着良好的作用。因为它可提高三羧酸循环速度，提高葡萄糖和脂肪酸生成的乙酰辅酶 A 的氧化能力，以满足机体运动时的能量需求，从而提高运动能力。

（二）氨基酸与运动疲劳

疲劳是存在于运动训练中的常见现象，包括心理性和躯体性疲劳，其中后者又分为中枢疲劳和外周疲劳。目前对于中枢疲劳的研究主要涉及到了中枢神经递质和神经调质，其中5－羟色胺（5－HT）、谷氨酸、天冬氨酸、γ－氨基丁酸、血氨等因素都是引发中枢疲劳的生化基础，而这些因素与体内的氨基酸都有着直接或间接的联系。

第五节　运动与蛋白质的补充

蛋白质不断在机体内消耗和重新合成，而蛋白质的更新取决于物质代谢的强度。在进行体育运动或训练时，机体代谢明显增加，蛋白质的需要量也明显增加，此时提供优质蛋白质和氨基酸，对于补充运动员的损耗、增强肌肉力量、促进血红蛋白的合成、加速疲劳消除具有重要意义。但不同的运动项目和不同的机能水平对蛋白质的需求各异，因此蛋白质的补充形式和补充方法也不尽相同。

一、运动员蛋白质的需要量

（一）不同机能水平运动员蛋白质的需要量

一般认为，运动员在开始进行剧烈运动训练的初期，由于对该训练还不能完全适应，从而使细胞破坏增加、肌蛋白和红细胞再生等合成代谢亢进，以及应激时激素和神经调节等反应常发生负氮平衡，甚至出现运动性贫血；而经过一段时间适应后则氮平衡得到改善。因此，大运动量和运动强度初期应适当加强蛋白质的摄入量，据报道运动训练的初期蛋白质摄入量应达到每天2.0 g/kg体重。生长发育期的少年儿童参加运动训练时也应增加一部分蛋白质以满足生长发育需要。根据氮平衡实验的结果，提示少年儿童在参加运动训练时蛋白质的摄入量每天应在2.0～3.0 g/kg体重之间。

（二）不同项目运动员蛋白质的需要量

长时间剧烈的耐力运动使蛋白质代谢加强，从而增加蛋白质的需要量，但蛋白质的需要量又受糖原贮备的影响。在耐力运动中，当肌、肝糖原浓度足够时，每日蛋白质需要量为 1.0 ~ 1.8 g/kg 体重。训练水平越高，需要量增加越多。例如，优秀自行车运动员日摄入量超过 1.5 g/kg 体重。当运动员连续数天接受大负荷耐力训练时，每日补充蛋白质 1.0 g/kg 体重，身体仍然出现负氮平衡，这表示体内蛋白质的分解多于补充；而以 1.5 g/kg 体重摄入蛋白质时，身体处于正氮平衡。

力量训练因肌肉组织消耗增加也需要增加蛋白质的摄入量。其蛋白质供能比为 15% ~20%，其中优质蛋白质占 1/3。力量性运动员在轻量级训练时每日需要蛋白质 1.0 ~ 1.6 g/kg 体重，在高负荷训练时需 2.0 ~ 3.0 g/kg 体重。

另外，对于控制体重项目的运动员，需选择蛋白质营养价值高的食物以满足机体需要，蛋白质食物的热量可达总热量的 18%。另外，运动员在训练中失汗量较多时特别是高温季节、汗氮的丢失可占氮排出量的 10% ~14%，从而也使蛋白质需要量增加。

二、运动与蛋白质和氨基酸补充

（一）不同运动项目运动员蛋白质的补充

曲绵域教授等通过对我国运动员的研究，发现我国体操运动员蛋白质的需要量约为 1.8 g/kg 体重以上，其中 2/3 的蛋白质应是优质蛋白质，所供食物中蛋白质供能约占总能量的 12% ~14%；篮球、排球运动员补充蛋白质为 2.0 g/kg 体重；而足球运动员比篮球、排球运动员的运动强度大，运动时间长，从而蛋白质需要量相对要高，约 2.4 g/kg 体重。

由于生物学价值较高的蛋白质能提高神经系统的兴奋性，加强神经系统的反射活动。投掷、举重、摔跤等对集中用力要好，反应速度快及爆发力强的项目，其对神经系统的调节活动要求较高，在蛋白质补充时相对要多，且质量要好。

（二）儿童少年运动员蛋白质的补充

儿童少年新陈代谢旺盛，加上经常训练，蛋白质的需要量明显增加，按每千克体重计算约为成年人的1.5倍，不同年龄阶段蛋白质的补充量也不同。根据曲绵域教授的报道：9～10岁的体操运动员蛋白质需要量约为3.0 g/kg体重（每天约70～90 g）；12岁的篮球运动员蛋白质需要量约2.0～2.4 g/kg体重（每天总蛋白质量约90～110 g）；儿童少年运动员其蛋白质食物的产热量约占总热量的13%。这样补充生物学价值较高的蛋白质既能满足机体生长发育，又能促进机体运动后的恢复，加快疲劳的消除，提高运动员的身体机能。

（三）常用的运动营养补剂及其作用

在蛋白质的补充方面，大多数的运动营养补剂都是以氨基酸和多肽物质的形式进行补充，以提高蛋白质的吸收和利用率。氨基酸类物质有促进合成代谢的动力作用。通过营养补充，使机体自身分泌的生长激素、胰岛素、睾酮和相关激素水平提高，获得适应性应激、超量恢复和运动能力增长的最佳激素环境，达到促合成、增力量的目的。常用的蛋白质类运动营养品及其作用如下几个方面。

1. 乳清蛋白（whey protein）

乳清蛋白是含必需氨基酸种类齐全、比例适当的蛋白质，是维持和修复机体及细胞生长所必需的，它不仅影响机体组织如肌肉的生长，还参与激素的产生、免疫功能的维持、营养物质的转运、血红蛋白的生成等多方面的功能。给运动员使用乳清蛋白，无论是单独补充或是与其他产品配合使用，皆有不错的效果。

（1）纯乳清蛋白：纯乳清蛋白热量低，可做修补、生长和热量控制，也可协助推动胰岛素样生长因子IGF－1，帮助身体燃烧脂肪、增加瘦肌肉组织。

（2）乳清蛋白加肌酸：运动员补充可以促进肌肉组织迅速消除疲劳，适用于力量运动员大强度训练期间。

（3）乳清蛋白加糖：增加能量储备，提高免疫力，适合耐力项目使用。

2. 支链氨基酸（branched chain aminoacid）

支链氨基酸（BCAAs）包括亮氨酸、异亮氨酸、缬氨酸，均为必需氨基酸，在人体必须从外界摄取的8种必需氨基酸中支链氨基酸就占3种，由此可见这一类氨基酸的重要性。根据有关饮食补充标准，这 3 种氨基酸应占全部氨基酸的 44%。据测定，支链氨基酸占肌肉中必需氨基酸的 35%。

（1）支链氨基酸的作用

① 参与供能：安静状态下，人体骨骼肌总能耗的 14% 由支链氨基酸氧化供能；运动时，尤其是长时间持续运动时，所起的作用更大。研究发现在 4 h 的耐力运动中，人体内的支链氨基酸供能占总氨基酸的 60%，占总体能量供应的 10% 左右。

② 抗疲劳作用：色氨酸代谢产生的 5 – 羟色胺（5 – HA）浓度升高时会导致中枢疲劳，服用支链氨基酸可以有效地防止大脑中 5 – HA 浓度的升高，有抗中枢疲劳的作用；补充支链氨基酸可以降低运动中血乳酸的积累，从而降低由乳酸导致的疲劳。

③ 促进蛋白质合成：支链氨基酸可以刺激胰岛素的释放，从而促进肌肉蛋白质合成，防止分解。通常可作为肌纤维蛋白合成原料，促进机体恢复，增长力量，为运动员维持大强度训练提供强有力的 营养保证。

（2）支链氨基酸服用时间

① 运动前 60 ~ 90 min 服用，既可以作为能源物质供能，又可以有效地保护肌肉细胞，降低肌肉蛋白质的分解。

② 运动后服用：此时服用支链氨基酸可以作为原料物质用于蛋白质的合成。

③ 睡觉前服用：此时的支链氨基酸可以在良好的外部环境下积极地参与肌肉蛋白质的合成。

关于运动后服用支链氨基酸，目前仍存在争议。有专家认为，运动后服用是支链氨基酸合成肌肉的最佳时机，错过这一次机会将导致蛋白质的分解。有的专家认为，此时服用的氨基酸会使血液氨浓度上升，导致氨中毒。争论的结果较统一的认识是运动后应少量服用，建议量为 4 ~ 6 g/次，每天的总服用量在 5 ~ 10 g 之间。

3. 牛磺酸（taurine）

牛磺酸是一种由半胱氨酸衍生的 β – 氨基磺酸。牛磺酸在体内多以游离形式存在，是人体内含量最高的游离氨基酸，总量约 23 ~ 28 g，其中约 15 ~ 16 mg 存在于血浆中，75% 以上存在于骨骼肌中，牛磺酸绝大部分分布在细胞内，除在中枢神经系统中牛磺酸的含量仅次于谷氨酰胺外，在其他组织中的含量都远远超过其他任何氨基酸。牛磺酸是一种过氧化作用产物的有效清除剂，并作为一种或几个调节剂，对于肌肉快速增加有促进作用。它发挥生理作用的方式类似于胰岛素。研究显示，补充500 mg 牛磺酸，可使血液3－甲基氨酸的浓度下降20%，说明牛磺酸可抑制肌肉蛋白质的分解作用，使肌肉壮大。

4. 谷氨酰胺（alutamine）

谷氨酰胺（aln）是肌肉组织含量最多的一种氨基酸，占肌肉总氨基酸库的61%，在血浆中占自由氨基酸的20%。在疾病、营养状态不佳或高强度运动等应激状态下，机体对谷氨酰胺的需求量增加，以致自身合成不能满足需要。谷氨酰胺是促进肌肉和蛋白质合成、增强机体免疫力的重要物质。谷氨酰胺对机体有多方面的作用：（1）增加蛋白质合成或降低蛋白质分解；（2）强有力的胰岛素分泌刺激剂；（3）增强免疫系统功能；（4）参与合成谷胱甘肽；（5）参与氨代谢，维持体内酸碱平衡。

过度训练时，通常伴随血液中谷氨酰胺水平的降低。大强度训练引起的血浆低谷氨酰胺水平需要长时间才能恢复。营养学家认为此时补充谷氨酰胺能有效防止运动水平和身体免疫水平的下降。并且谷氨酰胺很容易添加在各种饮食中，而不改变原有食品味道。高强度运动时全天分几次（每次2～3 g）补充谷氨酰胺较为合适。维持期使用低剂量的谷氨酰胺也有很好的作用，每天2 g的谷氨酰胺就可以促进生长激素的释放，使睾酮分泌增加，从而增强肌肉的合成作用，为肌肉结缔组织、肌腱和韧带的修复与维持提供保障。一般认为补充谷氨酰胺的最佳时间在2餐之间或运动前10～30 min；也有专家认为，运动后即刻或睡觉前补充谷氨酰胺，可满足内脏和免疫系统对谷氨酰胺的需求，保持肌肉中谷氨酰胺高水平。如运动员在赛后服用含3～5 g谷氨酰胺的运动饮料，对预防运动后感染有效果；但运动后一般不直接补充谷氨酰胺，因为服用后会增加机体的氨负担，a－酮戊二酸是谷氨酰胺的前体物质，机体能利用鸟苷酸与a－酮戊二酸合成谷氨酰胺。这两种氨基酸结合在一起使用，在胰岛素、生长激素的分泌调节中发挥的作用更大。

5. 肌酸（creatine）

近年来，肌酸成为一种新的营养补充剂。肌酸可以提高肌肉肌酸储备，促进肌肉收缩后磷酸肌酸和ATP的再合成，从而保证肌肉高强度反复收缩的能量供给，提高训练效果和运动能力；但也有动物研究结果提示，长期使用肌酸也可能存在一定的副作用。

6. 磷脂酰丝氨酸（phosphatidylserine）

它能影响皮质醇的释放。在大强度运动中补充磷脂酰丝氨酸可以使血浆中的皮质醇浓度增加，提高运动能力。

（四）运动员膳食蛋白质的互补作用

运动员的蛋白质营养不仅应满足数量的要求，在质量上应有1/3以上必需氨基酸齐全的优质蛋白质。蛋白质营养不足会延缓剧烈运动后的恢复。解决运动员的蛋白质营养平衡就要发挥蛋白质优势互补的作用，平衡膳食，注意各种蛋白质的配比，以提高蛋白质的生物价值。一些高质蛋白粉就是根据蛋白质优势互补理论，参照运动员的营养需求特点，研制出的蛋白类运动营养补剂。它们是牛奶蛋白、鸡蛋蛋白、肉蛋白等几种优势蛋白质复合而成的，其内在的氨基酸谱完全符合运动员对蛋白质的要求。总之，在运动中补充蛋白质时要具体考虑多方面的因素，如训练状态、类型、强度、频率、控制体重、热能及糖储备、生长发育、高温、膳食状况等，然后给予相应调整。

（五）运动员蛋白质和氨基酸补充注意事项

运动员补充蛋白质时，应当注意以下几点：（1）摄入蛋白质含量丰富平衡的膳食，保证充足的优质蛋白质供应。（2）摄入多量的蛋白质食物会使酸性代谢产物增加，故应增加蔬菜、水果等碱性物质，以求酸碱平衡。（3）糖类、脂肪等能源需适量摄取，使摄取的蛋白质能有效地在体内被利用合成体蛋白。（4）含丰富蛋白质的食品，应分配于3餐，若集中于一餐，增加转变成脂肪的危险，增加肾脏负担，甚至影响肾脏机能。（5）补充蛋白质时，应当注意补充维生素和矿物质，以利于运动后受损的肌肉细胞再造。

在进行氨基酸补充时，要了解过多摄入某些类别氨基酸可能具有的潜在副作用。在使用时应有的放矢、区别对待。（1）为了提高运动员的肌肉爆发力，增加肌肉瘦体重可服用计算或牛磺酸。（2）在运动后引起免疫功能低下时，可服用L－谷氨酰胺恢复免疫功能。（3）为了保证肌酸的使用效果和不出副作用，必须遵守几条原则：首先，要严格掌握肌酸的使用剂量，即冲出剂量：每天20 g，服5～7

天；维持量：每天2~5 g；其次，使用肌酸同时服用含糖饮料将有助于肌肉摄入更多的肌酸；再次，在热湿环境下训练的运动员要注意液体补充，以保证肌肉的水分，防止肌肉痉挛和拉伤的发生。对于谷氨酰胺的补充，为避免机体过多氨负担，可采用鸟氨酸、a-酮戊二酸合剂进行补充。

（六）过量补充蛋白质的副作用

氨基酸和蛋白质对于运动员固然重要，但不是愈多愈好。有些力量型运动员如举重、投掷运动员，迷信于食用大量高蛋白膳食，试图增强肌肉组织，加大爆发力量，但往往适得其反。很多研究和实践证明，摄入过量的蛋白质，不但对增长肌肉和提高肌肉功能没有帮助，相反会对体内的正常代谢和健康带来负面影响。

（1）在高蛋白膳食的过程中，蛋白质一旦超出当时需要量，即以脂肪的形式贮存起来，从而直接或间接地使血液中胆固醇、甘油三酯及低密度脂蛋白水平升高，而高密度脂蛋白水平降低，长期食用将增加高血压病、冠心病、动脉粥样硬化的发病率。（2）高蛋白膳食使血清谷-草转氨酸（SGOT）、谷-丙转氨酶（SG-PT）和碱性磷酸酶含量增加，对肝脏造成一种潜在的伤害，同时高蛋白膳食的酸性代谢产物会增加肝、肾的负担，导致肝、肾肥大。（3）高蛋白膳食将使氮、钙、钠和体液滞留显著增加，从而对水盐代谢造成不利影响，有可能引起泌尿系统结石和便秘。（4）大量的蛋白质摄入，会增加尿钙的分泌，导致钙流失，使骨密度疏松而容易骨折。（5）蛋白质的代谢产物是属于酸性的，因此，过量的蛋白质使血液酸化，易引起疲劳，使运动能力下降。因此运动员在平衡膳食条件下，不要过量补充氨基酸和蛋白质。

本章小结：

1. 蛋白质是由碳、氢、氧、氮、硫等化学元素组成的一类生物大分子，它作为三大营养素之一，是人体最重要的氮源，并在几乎所有生命活动过程中发挥着关键性作用。

2. 氨基酸是组成蛋白质的基本单位，分为“必需氨基酸”和“非必需氨基酸”。其中，“必需氨基酸”是人体自身不能合成，需要从外界食物摄取的一类氨基酸，共有8种。

3. 膳食中蛋白质来源不外是植物性食物和动物性食物。营养学上根据食物蛋白质所含氨基酸的种类和数量将食物蛋白质分为3类：完全蛋白、半完全蛋白和非完全蛋白。其中完全蛋白中所含的必需氨基酸种类齐全、比例适当，属于优质蛋白。食物蛋白的营养价值可通过蛋白质的含量、消化率和生物价等方面进行综合评定。

4. 运动可引起了蛋白质代谢的变化，不同项目运动员，不同负荷运动对蛋白质和氨基酸的需求各不相同。所以，在蛋白质补充时，应根据不同运动项目特征、运动强度的大小和运动持续时间的长短来进行补充。

思考题：

1. 何谓“必需氨基酸”和“非必需氨基酸”?
2. 什么是氮平衡？有几种情况，各在什么情况下发生?
4. 蛋白质有哪些营养功用?
5. 简述蛋白质的营养学分类。
6. 蛋白质－能量营养不良患者应选择何种运动方式?
7. 简述运动中蛋白质代谢的特点。
8. 试分析蛋白质对人体运动能力的影响。
9. 简述不同机能水平、不同运动项目运动员蛋白质的需要量。
10. 常用的蛋白质类运动营养补剂有哪些?
11. 过量补充蛋白质和氨基酸会对人体造成哪些危害，为什么?

（王　茹）

第四章 运动与脂类

提 要 脂类（lipids）包括脂肪（fat）和类脂（lipoilds），属人体重要的营养物质，也是体内最多的储能物质。食物中的脂类中大部分是脂肪，类脂仅占5%。体内脂肪不足会影响生理活动，导致内分泌紊乱。而肥胖症则是由于体内储存过量的脂肪所致。另外，运动时体内的脂类代谢也会发生适应性的改变，此改变无论是对运动能力还是对机体健康都具有非常重要的意义。本章主要介绍脂类的概念、分类及其生理功能；并在此基础上论述了运动状态下脂肪代谢所发生的改变，以及运动能力与脂肪的相互关系。

第一节 甘油三酯和必需脂肪酸

脂类（lipids）是人体必需的一类营养素，是人体的重要成分，包括脂肪和类脂。食物中的脂类中大部分是脂肪，类脂仅占5%。

一、脂肪及其生理功能

脂肪（fat）又称为甘油三酯（triglyceride，TG），是由1分子甘油（glycerol）和3分子脂肪酸（fatty acid）结合而成。脂肪所含的化学元素主要是碳、氢、氧。众所周知，脂肪组织不仅是机体重要的能量储存库，还因其分泌大量的生物活性分子而被列入内分泌组织，参与维持机体能量代谢和内分泌稳态。脂肪是人体重要的组成部分，我国正常成年男子体脂含量为10% ~20%，女性高于男性，约为15% ~20%。人体脂肪含量常因人体自身营养状况及活动量有较大的变动。体内脂肪大多以甘油三酯形式储存在脂肪细胞内，分布于皮下脂肪组织、大网膜、肠系膜和肾脏周围。

（一）体内脂肪的生理功能

1. 贮存和提供能量

当机体需要能量时，脂肪细胞中的酯酶立即分解甘油三酯释放出甘油和脂肪酸进入血循环，后者被分解释放出能量以满足机体的需要。人体在休息状态下，60%的能量来源于体内脂肪，而在运动或长时间饥饿时，体脂提供的能量更多。

2. 防震和隔热保温的作用

脂肪在人体内常填充在各内脏器官间隙中，在一定程度上使人体避免由于跑动、跳跃、滚动时对内脏器官的震动；皮下脂肪层具有隔热保温的性质，防止体温过分散失，这对水上运动项目运动员具有积极意义。

3. 支持、保护人体器官

填充在内脏器官中的脂肪组织在体内对器官有支撑和保护的作用，如肾脏的脂肪囊是包在肾脏纤维层周围的脂肪组织层，它像弹性垫一样对肾脏起着固定位置和防止物理性伤害的作用；心脏的心外膜常含脂肪组织，对心脏的跳动有一定的保护作用；肌肉辅助装置中的浅筋膜大多也含有脂肪组织，这对位于其深部的血管、神经有保护作用。

4. 分泌作用

脂肪组织不仅是脂肪储存库，也是活跃的内分泌器官。目前研究发现脂肪细胞能分泌多种激素和细胞因子，如瘦素、肿瘤坏死因子a、白细胞介素-6、纤维蛋白溶酶原激活因子抑制剂、血管紧张素原、雌激素、胰岛素样生长因子等。脂肪组织通过这些物质与其他组织之间进行信息传递，整合内分泌、代谢和炎症信号，感知自身能量储备和控制自身体积，调控机体的能量稳态。

5. 调节人体生理活动

脂肪是女性生长和发育所必需的重要物质，对保证女性月经周期正常和生育能力起着重要的作用。脂肪在女性体内参与性激素的合成，研究表明，少女体内脂肪含量达到体重的17%才可能保持月经正常；如果体脂过少，则雌激素合成不足，将造成月经失调，出现初潮推迟、痛经、闭经、功能性子宫出血等多种妇科疾病；如果孕妇体脂含量过低，还会对胎儿发育有多方面的不良影响，甚至是不可逆转的。

（二）食物中脂肪的生理功能

1. 增加饱腹感

食物脂肪由胃进入十二指肠时，可刺激产生肠抑胃素，使肠蠕动受到抑制，造成食物由胃进入十二指肠的速度相对缓慢。食物中脂肪含量越多，胃排空的速度越慢，所需时间也越长。

2. 改善食物的感官性状

脂肪作为食品烹调加工的重要原料，可以改善食物的色、香、味、形，达到美食和促进食欲的作用。

3. 提供和促进脂溶性维生素吸收

食物脂肪中同时含有各类脂溶性维生素。脂肪不仅是这类脂溶性维生素的食物来源，同时还可以促进这些维生素在肠道中的吸收。

二、脂肪的消化、吸收及合成

（一）脂肪的消化

膳食中的脂类主要为甘油三酯，少量磷脂及胆固醇。胃液酸性强，含脂肪酶很少，故脂肪在胃内几乎不被消化。胃的蠕动促使食入的脂肪被磷脂乳化成分散在水相内的细小油珠而排出小肠腔内，即与肝脏分泌的磷脂胆固醇复合体结合成胆汁酸微团。小肠蠕动可使微团中的脂肪油珠乳化成脂肪小滴，增加了酶与脂肪分子的接触面积，然后被激活的胰脂肪酶水解为甘油和脂肪酸。食入的甘油三酯约70%被水解为单酰甘油和2分子脂肪酸，而未被消化的少量脂肪则随胆汁酸由粪便排出（图4－1）。

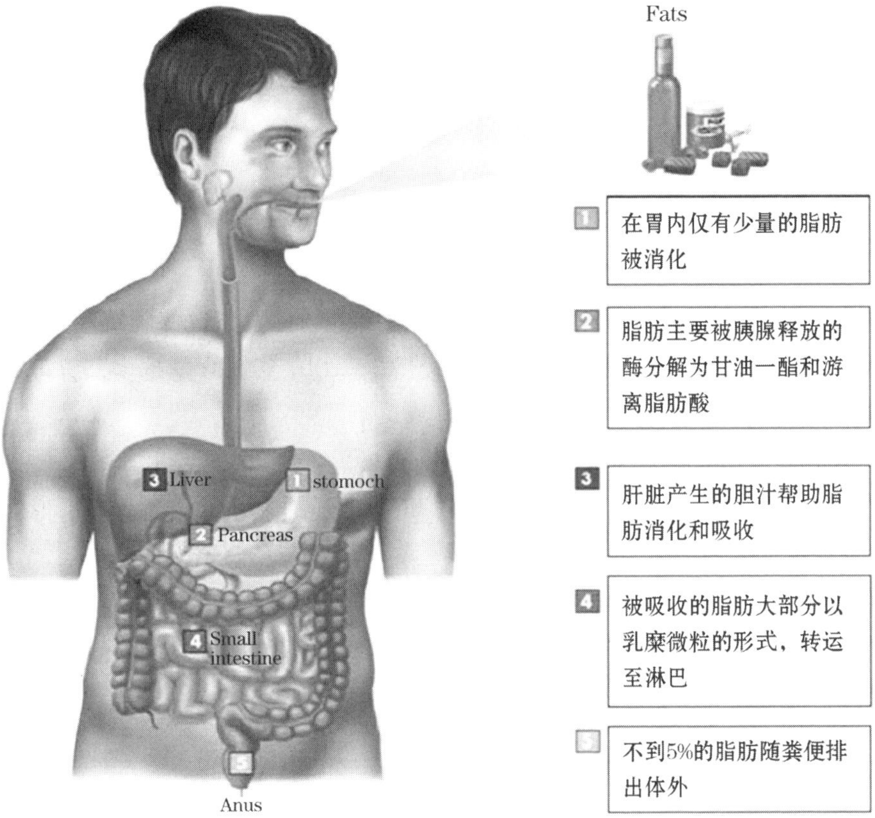

图 4－1　脂肪的消化和吸收

（二）脂肪的吸收

通常食物中的油脂为长链脂肪酸组成的甘油三酯，主要为含 16C 和 18C 的脂肪酸。16C 和 18C 及其他长链脂肪酸代谢时必须在小肠黏膜细胞重新合成甘油三酯，然后以乳糜微粒的形式，少量以极低密度脂蛋白的形式经淋巴从胸导管进入血循环。中链脂肪酸（6C－12C）组成的甘油三酯则可不经消化，不需胆盐即可完整地被吸收到小肠黏膜细胞的绒毛上皮或进入细胞内，催化其分解的是细胞内的脂酶，而不是分泌到肠腔的胰脂酶。最后，产生的中链脂肪酸直接扩散入门静脉，与血浆清蛋白呈物理性结合，并以脂肪酸形式由门静脉循环直接输送到肝脏。

（三）脂肪的合成

脂肪的合成有2条途径：一是利用食物中的脂肪转化而成人体脂肪；另一是将糖转变为脂肪，这是体内脂肪的主要来源。脂肪组织和肝脏是体内脂肪合成的主要场所。合成脂肪的原料是磷酸甘油和脂肪酸。磷酸甘油是由糖代谢的中间产物磷酸丙糖还原而成，或从食物中消化吸收的甘油在甘油激酶的催化下，与ATP作用而生成磷酸甘油。脂肪酸用于脂肪合成之前需经活化，即在脂酰辅酶A合成酶的催化下，与辅酶A、ATP作用生成脂酰辅酶A。二分子脂酰辅酶A经过脂酰转移酶的催化，将脂酰基转移到α-磷酸甘油分子上，生成α-磷酸甘油二酯，又称磷脂酸。后者经磷脂酸酶作用，脱去磷酸后再与另一分子脂酰辅A在甘油二酯转脂酰酶的作用下生成脂肪。

三、脂肪酸和必需脂肪酸

脂肪酸的化学通式为R-COOH，式中的R为由碳原子组成的烷基链，对脂肪酸的分类方法之一是按其链的长短。一般将2~6个碳原子组成的脂肪酸称为短链脂肪酸，8~12个碳原子组成的脂肪酸称为中链脂肪酸，14~26个碳原子组成的脂肪酸称为长链脂肪酸。此外，根据脂肪酸碳链内是否含有双键，脂肪酸又分为饱和脂肪酸（Saturated fatty acid）和不饱和脂肪酸（unsaturated fatty acid）。饱和脂肪酸不含有双键，不饱和脂肪酸含有1个或多个双键，含有一个双键的称为单不饱和脂肪酸，含有2个或多个双键的不饱和脂肪酸称为多不饱和脂肪酸。碳链越短，含双键越多，其熔点就越低，植物油就因为其脂肪酸内含有比动物脂肪更多的双键而呈液态。一般植物和鱼类的脂肪含多不饱和脂肪酸比畜类脂肪高。

（一）必需脂肪酸（essential fatty acid）

自然界存在的脂肪酸有40多种。有几种脂肪酸人体不可缺少但自身又不能合成，必须由食物供给，称为必需脂肪酸，包括亚油酸和亚麻酸。亚油酸对人体最为重要，它的衍生物是某些前列腺素的前体，而且只要能提供足够数量的亚油酸，人体就能合成所需要的其他与亚油酸结构相关的脂肪酸。亚麻酸可衍生为 EPA 和 DHA。

DHA 是视网膜光受体中最丰富的多不饱和脂肪酸，为维持视紫红质正常功能所必需。所以，必需脂肪酸缺乏可引起机体发生一系列异常改变。但如果机体摄入过多的必需脂肪酸也可能产生一些副作用，如产生大量过氧化物，激发自由基形成，从而造成对机体的损伤。

（二）必需脂肪酸的功能

（1）是磷脂的重要组成成分　磷脂是细胞膜的主要结构成分，所以必需脂肪酸与细胞膜的结构和功能直接相关。

（2）是合成前列腺素的前体　前列腺素存在于许多器官中，有着多种多样的生理功能，如参与血管扩张和收缩、神经信号传导等。

（3）参与胆固醇的代谢　体内大约 70% 的胆固醇与脂肪酸酯化成酯。在低密度脂蛋白和高密度脂蛋白中，胆固醇与亚油酸形成亚油酸胆固醇酯，然后被转运和代谢。

（4）必需脂肪酸的缺乏可以引起生长迟缓、生殖障碍、皮肤损伤（出现皮疹）以及肾、肝、神经和视觉方面的多种疾病。

（三）多不饱和脂肪酸（polyunsaturated fatty acid）

亚油酸和亚麻酸是多不饱和脂肪酸（PUFA），二者皆是其他多不饱和脂肪酸的前体。多不饱和脂肪酸对基因表达、细胞膜功能和生长发育起着重要作用。二十二碳六烯酸（DHA）和花生四烯酸是大脑中最丰富的 2 种多不饱和脂肪酸，多不饱和脂肪酸对脑的正常发育和功能具有重要作用。多不饱和脂肪酸对人体健康虽然有很多益处，但也要充分认识到它们产生的过氧化作用对组织、细胞可能产生的负面影响。

鱼油中的二十碳五烯酸（EPA）和 DHA 近年来之所以引起人们重视，是因为发现居住在北极圈内的爱斯基摩人的膳食虽然以鱼、肉为主，脂肪、能量和胆固醇摄入量都很高，但冠心病、糖尿病的发生率和死亡率都远低于其他地区的人群。经研究发现，鱼油中富含 EPA 和 DHA，它们有降低胆固醇，增加高密度脂蛋白的作用，而高密度脂蛋白是一种能移去血管壁上积存的胆固醇，能疏通血管的物质。它们还有抑制血小板聚集、降低血黏度和扩张血管等作用。动物实验还发现 DHA 可促进脑的发育，据此推测对儿童的生长发育很可能也有好处。有些植物油中含量丰富的亚麻酸在体内可以转变成 EPA 和 DHA，与深海鱼油所含的 EPA 和 DHA 有同样的生物效用。

（四）单不饱和脂肪酸（monounsaturated fatty acid）

单不饱和脂肪酸（MUFA）主要为油酸，它可降低血液内胆固醇、甘油三酯和低密度脂蛋白水平，所以，单不饱和脂肪酸可降低冠心病的发病率。同时单不饱和脂肪酸不具有多不饱和脂肪酸潜在地生成过氧化脂质的不良作用。为了在膳食中降低饱和脂肪酸的比例，以单不饱和脂肪酸取代部分饱和脂肪酸更具有意义。

四、脂类与营养相关疾病

高脂血症（hyperlipoidemia）、动脉粥样硬化（atherosclerosis）及冠心病（coronary atherosclerotic heart disease）是一系列相互关联的疾病，其共同特点都与血脂代谢异常有关。临床上将脂肪的代谢或转运异常使血浆一种或多种脂质高于正常称为高脂血症，而胆固醇和甘油三酯是血浆中主要的血脂成分。高脂血症进一步发展会使脂质浸润到血管壁引起动脉粥样硬化。流行病学调查显示饮食脂肪摄入量与动脉粥样硬化发病和死亡率呈明显正相关。饮食脂肪总量是影响血胆固醇浓度的主要因素，故降低饮食脂肪摄入量是防治冠心病的有效措施。

脂肪酸的种类不同对动脉粥样硬化发病影响也不同。膳食中增加多不饱和脂肪酸，同时减少饱和脂肪酸的供给，血清胆固醇水平会有中等程度的下降，并有降低血液凝固、减少血栓形成的作用。鱼类含较多不饱和脂肪酸，吃鱼较多的日本人冠心病发病率并不高。不饱和脂肪酸和饱和脂肪酸的比值（P/S 值）也会影响血脂的浓度，该值为 1～2∶1 较合适。另外，还有一种反式脂肪酸可加重和诱发心血管疾病。食物中苏打饼干、凤梨酥、方便面、薯片、蛋卷、烘焙食物中的反式脂肪酸含量较高。

饮食胆固醇摄入量过高可引起胆固醇血症和动脉粥样硬化，且摄入量与动脉粥样硬化发病率呈正相关。而磷脂是强乳化剂，能使血液胆固醇颗粒变小，并保持悬浮状态，从而有利于胆固醇透过血管壁为组织利用，使血液胆固醇浓度减少，避免胆固醇在血管壁沉积，有利于防止动脉粥样硬化。

对于高脂血症、动脉粥样硬化及冠心病最根本的预防和营养治疗策略是防治高血脂。营养治疗原则是：控制总能量摄入，限制饮食脂肪和胆固醇，增加食品纤维和多种维生素及矿物质。减少脂肪摄入量，脂肪占总能量25%以下，降低饱和脂肪酸的摄入，适当增加单不饱和脂肪酸和多饱和脂肪酸的摄入，使P/S值保持在1:1～2:1，或者3种脂肪酸的比例各占1/3，P:M:S＝1:1:1。脂肪以植物油为主，少吃动物油或含动物脂肪高的食物，如猪、牛、羊肉等。每天胆固醇摄入量当血脂不高时应限制在300 mg/d以下，血脂大于200 mg/dL应低于200 mg/d。禁用含胆固醇高的食物如猪脑、动物内脏、蛋黄等。

第二节　类　脂

在营养学上较重要的类脂有磷脂（phospholipid）、固醇类（steroids）和脂蛋白（lipoproteins）等。

一、磷脂的代谢

磷脂（phospholipid），是指甘油三酯中1个或2个脂肪酸被磷酸或含磷酸的其他基团所取代的一类脂类物质。磷脂是除甘油三酯以外，在体内含量最大的脂类。磷脂不仅是生物膜的重要组成成分，而且对脂肪的吸收和转运以及储存脂肪酸，尤其是不饱和脂肪酸起着重要的作用。磷脂主要含于蛋黄、瘦肉、脑、肝和肾中，机体自身也能合成所需要的磷脂。磷脂按其组成结构可分为2类：磷酸甘油酯和神经鞘磷脂。前者以甘油为基础，后者以神经鞘氨醇为基础。

磷酸甘油酯主要与营养有关，常见的有卵磷脂、脑磷脂、肌醇磷脂等。其中最重要的磷脂是卵磷脂（lecithin），它由一个含磷酸胆碱基团取代甘油三酯中的一个脂肪酸而构成。所有的动物均含有卵磷脂，但富含于脑、心、肾、骨髓、肝、卵黄、大豆、麦胚和花生中。脑磷脂和卵磷脂并存于各组织中，而神经组织内含量比较高。脑和神经组织含神经磷脂特别多。

二、磷脂的功能

磷脂可与蛋白质结合形成脂蛋白，并以这种形式构成细胞的各种膜，如细胞膜、核膜、线粒体膜等，有利于维持细胞和细胞器的正常形态和功能。由于它具有极性和非极性的双重特性，因此可以帮助脂类或脂溶性物质，如脂溶性维生素、激素等顺利通过细胞膜，促进细胞内外的物质交流。

作为乳化剂磷脂可以使体液中的脂肪悬浮在体液中，有利于其吸收、转运和代谢。磷脂还能防止胆固醇在血管内沉积、降低血液的黏度、促进血液的循环，同时改善脂肪的吸收和利用，因此可以预防心血管系统疾病。此外，磷脂的乳化作用在食品加工中也被广泛应用，如人造奶油、蛋黄酱和巧克力生产中常以磷脂（如卵磷脂）作为乳化剂。

三、胆固醇

胆固醇（cholesterol）是机体内主要的固醇物质，它既是细胞膜的重要组分，又是类固醇激素、维生素 D 及胆汁酸的前体。人体每千克体重含 2 g 胆固醇，人们每天从膳食中可摄入约 300 ~ 500 mg 的外源性胆固醇，主要来自于肉类、肝、内脏、脑、蛋黄和奶油等。

（一）胆固醇的消化和吸收

食物中所含的胆固醇，一部分是与脂肪酸结合的胆固醇酯，另一部分是游离状态。胰液和肠液中均含有胆固醇酯酶，在肠道内催化胆固醇酯水解，产生游离的胆固醇和脂肪酸。

胆固醇为脂溶性物质，故必须借助胆盐的乳化才能在肠内吸收。但是吸收的胆固醇约有 2/3 在肠黏膜细胞内经酶的催化重新酯化，形成适合体内需要的胆固醇酯。再与部分未酯化的游离胆固醇、磷脂、甘油三酯及由肠黏膜细胞合成的脱辅基蛋白一起形成乳糜微粒，经淋巴系统进入血液循环。部分胆固醇可以在组织内（主要是肝脏）还原，生成二氢胆固醇，与胆固醇一起分布于全身各组织。体内胆固醇由肝脏排入胆汁，随胆汁进入肠腔：一部分通过肠肝循环重新吸收入肝脏；一部分在肠道被细菌作用后转变为粪固醇，随粪便排出体外；此外，尚有少量胆固醇和二氢胆固醇以皮脂形式由皮肤排出；小部分胆固醇和胆固醇酯随表皮细胞脱落排出体外。

（二）胆固醇的合成

体内合成胆固醇最旺盛的组织是肝和肠壁细胞，大脑虽含丰富的胆固醇，但合成能力低，主要由血液提供。此外，产生类固醇激素的内分泌腺体，如肾上腺皮质、睾丸和卵巢也能合成胆固醇。胆固醇合成的全部反应都在胞浆内进行，而所需的酶大多数定位于内质网。

肝脏是胆固醇代谢的中心，合成胆固醇的能力很强，同时还有使胆固醇转化为胆汁酶的特殊作用，而且血浆胆固醇和多种脂蛋白所含的胆固醇的代谢，皆与肝脏有密切的关系。人体每天约合成胆固醇 1～1.2 g，而肝脏占合成量的 80%。

（三）胆固醇的功能

胆固醇（cholesterol）是最重要的一种固醇，它是细胞膜的重要成分，人体内 90% 的胆固醇存在于细胞中。它不仅关系到膜的通透性，还影响到膜的流动性，而且是某些酶在细胞内有规律分布的重要条件，以保证物质代谢的酶促反应顺利进行。

胆固醇还是人体内许多重要活性物质的前体，如性激素、肾上腺皮质激素等，胆固醇也可在体内转变成 7－脱氢胆固醇，后者在皮肤中经紫外线照射可转变成维生素 D_3。

神经髓鞘中含有大量的胆固醇和磷脂，它们是神经纤维间的重要绝缘体。防止神经冲动从一条神经纤维向其他神经纤维扩散，为神经冲动迅速定向传导创造条件。

（四）植物固醇

植物固醇是存在于植物食品中分子结构与胆固醇相似、含有28或29个碳的化合物，属于植物甾醇类。胆固醇是高等动物细胞膜的重要成分，而植物胆固醇在植物中也有类似的作用。它们在植物油、种子和坚果中的含量最高。常见的植物胆固醇有β－谷固醇、菜油固醇和豆固醇。机体对植物胆固醇的吸收能力很低。植物固醇较难被吸收的原因与其侧链上的甲基或乙基基团有关，侧链越长，吸收越差。

植物固醇被发现具有降低人和动物血清胆固醇的作用。植物固醇不仅可以干扰肠道对膳食中胆固醇的吸收，还可以抑制肠道对胆汁中胆固醇的吸收。植物固醇在降低总胆固醇和低密度脂蛋白时，对高密度脂蛋白和甘油三酯并无影响。所有植物性食品中均含有不等数量的植物固醇。其最主要来源是植物油、种子和坚果等食品。

第三节 脂肪的供给量和脂类来源

一、脂肪的供给量

膳食中脂肪供给量受饮食习惯、经济条件和气候等的影响，变动范围较大。由于机体的热能主要由糖类供给，通过脂肪提供的必需脂肪酸和脂溶性维生素的量也不太多，因此，人体对于脂肪的实际需要量并不高，有人认为每天50 g就能满足。我国营养学会建议膳食脂肪供给量不宜超过总能量的30%。在一般人的膳食中，脂肪供给量可占膳食总热量的22%～25%，必需脂肪酸的热量最好不少于总热量的2%。儿童及能量消耗多者（如耐力运动员、重体力劳动者）脂肪的供热比可为25%～30%左右；一般成年人为25%左右。寒冷环境下脂肪供给量可适当增加。另外，摄入脂肪中饱和、单不饱和、多不饱和脂肪酸的比例应为1∶1∶1。单一食用一种油脂不能达到此比例，可食用混合油脂。表4－1是中国成人膳食脂肪适宜推荐量，表4－2是几种常用油脂的脂肪酸组成。

表4－1　中国成人膳食脂肪适宜摄入量　　脂肪能量占总能量的百分比,%

年龄（岁）	脂肪	SFA	MUFA	PUFA	n－6：n－3	胆固醇
成人	20－30	<10	10	10	4－6：1	<300

注：SFA饱和脂肪酸，MUFA单不饱和脂肪酸，PUFA多饱和脂肪酸。

表4－2　几种常用油脂的脂肪酸组成　　%

油脂	饱和脂肪酸	单不饱和脂肪酸	多不饱和脂肪酸
大豆油	14	25	61
花生油	14	50	36
玉米油	15	24	61
低芥酸菜籽油	6	62	32
葵花子油	12	19	69
棉子油	28	18	54
芝麻油	15	41	44
棕榈油	51	39	10
猪脂	38	48	14
牛脂	51	42	7
羊脂	54	36	10
鸡脂	31	48	21
深海鱼油	28	23	49

二、食物中的脂类来源

各种食物，无论是动物性或是植物性，都含有脂肪，只不过含量有多有少。动物性食物包括动物油，如猪油、牛油、羊油、鸡油、鱼油、蚝油、奶油、骨髓以及肉类和蛋黄中的脂肪；植物性食物包括植物油，如豆油、花生油、芝麻油、菜籽油、棉籽油、橄榄油等，以及各种果仁和种子，如花生、核桃、榛子、松子、杏仁、葵花子、西瓜子、芝麻和大豆等含脂肪丰富的食物。人类膳食脂肪主要来源于动物的脂肪组织和肉类以及植物的种子。动物脂肪相对含饱和脂肪酸和单不饱和脂肪酸多，而多不饱和脂肪酸含量较少。植物油主要含不饱和脂肪酸。亚油酸普遍存在于植物油中，亚麻酸在豆油和紫苏籽油中较多，鱼（深海鱼）贝类食物相对含 EPA 和 DHA 较多。植物性食物不含胆固醇，而含植物固醇。胆固醇只存在于动物性食物中。一些常用食物中脂肪含量见表 4－3，胆固醇的含量列于表 4－4。从表 4－4 的数值看来，几种兽肉中胆固醇的含量大致相近，而肥肉则比瘦肉高。

表 4－3 几种常用食物中的脂肪含量 g/100 g

食物名称	脂肪含量	食物名称	脂肪含量
猪肉（肥）	90.4	芝麻	39.6
猪肉（肥瘦）	37.4	葵花子仁	53.4
牛肉（肥瘦）	13.4	松子仁	70.6
羊肉（肥瘦）	14.1	大枣（干）	0.4
鸡肉	9.4	栗子（干）	1.7
牛奶粉（全脂）	1.2	南瓜子（炒）	46.1
鸡蛋	10.0	西瓜子（炒）	44.8
大豆（黄豆）	16.0	水果	0.1～0.5
花生仁	44.3	蔬菜	0.1～0.5
核桃仁	58.8	米、面	0.8～1.5

内脏则更高，脑中的含量特别多，竟达 3 100 mg。蛋类的含量亦不低，一个蛋的含量就约有 300 mg。鱼类除少数外，一般和瘦肉的含量差不多，不过罐头凤尾鱼的含量不低。小白虾的胆固醇含量虽不高，但虾米、虾皮的含量却高出 10 倍多。脱脂奶粉比全脂奶粉低 4 倍。海蜇的含量很少，而海参则根本没有。

脂肪摄入过多，可导致肥胖、心血管疾病、高血压病、糖尿病等，还可引发某些癌症。限制和降低脂肪的摄入，已成为发达国家，包括我国许多地区预防此类疾病发生的重要措施。如美国膳食健康委员会提出如下建议：（1）总脂肪摄入降低到占总能量摄入的30%以下。（2）饱和脂肪酸的摄入降到占总能量的10%以下。（3）胆固醇摄入每天不超过300 mg。我国营养学会对各类人群脂肪摄入量也有较为详细的推荐，成人一般脂肪摄入量应控制在20%～30%的总能量摄入范围内。必需脂肪酸的摄入量，一般认为应不少于总能量的3%。饱和脂肪酸虽然可使血中低密度脂蛋白胆固醇水平升高，与心血管疾病的发生有关。但由于其不易被氧化产生有害的氧化物、过氧化物等，一定量的饱和脂肪酸有助于高密度脂蛋白的形成，因此人体不应完全排除饱和脂肪酸的摄入。

表4－4　常用食物中胆固醇含量　　mg/100 g

食物名称	含量	食物名称	含量	食物名称	含量
猪肉（瘦）	77	脱脂奶粉	28	凤尾鱼（罐头）	330
猪肉（肥）	107	全脂奶粉	104	墨斗鱼	275
猪心	158	鸭蛋	634	小白虾	54
猪肚	159	松花蛋	649	对虾	150
猪肝	368	鸡蛋	680	青虾	158
猪肾	405	鲳鱼	68	虾皮	608
猪脑	3 100	大黄鱼	79	小虾米	738
牛肉（瘦）	63	草鱼	83	海参	0
牛肉（肥）	194	鲫鱼	83	海蜇头	5
羊肉（瘦）	65	马哈鱼	86	海蜇皮	16
羊肉（肥）	173	带鱼	97	猪油	85
鸭肉	101	梭鱼	128	牛油	89
鸡肉	117	鳗鲡	186	奶油	168
牛奶	13			黄油	295

三、特殊年龄人群脂肪的需要量

（一）婴幼儿和学龄前儿童脂肪的需要量

婴幼儿及学龄前儿童的生长发育所需的能量、脑发育与神经髓鞘的形成都需要脂肪尤其是必需脂肪酸的参与。婴幼儿对必需脂肪酸缺乏较敏感，膳食中缺乏必需脂肪酸易导致婴幼儿皮肤干燥或发生脂溶性维生素的缺乏。中国营养学会推荐的婴幼儿每日膳食中脂肪能量占总能量的适宜比例为6月龄以内45%～50%，6月～2岁为35%～40%，2岁以上为30%～35%。学龄前儿童脂肪提供的能量由婴幼儿时期的35%～40%减少到30%～35%，但仍高于一般成年人。

（二）青少年脂肪的需要量

青少年是生长发育的高峰期，能量需要也达到高峰，因此一般不过度限制膳食脂肪的摄入。但脂肪摄入过多会增加成年后肥胖、心血管发生的风险，建议脂肪产热比应占总能量的25%～30%。

（三）孕妇脂肪的需要量

孕期一般需要储备2～4 kg的脂肪以备胎儿发育与产后泌乳所需。胎儿储存的脂肪占体重的5%～15%。膳食脂肪中的亚油酸、亚麻酸及二十二碳六烯酸（DHA）等是胎儿脑细胞增殖所必需的重要物质；其他饱和脂肪酸及磷脂、胆固醇也为神经髓鞘生成所必需。因此，孕妇膳食中应保证充足的必需脂肪酸（n－3，n－6多不饱和脂肪酸）和其他脂类成分的供给，但孕期血脂水平较非孕期高，脂肪摄入不宜过多。

（四）老年人脂肪的需要量

由于老年人胆汁分泌减少和酯酶活性降低，而对脂肪的消化功能下降。因此，脂肪的摄入不宜过多，脂肪供能占膳食总能量的20%～30%为宜。而且，由饱和脂肪酸、单不饱和脂肪酸、多不饱和脂肪酸提供的能量分别占膳食总能量的6%～

8%、10%和8%～10%比较合适。胆固醇的摄入量<300 mg/d 为宜。一些含胆固醇较高的食物如动物脑、鱼卵、蟹黄、蛋黄、肝、肾等食物不宜过食。

第四节 食物脂类的营养学评价

膳食脂肪的营养价值可从脂肪酸的种类与含量、脂肪消化率、各种脂肪酸比例、脂溶性微生物含量等方面进行评价。

一、脂肪酸的种类与含量

饱和脂肪酸除由食用脂肪供给外，还可由体内的糖和蛋白质转变，而不饱和脂肪酸，特别是必需脂肪酸，只能从食物中得到。因此，含必需脂肪酸的油脂，营养价值较高。植物油一般含不饱和脂肪酸较多，动物脂肪含饱和脂肪酸较多。饱和脂肪酸与胆固醇形成酯，易在动脉内沉积，发生动脉硬化。

另外，在必需脂肪酸中，亚油酸在人体内能转变为亚麻酸和花生四烯酸。故不饱和脂肪酸中最为重要的是亚油酸及其含量。亚油酸能明显降低血胆固醇，而饱和脂肪酸却显著增高血胆固醇。一般植物油中亚油酸和 a－亚麻酸含量高于动物脂肪，其营养价值优于动物脂肪。但椰子油中亚油酸含量很低，其不饱和脂肪酸含量也少。（表4－5）

表4－5 几种常用油脂和食物中必需脂肪酸含量 %

油脂名称	亚油酸	亚麻酸	食物名称	亚油酸	亚麻酸
豆油	52.2	10.6	猪肉	13.6	0.2
玉米油	47.8	0.5	牛肉	5.8	0.7
菜子油	14.2	7.3	羊肉	9.2	1.5
米糠油	34.0	1.2	鸡肉	24.2	2.2

续表

油脂名称	亚油酸	亚麻酸	食物名称	亚油酸	亚麻酸
芝麻油	43.7	2.9	鸡蛋黄	11.6	0.6
猪脂	8.3	0.2	牛奶	4.4	1.4
牛脂	3.9	1.3	鲤鱼	16.4	2.0
羊脂	2.0	0.8	带鱼	2.0	1.2
鸡油	24.7	1.3	鲫鱼	6.9	4.7

二、脂肪消化率

脂肪的消化率与它的熔点密切相关。熔点低于体温的脂肪消化率可高达97%~98%；高于体温的脂肪消化率约90%；熔点高于50°C的脂肪较难消化，多见于动物脂肪。含不饱和脂肪酸和短链脂肪酸越多的脂肪，熔点越低，越容易消化，多见于植物脂肪。一般植物的消化率要高于动物脂肪。

三、脂溶性维生素的含量

脂溶性维生素为A、维生素D、维生素E、维生素K。维生素A和维生素D存在于多数食物的脂肪中，以鲨鱼肝油的含量为最多，奶油次之，猪油内不含维生素A和维生素D，所以营养价值较低。维生素E广泛分布于动植物组织内，其中以植物油类含量最高，每克麦胚油中高达1 194 μg，而鸡蛋内仅含11 μg。

四、各种脂肪酸的比例

机体对饱和脂肪酸、单不饱和脂肪酸和多不饱和脂肪酸的需要量不仅要有一定的数量，还应有一定的比例。有研究推荐饱和脂肪酸、单不饱和脂肪酸和多不饱和脂肪酸的比例应为1∶1∶1，日本学者则建议为3∶4∶3比例更适宜。

第五节　运动与脂类代谢

一、运动中的脂类代谢

（一）运动对脂肪代谢的影响

运动时由于能量需求增加，人体脂肪组织内的甘油三酯分解加速，分解产生的游离脂肪酸可通过血液运输到各个组织，尤其是进入肌肉内氧化，从而为肌肉收缩提供能量。这也是运动减肥的基本原理。运动中促进脂肪分解的主要因素是肾上腺素、去甲肾上腺素、胰高血糖素的增加和胰岛素水平的下降。

（二）影响运动中脂肪代谢的因素

1. 运动强度

在低强度运动（25% $\dot{V}O_2max$）中，脂肪组织内脂肪分解加快，而肌肉内脂肪分解很少，所以，脂肪组织中的脂肪分解产生的脂肪酸在供能中发挥重要作用；在中等运动强度（65% $\dot{V}O_2max$）时，脂肪组织和肌肉内的脂肪分解都是最多的，所以，在65% $\dot{V}O_2max$ 的运动强度时脂肪氧化率最高，但随着运动强度增加到85% $\dot{V}O_2max$，总的脂肪氧化减少，这也是中低强度、长时间运动才可更多消耗脂肪的原因所在。

2. 运动训练程度

运动训练是提高人体氧化利用脂肪酸能力最有效的措施。系统的运动训练会使骨骼肌线粒体数量、体积、单位肌肉毛细血管密度、线粒体酶和脂蛋白脂酶的活性增加。因此，训练水平高的运动员氧化利用脂肪酸的能力强。研究报道，高强度训练的马拉松运动员在70% $\dot{V}O_2max$ 的强度运动1 h，其75%的能量来自脂肪。

3. 脂肪动员和脂肪酸转运的能力

储存在皮下或腹腔脂肪组织中的脂肪，在脂肪酶的作用下水解为游离脂肪酸

（FFA）和甘油，并释放入血液以供其他组织氧化利用的过程是脂肪动员。催化脂肪动员起决定作用的酶是脂肪细胞内的激素敏感性甘油三酯脂肪酶（hormone - sensitive triglayceride lipase，HSL），它是脂肪分解的限速酶，受多种激素的调控。交感神经系统和血液肾上腺素是主要的激活因子，而乳酸、酮体、胰岛素对 HSL 具有抑制作用。在低到中等强度的运动中，由于肾上腺素对胰释放胰岛素的抑制作用，血浆胰岛素浓度将下降，又由于胰岛素是脂解抑制剂，导致脂解加强。因此，在长时间运动中胰岛素水平降低，为骨骼肌更多地动用脂肪而节省糖的利用起到重要的作用。而在大强度运动时（大于 85% $\dot{V}O_2max$），循环系统中的肾上腺浓度高，伴有糖酵解增多，血浆乳酸浓度上升将使脂解下降，脂肪的合成代谢加强，从而导致 FFA 水平降低。

二、脂肪代谢与运动能力

在运动强度低于 70% $\dot{V}O_2max$ 的中、低强度长时间运动中，体脂的贮量是非常充足的，一般不存在缺乏的情况，根据脂肪氧化分解释放能量功率较低的特点，它对短时、大强度的运动能力帮助不大，过多脂肪反而成为限制运动能力的因素。那么，对长时间、中低强度的运动能力影响又如何？从理论上讲，体内储存的脂肪量可以维持很长时间的运动，但事实上，人类并不能持续运动太长时间，如果不考虑糖和蛋白质的因素，单纯从脂肪供能方面考虑，限制因素主要有以下几个方面。

（1）运动时甘油三酯首先由脂肪酶水解为甘油和脂肪酸，脂肪酸在转运过程中与血浆清蛋白结合，长时间运动时血浆脂肪酸的动员速率大量增加，血浆脂蛋白复合体生成增多，当超过一定水平时，血浆脂蛋白复合体形成的微团可抑制许多酶的活性，可导致线粒体氧化磷酸化解偶联，同时使血液黏滞性增加，血流速度减慢，增加血小板凝集速率，机体出现供氧不足，运动能力下降。

（2）运动时机体内肌肉组织利用脂肪酸有 2 个来源：肌细胞内的甘油三酯和血浆中游离脂肪酸。长时间运动过程中，肌组织内甘油三酯供能占总耗能的 25%，血浆游离脂肪酸供能占 75%。所以，当血浆脂肪酸转运能力下降时，运动过程中所需的能量受到限制，运动能力下降。

（3）当肌体组织内糖贮量下降到一定程度时，糖有氧代谢过程产生的草酰乙酸减少，脂肪酸氧化生成的乙酰辅酶 A 不能与草酰乙酸结合生成柠檬酸进入三羧酸循环，限制了脂肪酸在线粒体中的氧化分解。同时随着运动时间的延长，肝中酮体生成量也增多，血酮体一方面可直接抑制脂解作用，另一方面血酮体也可使血浆胰岛素浓度升高，加强了脂肪酸合成磷脂酸，增加脂肪合成，起到间接抑制脂解作用，使脂肪酸的分解速度降低，导致运动能力下降。

三、运动对脂蛋白代谢的影响

（一）运动对血脂的影响

血脂是血浆脂蛋白的总称，其成分包括乳糜微粒、低密度脂蛋白（LDL－C）、高密度脂蛋白（HDL－C）、极低密度脂蛋白（VLDL）等，运动会对这些成分产生影响。LDL－C 在血液中由 VLDL 转化而来，主要功能是将血清总胆固醇（scrurn total cholcstcrol，TC）转运至全身的组织；HDL－C 主要在肝脏合成，将细胞内过剩和代谢更新的 TC 逆向转运至肝脏转化和排泄。过高的 LDL－C 和过低的 HDL－C 都不利于脂类物质的运输和利用。长时间运动可以降低血清 TG、LDL－C，提高 HDL－C 的水平，改善血脂代谢。如对受试者进行为期 12 周，强度为 75% $\dot{V}O_2max$ 的有氧训练，8 周时高密度脂蛋白水平开始增加；经过 5 个月的抗阻力训练后，受试者低密度脂蛋白水平显著下降。有研究报道 56 名肥胖青少年在运动减肥前有 19.6% 的患者存在血脂异常，经过 4 周运动结合饮食控制，血脂水平明显改善，TC、TG 和 LDL－C 均下降至正常范围，HDL－C 有一定程度的升高。

运动使 HDL－C 水平增高的主要原因是：运动引起脂代谢关键酶脂蛋白酯酶（lipoprteinlipase，LPL）和卵磷脂－胆固醇酰基转移酶（lecithin－cholesterol acyl-transferase，LCAT）的活性提高，从而加速了富含甘油三酯（TG）的乳糜微粒和极低密度脂蛋白中的甘油三酯的降解。运动降低低密度脂蛋白的可能机制是：低密度脂蛋白受体活性增高，运动引起载脂蛋白 B（ApoB）水平降低，运动使富含甘油三酯的极低密度脂蛋白和低密度脂蛋白的分解加强，低密度脂蛋白的活性提高等因子综合作用的结果。

（二）运动对载脂蛋白的影响

目前研究认为动脉粥样硬化的起因很可能是载脂蛋白代谢的紊乱，且血浆载脂蛋白 AI（ApoAI）和载脂蛋白 B（ApoB）比高密度脂蛋白和低密度脂蛋白能更好地反应动脉粥样硬化的易感性和程度，尤其是 ApoAI/ApoB 的比值与动脉粥样硬化有强烈的负相关，是反映动脉粥样硬化易感性的很好指标。研究发现运动可影响载脂蛋白的水平。如绝经前妇女进行为期 14 个月的、每周 4 ~ 5 次、强度为 55% $\dot{V}O_2max$ 的运动训练后，ApoAI 水平明显上升，ApoB 水平明显下降，ApoAI/ApoB 值有较大的增加。因此，运动通过改变载脂蛋白的水平发挥积极的抗动脉粥样硬化的作用。

第六节 运动与脂类补充

一、运动员的脂肪需要量

脂肪具有体积小、能量密度高、增加食物质量以及色香味等特点，是运动员的主要能源物质，符合运动员对膳食的体积小、重量轻的要求。但过量的脂肪不易消化吸收、增加氧化供能时的耗氧量，且可引起血脂和血液黏稠度增高，血流缓慢，影响 O_2 与 CO_2 的运输；同时，可导致酸性代谢产物积聚，以致运动员耐力降低和体力恢复速度减慢。因此，运动员应根据运动项目合理调整膳食脂肪的摄入量。

我国推荐运动员脂肪供能占总能量的 25% ~30%，游泳、滑雪和滑冰可增加至 35%。饱和脂肪酸、多不饱和脂肪酸和单不饱和脂肪酸的比例为 1∶1∶1 ~1.5；同时，应注意控制胆固醇的摄入量。

二、脂肪酸补充与运动能力

脂肪酸是肌肉和力量获得增长所不可缺少的要素，直接影响人体生长激素的分泌。因此，近年来脂肪酸类营养补剂逐渐增多，已经成为运动员营养品的新家族成员。

（一）必需脂肪酸补充

亚油酸和亚麻酸是人体维持生命活动的必需脂肪酸，是组成细胞膜和线粒体膜的成分，是合成某些激素的原料。随着体能类运动项目训练重点从心血管系统向骨骼肌系统转移，为防治因力量训练而造成的肌肉超微结构损伤，加速肌蛋白合成代谢水平，提高肌肉质量和功能，必需脂肪酸已成为当前运动训练中营养补充的重要对象。

（二）多不饱和脂肪酸补充

受饮食习惯和强化训练的影响，优秀运动员体内普遍缺少多不饱和脂肪酸。多不饱和脂肪酸能促进蛋白质合成代谢和抗分解代谢，促进脂肪分解和抗脂肪合成；显著降低血液中的胆固醇，舒张血管，被认为是一种可以提高运动能力、促进体力和机能恢复的强力保健营养品，对大体重级别和有氧运动项目运动员的运动能力都有好处。

（三）结合亚油酸补充

结合亚油酸（conjugated linoleic acid）是人体的必需脂肪酸，它富含于天然奶酪和牛羊肉中。结合亚油酸可能是肌肉生长的关键，适当服用结合亚油酸可能有助于肌肉生长。另外，还有研究发现结合亚油酸是一种比维生素 E 和 β－胡萝卜素还要强的抗氧化剂，所以结合亚油酸在防治肌肉疲劳及受伤方面还有潜在的重要作用。

（四）中链甘油三酯（MCT）补充

中链甘油三酯（medium chain triglycerides，MCT）是从椰子油中提取的一类脂类物质，一般膳食中不存在。人体吸收中链甘油三酯的速率比吸收长链甘油三酯（long chain triglyceride，LCT）快得多，它作为一种运动营养补剂的重要作用是起到维持和保护蛋白质的作用；减少蛋白质的分解；能迅速充分地吸收、氧化，并能直接作为能源来利用。因为它不易被转化为脂肪储存下来，适于低热量膳食时使用。

三、补充肉碱与运动能力

肉碱（carnitine）作为脂肪酸代谢过程中一种酶的组成成分，起促进长链脂肪酸进入线粒体的作用。所以，肉碱是转运脂肪酸的载体，可促进脂肪酸氧化。肉碱广泛分布于新鲜的羊肉、牛肉和猪肉中，牛奶制品、水果和蔬菜中也含有少量的肉碱。一般具有良好膳食的人不需要额外补充肉碱，但运动员对肉碱的需要量超过一般人。L－肉碱补剂可提高长时间运动时脂肪酸氧化速率，减少肌糖原的消耗，延缓疲劳。研究报道，每天补充 4 gL－肉碱，可明显提高运动员的最大摄氧量，增强运动耐力；可减少短时间大强度运动中丙酮酸和乳酸的堆积，因而对速度耐力也有好处。肉碱补剂可刺激脂肪酸氧化加快，所以也被当作减肥食品的添加剂来使用。

本章小结：

1. 脂类包括脂肪和类脂，主要由碳、氢、氧 3 种元素组成。脂肪由 1 个分子甘油和 3 个分子脂肪酸构成，故称为甘油三酯。在营养学上较重要的类脂有磷脂、胆固醇、脂蛋白等。

2. 脂肪酸的种类很多，按分子结构可分为饱和脂肪酸与不饱和脂肪酸两类。在不饱和脂肪酸中，亚麻酸和亚油酸对人体最为重要而又不能在体内合成，必须从食物中摄取。故称为必需脂肪酸。

3. 脂类的营养作用主要有：供给热能；构成机体组织；供给必需脂肪酸；促

进脂溶性维生的吸收利用；缓冲，保护机体；增加食物香味与饱腹感。

4. 食用脂肪的种类较多，营养价值各异，主要取决于以下因素：(1) 脂肪酸的种类和含量；(2) 消化率；(3) 脂溶性维生素含量；(4) 各种脂肪酸的比例。

6. 运动员膳食中，脂肪的供给量一般应占总热量的30%左右，脂肪的摄取量按1.5 g/kg体重为宜，而且应多用植物性脂肪和磷脂，动物性脂肪不宜超过总热能的10%。但对于能量消耗大，机体散热较多和长时间运动项目，如马拉松跑、滑雪、滑冰和游泳等，应适当增加脂肪供给量的比例，但也不宜超过总热量的35%。

思考题：

1. 脂类物质分为哪几类？
2. 人体脂肪有哪些生理功能？
3. 何为必需脂肪酸、多不饱和脂肪酸和单不饱和脂肪酸？
4. 应如何调整与脂类密切相关营养学疾病的脂肪摄入量？
4. 如何评定食物脂肪的营养价值？
7. 试析脂肪代谢与运动能力的关系。
8. 运动对脂蛋白代谢有何影响？
9. 简述运动员脂肪的需要量。
8. 常用的脂肪酸类营养补剂有哪些？

（王　茹）

第五章 运动与水代谢

提 要 水（water）是人体最重要的组成成分和不可缺少的营养物质，水平衡与人体健康息息相关。水的生理功能包括促进代谢、调节体温、维持组织的形态和功能等。运动时水分的丢失称为运动性脱水，根据脱水程度的多少分为轻、中和重度脱水。电解质由多种化合物所组成，其中包括结构简单的钾、钠、镁等无机盐到机体合成的复杂的有机分子。这些离子存在于细胞内外，以便维持内环境稳定和进行各种代谢活动。机体具有维持内环境稳态，使其保持最佳功能状态的能力，但剧烈的运动易破坏这种平衡机制，引起机体水分和电解质的丢失增加。本章主要介绍水的生理功能和需要量、电解质代谢与酸碱平衡、运动性脱水及如何合理补液，及选择运动饮料等问题。

第一节 运动与水代谢概述

水是维持生命的必需营养物质，水不仅为各种物质的溶媒，而且参与细胞的构成。水是机体中含量最多的组分，是维持人体正常生理活动的重要营养物质之一。机体内的一切化学变化都必须有水的参与。

一、水在体内的分布

对单一的构成物质来说，身体含量最多的是水，它分布到细胞内、外液和身体固态的支柱组织之中。水是所有器官、组织、体液的必需组成成分，机体只有少部分组织如骨、牙齿、毛发含水量较少。在代谢最活跃的肌肉和内脏细胞中，水的含量最高，而在不很活跃或比较稳定的组织中水含量相对低。因此各组织器官的水含量相差很大，以血液中最多，脂肪组织中较少（表5－1，Palmer，1994年），女性体内脂肪较多，故水含量不如男性高。

表5－1　各组织器官的含水量（以质量分数计）

组织器官	水含量/%	组织器官	水含量/%
血液	83.0	脑	74.8
肾	82.7	肠	74.5
心	79.2	皮肤	72.0
肺	79.0	肝	68.3
脾	75.8	骨骼	22.0
肌肉	75.6	脂肪	10.0

水在体内的含量与年龄及性别有一定关系。一般年龄越小，含水量越多。胚胎含水量可达体重的98%，新生儿可达80%左右；10～16岁以后，逐渐达到成人水平，成年男子含水量约为体重的60%，女子为50%～55%；40岁以后随肌肉组织含量的减少，水含量也渐下降，一般60岁以上男性为体重的51.5%，女性为45.5%。

水在体内的含量与组织中蛋白质含量有关。骨骼肌中含有大量蛋白质，其水含量远远大于脂肪组织中的含量。因此，肌肉型的运动员体内含水量要多于脂肪比例高的肥胖者。

水在体内的含量与组织中糖原含量有关。糖原贮藏于肝细胞及肌细胞浆中，是由葡萄糖结合而成的多糖，每克糖原约结合3 g的水。当运动时肌糖原分解释放的水分，也有助于预防运动中的脱水。

水是体液的主要组成部分。成年男性体液占体重的60%左右，女性约为50%。体液是水、电解质、低分子有机化合物和蛋白质等组成，体液分为细胞外液（extracellular fluid）和细胞内液（intracellular fluid）。人体的细胞外液包括血浆（plasma）和组织间液（interstitial fluid），各占体重5%和15%，构成了体内细胞生活的液体环境，这个液体环境叫作人体的内环境。而细胞内液是存在于细胞内，维持细胞代谢与生理功能的体液，约占体重的40%。细胞内液通过细胞膜与细胞外液相互交流。

二、水的生理功能

（一）调节体温

水的比热大，1 g 水升高1℃需要约4.2 J 的热量，大量的水可以吸收代谢过程中产生的热量，使体温不至于显著升高。水的蒸发热大，在37℃体温的条件下，蒸发1 g 水可以带走2.4 kJ 的热量。因此，蒸发少量的水就可以散发大量的热量，在高温环境或体内产热过多时尤为重要。水的流动性大，能随血液循环迅速分布全身，使代谢中产生的热量在体内迅速分布均匀，从而保持体温恒定。由于水具有这些特性，所以水是良好的体温调节剂，使机体不至于因内外环境温度的改变而明显波动。

（二）促进物质代谢

水是良好的溶剂，能使物质溶解，加速体内一系列生化反应的进行，有利于营养物质的消化、吸收、运输和代谢物的排泄；还直接参与物质的代谢，如水解反应、加水反应及脱氢反应等。

（三）润滑作用

水是一种天然的润滑剂，水的黏度小，可使摩擦面润滑，减小损伤。体内的关节、韧带、肌肉、膜等均有润滑液体，都是水溶液。关节液有助于关节活动，而食管与胃肠道的水分有助于食物的吞咽和蠕动及残渣的排泄。另外，眼房液有助于眼球运动，内耳的听波传导也依赖于水。

（四）维持组织的形态和功能

体内的水除了以自由水的形式分布在体液中，还有相当大一部分水是以结合水的形式存在，是与多糖、蛋白质、磷脂等结合。结合水与具有流动性的水的性质完全不同，它主要参与构成细胞原生质的特殊形态，以保证一些组织具有独特的生理功能。

三、水的平衡及调节

（一）水平衡

人体中水的含量由水的摄入、排出之间的平衡来调节。每日从食物和饮料中获取所需水分。在饮水量方面由于存在着个体差异及气候条件、活动强度与生理状况等不同而有所变化。但是对于一般成人而言、每人每天据估计从食物中摄取水约 1 000 mL，从饮料中摄取水约 1 200 ~ 1 500 mL，此外体内代谢约产生 300 mL。体内水的排出以肾脏为主，约占 60%，其次是经肺、皮肤和粪便。水的来源和排出量维持在 2 500 mL 左右。（表 5 -2）

表 5 -2 成人每日水的摄入量与排出量 mL/24 h

水的摄取		水的排出	
来源	摄取量	途径	排出量
食物	1 000	呼吸	350
饮料	1 200	皮肤	500
代谢水	300	粪便	150
		肾排废物	500
		肾排水	1 000
共计	2 500		2 500

人体每天排出水的量与其每天摄取水的数量有密切关系，多摄取则多排出，少饮水则少排出。一般成人每日尿量介于500～4 000 mL，最低量为300～500 mL，低于此量，可引起代谢产生的废物在体内堆积，影响细胞的功能。出汗是运动员排泄水的重要途径，出汗分为非显性和显性2种，前者为不自觉出汗，很少通过汗腺活动产生；后者是汗腺活动的结果。一般成年人经非显性出汗排出的水量300～500 mL；婴幼儿体表面积较大，非显性失水也较多。显性出汗量与运动量、运动强度、环境温度和湿度有关，在特殊情况下，每日出汗量可达10 L以上。经肺和粪便排出水的比例相对较小，但在特殊情况下，如高温、高湿环境下及胃肠道炎症引起的呕吐腹泻时，可发生大量失水。

（二）水平衡的调节

人体内环境稳态控制机制保证了水摄入和排出之间的平衡。正常人每日水的来源和排出处于动态平衡。体内水的平衡受口渴中枢、垂体分泌的抗利尿激素及肾脏调节。口渴中枢是调节体内水来源的重要环节。当机体水摄入量不足或失水过多或盐摄入过多，就会引起细胞外液渗透压升高，即血浆渗透压升高，刺激下丘脑渗透压感受器。一方面可引起口渴中枢神经核兴奋，激发饮水行为；另一方面促使垂体分泌抗利尿激素增加，通过改变肾脏远端小管和集合小管对水的通透性，增加水分的重吸收，减少水的排出。

抗利尿激素的分泌也受血浆渗透压、循环血量和血压等调节。肾脏则是水分排出的主要器官，通过排尿多少和对尿液的稀释和浓缩功能，调节体内水平衡。当机体失水时，肾脏排出浓缩尿，使水保留在体内，防止循环功能衰竭，体内水过多时，则排尿增加，减少体内水量。

因此，口渴、抗利尿激素的分泌和肾脏对水的重吸收都是调节体液平衡的重要机制。饮水是维持体液平衡的重要行为，在口渴之前饮水是维持良好水合状态的一个好习惯。

四、水的缺乏与过多

（一）缺乏症

水摄入不足或丢失过多，可引起体内失水，可使细胞外液电解质浓度增加，形成高渗透压，细胞内水分外流，引起脱水。一般情况下，失水占体重2%时，可感到口渴，尿量减少；失水达体重10%以上时，可出现烦躁，眼球内陷，皮肤失去弹性，全身无力，体温、脉搏增加，血压下降；失水超过体重的20%时，会引起死亡。

（二）水过多

如果水摄入量超过肾脏排出的能力，可引起体内水过多或引起水中毒。这种情况多见于疾病，如肾脏疾病、肝脏病、充血性心力衰竭等。用甘油作为保水剂时，偶有发生。正常人中极少见水中毒。水中毒时，临床表现为渐进性精神迟钝、昏迷、惊厥等，严重者可引起死亡。

第二节　电解质代谢与酸碱平衡

一、电解质的组成及分布

电解质（electrolytic）是体液中带有正电荷或带有负电荷的离子，包括化学结构较为简单的钾、钠、镁等无机盐到机体合成的复杂的有机分子，它们对维持人体内环境的渗透平衡（cosmotic equilibrium）和酸碱平衡（acid－base equilibrium）起着十分重要的作用。不同的体液，电解质的组成不同，但是各系统中阳离子与阴离子总数相同，以此保持电荷平衡，维持体液的电中性。

正常人血浆（或血清）中的电解质正负离子浓度相等，血浆溶液呈电中性。

Na^+是血浆中的主要正离子，占血浆正离子的90%以上。其他正离子虽然浓度远低于Na^+，但对维持神经肌肉的应激性有重要作用。Cl^-是血浆的主要负离子，其次是HCO_3^-♁，此外还有少量HPO_4^{2-}、SO_4^{2-}、有机酸负离子等。由此可见，NaCl和$NaHCO_3$是血浆的主要电解质。正常血浆的酸碱度为弱碱性，pH值7.35～7.45。(表5－3)

组织间液的电解质和血浆所含的物质除蛋白质外均可自由通过毛细血管壁，因此组织间液的电解质除蛋白质外，基本与血浆相同。由于血浆蛋白质的含量较组织间液高，因而具有较高的胶体渗透压，这对于维持血容量的恒定，保证血浆与组织间液的水分和其他物质的正常交换有重要作用。

表5－3　人体体液各部分电解质　mmol/L

电离子	电解质	血浆	组织间液	细胞内液
阳离子	Na^+	142	147.0	15
	K^+	5	4.0	150
	Ca^{2+}	5	2.5	2
	Mg^{2+}	3	2.0	27
阴离子	HCO_3^-	27	30.0	10
	Cl^-	103	114.0	1
	HPO_4^{2-}	2	2.0	10
	SO_4^{2-}	1	1.0	20
	有机酸根	6	7.5	
	蛋白质	16	1.0	63
	总量	155/155	155.5/155.5	194/194

注：引自张昌颖等，1978。

细胞内液的主要正离子为K^+，主要负离子为HPO_4^{2-}和蛋白质，且蛋白质含量比细胞外液高。细胞外液和细胞内液电解质成分有明显的差异。由于含有的电解质的数量相等，导致细胞内液的渗透压与细胞外液基本相同。

二、电解质的生理功能

（一）维持细胞内外液的渗透压和水平衡

Na^+、K^+、Cl^-、HPO_4^{2-} 等电解质在维持细胞内外液的渗透压和水平衡方面起重要性作用，其中 Na^+ 和 Cl^-（特别是 Na^+）是维持细胞外液渗透压的主要离子，K^+ 是维持细胞内液渗透压的主要离子。离子在细胞内外转移时，引起渗透压的改变，也将引起水平衡的变化。

溶液的渗透压是指溶液中溶质微粒对水的吸引力。溶液渗透压的大小取决于单位体积溶液中溶质微粒的数目：溶质微粒越多，即溶液浓度越高，对水的吸引力越大，溶液渗透压越高；反过来，溶质微粒越少，即与无机盐、蛋白质的含量有关。人体血浆正常渗透压范围（280～320 mOsm/L）。

（二）维持体液的酸碱平衡

人体各组织需要适宜的酸碱浓度才能维持各种酶的正常活动，正常人血浆和组织间液的 pH 值为 7.35～7.45，在由电解质组成的血液缓冲系统以及肾和肺的调节下，维持相对稳定。在血浆缓冲系统中，以 $NaHCO_3$ 与 H_2CO_3 组成的缓冲系统含量最多，缓冲力也最强。

（三）维持神经、肌肉细胞的应激性

维持神经、肌肉细胞的应激性需要体液中各种电解质维持一定的比例，当 Na^+ 和 K^+ 浓度增高时，神经肌肉的应激性升高；当血 K^+ 浓度过低时，神经肌肉应激性降低，可出现肌肉软弱无力甚至麻痹。而 Ca^{2+}、Mg^{2+}、H^+ 浓度增高时，神经肌肉应激性降低，而当血 Ca^{2+} 过低时，神经肌肉的应激性增高，常出现手足抽搐。

除此之外，电解质成分也对于维持机体结构和参与代谢调节方面有重要作用。

三、电解质代谢紊乱（electrolyte disturbance）

（一）低血钠

当血清钠低于是135 mmol/L时，为低血钠症（hyponatremia）。运动员发生低血钠的原因常见于摄入钠不足或大量丢失后没有补充，或大量出汗后大量补水，没有补充钠盐。低血钠时可出现肌肉无力、抽搐、恶心呕吐、消化功能减弱、肾功能受累、脉搏细速、血压降低、心输出量减少、虚脱等症状。

（二）高血钠

血清钠大于148 mmol/L时为高钠血症（hypernatremia）。高血钠常见于各种原因所致的高渗性脱水，摄入钠过多，肾排出钠障碍等情况。高血钠可导致细胞内水外移，致使细胞内失水。浓缩性高血钠主要为失水多于失钠，故常有脱水的临床表现。长期慢性高血钠可引起高血压病、冠心病等疾患。

（三）低血钾症

当血清钾低于3.5 mmol/L时为低血钾症（hypopotassaemia）。低血钾常由于钾摄入不足或丢失过多，而补充又不及时所致。血清钾降低，不一定说明细胞内钾也低，因为大量使用胰岛素或葡萄糖静脉注射时，血浆钾向细胞内转移，也可造成低血钾。低血钾可造成神经肌肉兴奋性和中枢神经系统的反应性降低、心律失常、心功不全、消化系统功能减弱、肾小管浓缩功能下降等。

（四）高血钾

血清钾大于5.5 mmol/L时称为高血钾症（hyperkalemia）。引起高血钾的原因可见于肾脏分泌钾减少，或造成细胞内钾外移的状况，如肌肉收缩运动过度、组织缺氧、酸中毒等。高血钾主要引起心肌和骨骼肌的中毒表现，出现抑制性反应。

四、酸碱平衡

酸是指能释放出 H^+ 的物质，是 H^+ 的供体，碱是指接受 H^+ 的物质，是 H^+ 的受体。正常人血液的酸碱度即 pH 值始终保持在一定的水平，其变动范围很小。血液酸碱度的相对恒定是机体进行正常生理活动的基本条件之一。机体每天在代谢过程中，均会产生一定量的酸性或碱性物质并不断地进入血液，都可能影响到血液的酸碱度，尽管如此，血液酸碱度仍恒定在 pH 7.35～7.45 之间。之所以能使血液酸碱度如此稳定，是因为人体有一整套调节酸碱平衡的机制，首先依赖于血液内一些酸性或碱性物质并以一定的比例的缓冲体系来完成，而这种比例的恒定，却又有赖于肺和肾等脏器的调节作用，消除过剩的酸或碱，使体内酸碱度保持相对平衡状态。机体这种调节酸碱物质含量及其比例，维持血液 pH 值在正常范围内的过程，称为酸碱平衡。

（一）体内酸性物质和碱性物质的来源

1. 酸性物质（acid）的来源

酸主要是内源性产生的。体内产生的酸性物质以碳酸为主。碳酸由糖、脂肪和蛋白质氧化分解的最终产物 CO_2 衍生而来。正常人每天约产生 15 000 mmol 的 CO_2。任何情况引起代谢速度的增加都会导致 CO_2 含量的增多。碳酸可以通过呼吸作用变成气态的 CO_2 经肺部排出体外，故碳酸是挥发性酸。

体内物质代谢过程还产生乳酸、β－羟丁酸、乙酰乙酸、尿酸等有机酸。正常情况下，乳酸、β－羟丁酸、乙酰乙酸等酸性物质继续氧化为 CO_2，或进入其他代谢途径。尿酸是嘌呤代谢的最终产物，经肾脏随尿排出。含磷酸根的物质如磷脂、核蛋白等在代谢过程中水解后可释放出磷酸。含硫的有机物如含硫氨基酸，体内氧化后产生硫酸。这些酸性物质不能像碳酸那样可变成气体由肺呼出，故称为非挥发性酸或固定酸。体内固定酸产生的总量不如碳酸多，约为 50～100 mmol。

2. 碱性物质（base）的来源

体内碱以外源性来源为主。体内碱性物质主要来自食物，而这些食物主要是蔬菜、水果等。蔬菜、水果含较多的有机酸及其盐，如柠檬酸及其钾盐和钠盐。

这些有机酸在体内氧化后，所剩下的 Na^+、K^+ 进入体液，引起碱性物质 HCO_3^-。故蔬菜、水果类食物又称成碱性食物。体内代谢过程中也可产生一些碱性物质，主要是氨（NH_3），它由氨基酸脱氨基所产生。氨可接受 H^+，变为 NH_4^+ ♂。

（二）酸碱平衡的调节系统

人体血液的 pH 所以能经常保持在 7.35 ~7.45，是因为我们体内有完整的调节功能，主要通过 4 个方面来调节。

1. 缓冲系统

体内有 3 种缓冲系统，均为弱酸和其盐的组合：碳酸氢盐（$H_2CO_3 - BH_2CO_3$）、磷酸盐（$NaH_2PO_4 - Na_2HPO_4$）和血红蛋白、血浆蛋白系统，以第一组最重要。

2. 肺的调节作用

体液缓冲系统最终须依赖肺呼出 CO_2 或肾排出某些酸性物质（固定酸）以维持酸碱平衡。所以肺功能在调节酸碱平衡上是很重要的。

3. 肾脏的调节作用

肾脏通过 4 种方法进行酸碱平衡的调节。

（1）$NaHCO_3$ 的再吸 3 收

正常情况下，血液中的 $NaHCO_3$ 经肾小球滤出，经肾小管再吸收。$NaHCO_3$ 的再吸收是通过 Na^+ 与 H^+ 的交换进行的。肾小管的上皮细胞内，自血液弥散进入的 CO_2 经碳酸酐酶的作用与 H_2O 结合成 H_2CO_3，游离后（H^+、HCO_3^-）产生 H^+ 与肾小管中的 Na^+ 交换。

（2）排泌可滴定酸

尿内的可滴定酸主要为 $NaH_2PO_4 - Na_2HPO_4$ 缓冲组合。正常肾脏的远曲小管有酸化尿的功能，是通过排泌 H^+ 与 Na_2HPO_4 的 Na^+ 交换产生 NaH_2PO_4 排出体外来完成。

（3）生成和排泌氨

肾远曲小管细胞能产生氨（NH_3），生成的氨弥散到肾小管滤液中与 H^+ 结合成 NH_4^+，再与滤液中的酸基结合成酸性铵盐［NH_4Cl，$NH_4H_2PO_4$，$(NH_4)_2SO_4$

等］排出体外。肾脏通过这个机制来排出强酸基，起了调节血液酸碱度的作用。铵的排泌率与尿中 H^+ 浓度成正比。NH_4^+ 与酸基结合成酸性的铵盐时，滤液中的 Na^+、K^+ 等离子则被代替，与肾小管中的 HCO_3^- 结合成 $NaHCO_3$、$KHCO_3$ 等被回收至血液中。每排泌一个 NH_3，就带走滤液中的一个 H^+，这样就可以促使小管细胞排泌 H^+，也就增加了 Na^+、K^+ 等的回吸收。

体内酸碱平衡的调节，以体液缓冲系统的反应最迅速，几乎立即起反应。将强酸、强碱迅速转变为弱酸、弱碱，但只能起短暂的调节作用。肺的调节略缓慢，其反应约较体液缓冲系统慢 10 ~ 30 min。肾脏的调节开始最迟，往往需 5 ~ 6 h 以后，可是最持久（可达数天），作用亦最强。肺的调节作用亦能维持较长时间。

（三）运动与酸碱平衡

运动员在高强度运动中可产生大量乳酸，引起体液 pH 下降，如果运动时间较长，可造成乳酸堆积，使体液趋向于酸中毒。能引起这种情况的运动项目有 800 m、1 500 m 跑，200 m、400 m 游泳等。

体液偏酸可引起运动能力下降。因此运动员在长期运动训练中应积极提高耐酸能力和增加机体的碱储备，目前运动员可以采取的办法有：（1）训练和比赛前服用碱性药物。常用的碱性药物有碳酸氢钠、柠檬酸钾等。（2）也可适量补充含钠、钾的碱性饮料。（3）训练和比赛前多选择成碱性食物，提高碱性电解质的储备。成碱性食物有奶类、蔬菜和某些水果等。由于蔬菜、水果体积较大，摄入后造成胃肠道负担加大，对训练比赛不利，可适量摄入水果、蔬菜的浓缩汁，预防性补充碱性电解质。

常见的成酸性食物、成碱性食物见下。

成酸性食物：一些食物中含有较多的非金属元素，如磷、硫、氯等，在人体内氧化后，生成带有阴离子的酸根，属于酸性食物。如猪肉、牛肉、鸡肉、鸭、蛋类、鲤鱼、牡蛎、虾，以及面粉、大米、花生、大麦、啤酒等。

成碱性食物：一般金属元素钠、钙、镁等，在人体内其氧化物呈碱性，含这种元素较多的食物就是碱性食物，如大豆、豆腐、菠菜、莴笋、萝卜、土豆、藕、洋葱、海带、西瓜、香蕉、梨、苹果、牛奶等。

第三节　运动员水和电解质代谢的特点

一、运动员水代谢的特点

水的重要功能之一是维持体温。当外界温度高于或等于体温时，机体的散热方式通过蒸发，即以汗液的形式从体内散热，在此过程中，机体就会不同程度地丢失水分。人在剧烈或大量运动时，体内能量产生增加，所产生的能量大部分则以热的形式排出体外，必然带走大量的水分。因此剧烈的运动训练和比赛使运动员的水代谢速率高于普通人，尤其在高温高湿的环境下进行运动训练和比赛。

（一）出汗速率高，出汗量大

当运动员在高温高湿的环境下进行大强度运动训练或比赛时，所产生的能量只有少部分（25%）用于机械做功，而大部分（75%）则转化为热的形式。当外界温度高于或等于体温时，机体散热的方式只有蒸发，为排出体内产生的热会大量出汗。运动强度是影响出汗率的主要因素，一般随运动强度增大，出汗率也增加。同时出汗率也与运动持续时间、环境的温湿度和热辐射强度、运动员的适应程度等因素有关，环境的温度、湿度和热辐射强度越大，出汗率越高。

高强度大运动量的训练可使运动员的出汗量大大增加。如相关报道在温度37.9℃、相对湿度80%～100%的环境下踢足球70 min，出汗量高达6.4 L，出汗量达到体重的6%～10%；在25℃～35℃温度下进行4 h长跑训练时，平均出汗量达到4.51 L。

（二）尿量减少

高强度、大运动量的训练，特别是在高温高湿环境下的训练，会引起大量出汗，致使机体失水量增多，加上运动时肾血流量和肾小球的滤过率都减少，常常导致少尿或无尿。

（三）呼吸失水量增加

运动时机体细胞的代谢速率增加，对 O_2 的需求和对 CO_2 的排出都增大，因此呼吸的频率加快和幅度加深，使得从呼吸道丢失的水量增加，可达到平时的 10 ~ 20 倍。

（四）代谢水产生增多

由于运动时的需要，为提供足够的能量，组织细胞的代谢过程加快，因糖、脂肪和蛋白质分解代谢产生的代谢水的量也增多。

二、运动员电解质代谢的特点

运动中机体电解质的代谢过程加快，血液电解质的浓度随运动负荷的性质、强度、持续时间、运动员体内电解质基础水平、出汗状况等多种因素的不同而变化，可出现显著升高、降低或无变化。

在正常情况下，人体内的电解质处于相对恒定状态。在短时间激烈运动时，体内不发生电解质大量丢失而缺乏，但是在热环境下长时间运动时，由于代谢产热和外环境高温的联合作用，可使人体的内热蓄积，体温增高。外界温度接近人体的皮肤温度时，排汗成为散热的主要途径。大量排汗引起多种电解质丢失。

三、运动性脱水

运动性脱水是指人们由于运动而引起体内水分和电解质的丢失过多。通常由于在高温高湿环境下进行大负荷运动，人体大量出汗而未及时补充所造成。也常见于按体重级别进行比赛的项目，如摔跤、举重等运动员为参加低体重级别的比赛而采取快速减体重措施，造成机体脱水。另外，运动员在低温环境下，如登山、滑雪运动，虽然无大量流汗，但因寒冷导致交感—肾上腺系统兴奋，尿液增多，从呼吸道呼出的水分和从皮肤蒸发的非显性出汗也较多，也可能造成机体的脱水。

（一）运动性脱水的类型

一般按照脱水后细胞外液的渗透压状态分为3种类型：低渗性脱水、等渗性脱水和高渗性脱水。

低渗性脱水（水丢失小于电解质丢失，血浆渗透压<280 mOsm/L），常因大量脱水后只补水、不补盐所致。如大量汗液丢失后仅补充水分而不补充钠、钾盐等，造成细胞外液电解质浓度降低。

等渗性失水（水和电解质等比例丢失，血浆渗透压在正常范围内），最常见于外科病人。它造成细胞外液量（包括循环血量的）的迅速减少；由于丧失的液体为等渗，基本上不改变细胞外液的渗透压，最初细胞内液并不向细胞外液间隙转移，以代偿细胞外液的减少，故细胞内液量并不发生变化。但这种液体丧失持续时间较久后，细胞内液将逐渐外移，随同细胞外液一起丧失，以致引起细胞缺水。

高渗性脱水（水丢失大于电解质丢失，血浆渗透压>320 mOsm/L），常因失汗过多或饮水不足所致，如在高温环境中引起汗液大量丢失，或在烈日下暴晒由呼吸道和皮肤丢失大量水分，而没有补液。由于汗液为低渗性溶液，丢失的水分大于钠的丢失，血浆钠等电解质浓度增高，导致高渗性脱水。

运动性脱水往往由于机体水分和电解质的共同丢失，一般高渗性脱水时常见高钠血症（血清钠>148 mmol/L），而低渗性脱水时常见低钠血症（血清钠<135 mmol/L）。

（二）运动性脱水的表现

根据脱水的程度可以分为3类：轻度脱水、中度脱水和中度脱水。一般当失水量为体重的2%左右时为轻度脱水，以细胞外液丢失为主，症状为血容量减少，出现尿少，另外由于血容量减少，运动能力受到影响。失水量为体重的4%左右时为中度脱水，不仅有细胞外液丢失，也有细胞内液丢失，症状为严重的口渴感，心率加快，体温升高，血压下降，易疲劳，运动能力下降。失水量达到体重的6%以上时为重度脱水，细胞内液丢失增加，除了具有中度脱水的症状，还有呼吸频率加快，恶心厌食，肌肉抽搐，严重时出现昏迷、中暑等症状。（表5-4）

表5－4　脱水对运动能力的影响

脱水程度	轻度脱水	中度脱水	重度脱水
脱水量	2%	4%	6%
脱水部位	细胞外液	细胞内外约相等	细胞内失水增加
症状	血浆渗透压升高、血容量减少、血液浓缩、心脏负担增加、口渴、尿量减少	严重口渴、心率加快、体温升高、疲劳加重、血压可能下降	血容量减少、心率增加、呼吸加快、恶心、厌食、易怒、肌肉抽搐、精神活动减弱。严重者发生幻觉、昏迷
运动能力	10%～15%	20%～30%	严重威胁健康甚至生命

注：引自冯美云，1999.

（三）如何监控身体的水平衡

良好的水平衡是维持健康和保持运动能力的基础。目前有一些方法监控机体的水平衡，但各有利弊。最容易的方法就是检测个体体重的变化，因为日常体重的波动主要源于水的平衡状态。这种方法最简单、最容易操作，但体重的波动也会受到食物的摄取量、称重的时间或排便量等影响。因此，在固定的时间称量体重更能真实反映机体的水平衡状况。

其他评定水合状态的指标，如尿液的颜色、尿比重、尿液量。尿液颜色越深、尿比重越大、尿液量越少，往往说明脱水程度越大。

为防止脱水，运动员应在运动训练期提高对脱水的耐受性，通过在各种环境中进行不同负荷的运动，可增加对脱水的耐受性；积极主动、充分的补液，维持良好的水平衡状态是预防脱水的关键，一般口渴感是确定是否出现脱水的最早和有效的主观指标，但当感到口渴时，失水量为体重的1%～2%，因此应采取积极主动的原则，在运动、前、中及后期补液。

四、运动员合理补液

体液中除含有水外，还含有大量的电解质，这些电解质对维持体内渗透压平衡和酸碱平衡起着重要的作用。人体在排出水时也同时排出了电解质，为了保持渗透压平衡，在补水时要同时补充电解质，即为通常说的补液。通过合理补液，可以及时补充运动中丢失的水和电解质，从而迅速恢复和维持体液平衡；提供能源，延缓运动性疲劳，维持肌肉做功能力。

运动员补液的基本原则是积极主动、少量多次、维持水盐平衡。通常运动员感觉口渴时，已大约丢失水分占体重的2%，因此要求运动员积极主动补液，不要等到口渴后再去补充。运动员补液的量取决于体内液体的丢失量。一般运动中液体的丢失量可从运动前后体重之差估计，它与运动强度、持续的时间及外界的温度、湿度有关，且有一定的个体差异。

（一）补液的量和补液时间

运动训练或比赛前维持良好的水平衡有助于预防运动中脱水，延缓运动性疲劳。一般要求运动前30～60 min补液300～500 mL来保证的体液平衡。在运动训练中和比赛时，应该有计划地每15～20 min补液120～240 mL，每小时的补液量不超过800 mL；运动结束后也应及时补液，纠正机体的脱水状况和加快机能恢复。

（二）液体成分

运动期间的补液应以低渗或等渗溶液为宜，不宜采用含盐或糖浓度高的饮料。补液中的糖浓度应以低于8%为宜，建议采用5%～7%以促进胃排空和小肠吸收，满足快速补充体液和能量的需要。运动中大量出汗可引起K^+等丢失，但也同时可导致血液浓缩，血浆渗透压上升，钠、钾浓度也逐渐上升。因此，一般情况下运动过程中不补充这些离子。但是，在超长时间持续运动后程，有可能发生低钠血症，仍应适量补充电解质。

运动后以摄取含糖—电解质饮料效果最佳，饮料的糖含量可为10%，补液的总量由体重恢复的情况估计，仍以少量多次为原则，不可暴饮。在训练后如果只喝清水，将会过速地降低血钠的浓度和血渗透压，从而减小刺激饮用的欲望，也能增加排尿量，这些都可阻碍复水的过程。

另外，运动员要避免饮用含碳酸气、咖啡因或酒精的饮料。含碳酸气的饮料易引起肠胃充盈，减少饮用量，而咖啡因和酒精会导致身体丢失体液。

五、运动饮料

运动饮料（sport beverage）是一种在科学研究的基础上，针对运动时能量消耗、机体内环境改变和细胞功能降低而言之的，并能在运动前、中、后为人体迅速补充水分、电解质和能量，维持和促进体液平衡以及快速回复的保健型饮品。运动饮料是根据运动时生理消耗的特点而配制的，可以有针对性地补充运动时丢失的营养，起到保持、提高运动能力，加速运动后疲劳消除的作用。运动饮料的应用可以改善机体的代谢过程和体温调剂，是促进运动训练、竞赛和健身的积极手段。2001 年 1 月 1 日我国公布的运动饮料国家标准中，规定运动饮料中主要电解质的含量范围：钠为 50 ~ 900 mg/L（2.2 ~ 39.1 mmol/L），钾为 50 ~ 300 mg/L（1.3 ~ 7.7 mmol/L），钙为 40 ~ 200 mg/L（1.0 ~ 5.0 mmol/L），镁为 20 ~ 100 mg/L（0.8 ~ 4.1 mmol/L）。同时运动饮料应具有以下特点。

（一）饮料的渗透压

运动饮料中电解质和糖的浓度越大，则渗透压越高，则饮料在胃的排空减慢。要使饮料中的水及其他营养成分尽快通过胃，并充分被吸收，饮料的渗透压要比血浆渗透压低，即低渗饮料。汗液中电解质含量或渗透压低于血浆，因此汗液大量丢失，使得血浆的水分相对于电解质的丢失较多，而选择等渗或低渗的饮料则更容易补充丢失的水分。

（二）饮料中的糖

运动饮料的糖含量应该在 4% ~ 8%，可使用葡萄糖、蔗糖、低聚糖、短链淀粉等。低聚糖一般由 3 ~ 8 个单糖组成，吸收速率比单糖和双糖慢，可以延长耐力运动中糖的供应时间。

（三）无碳酸气、无咖啡因、无酒精

碳酸气会引起胃部的胀气和不适，大量饮用碳酸饮料有可能引起胃痉挛甚至呕吐等症状。咖啡因和酒精有一定的利尿、脱水作用，会进一步加重体液的流失。此外，二者还对中枢神经有刺激作用，不利于疲劳的恢复。

（四）适量的电解质

大量出汗会导致钾、钠等电解质大量丢失，从而引起身体乏力甚至抽筋，导致运动能力下降。饮料中的钠、钾不仅有助于补充汗液中丢失的钠、钾等，还有助于维持渗透压，使身体得到更充足的水分。如果饮料中的电解质含量太低，则达不到补充的效果；若太高，则会增加饮料的渗透压，引起胃肠的不适，并使饮料中的水分不能尽快被机体吸收。

（五）饮料的温度

高温环境下运动饮料的温度应低于环境温度。5～13℃的饮料除了有降低体温的功能外，口感上也有利于摄入。但要注意过低温度的饮料会造成胃肠不适。

有些运动饮料还有其他附加成分，如B族维生素和维生素C、支链氨基酸、牛磺酸和肌醇等。但以不影响饮料的口味为前提，因为适宜的口味对饮料的摄取量很重要。

由于运动饮料具备了上述基本条件，所以它能及时补充水分，维持体液正常平衡；迅速补充能量，维持血糖的稳定；改善和提高代谢调节能力；改善体温调节和心血管机能等。

本章小结：

水是人体内含量最多的化学成分，是体内各种化学反应的介质，也是人体重要的营养素之一。水在体内具有重要的生理功能，良好的水代谢平衡对于维持健康和运动能力都是至关重要的。电解质在体内主要功能是维持和调节酸碱平衡、渗透平衡等，运动员机体电解质平衡对于维持神经肌肉兴奋性和保持良好的运动能力起着重要作用。运动员的运动训练期间水代谢一般具有出汗率高、出汗量大、

尿量减少及代谢水增多等特征，且脱水程度随运动时间增加而增加，电解质的代谢往往随汗液的流失而丢失。运动性脱水是指人们由于运动而引起体内水分和电解质的丢失过多，一般按照脱水后细胞外液的渗透压状态分为3种类型：低渗性脱水、等渗性失水、高渗性脱水。

思考题：

1. 水有哪些营养学作用？简述水平衡与运动能力的关系。
2. 何谓电解质平衡？体内通过何种途径调节酸碱平衡？
3. 运动员水代谢有何特征？
4. 运动性脱水的类型有哪些？
5. 如何预防运动性脱水？
6. 运动饮料的基本特征有哪些？

（史仍飞）

第六章　运动与矿物质

提　要　在人体存在的化学元素，除了组成有机化合物的碳、氢、氧、氮之外，其余元素均称为矿物质（mineral），亦称为无机盐或灰分。矿物质分为常量元素和微量元素。矿物质在体内的主要作用为构成机体的结构成分，维持体液的渗透压和酸碱平衡等，有些矿物质还在酶的催化作用及代谢调节方面发挥重要功能。本章主要介绍与机体代谢密切的矿物质元素，并探讨矿物质与运动能力的关系。

矿物质（minerals）分为常量元素和微量元素，是人体的重要组成部分。人体内几乎含有自然界存在的所有元素。这些生命必需元素除碳、氢、氧、氮以有机的形式存在外，其余的统称为矿物质。矿物质中，人体含量大于体重的0.01%的各种元素，或者每日需要量大于100 mg以上者，称为常量元素（major minerals），有钙、磷、钾、钠、硫、氯、镁等7种。体内含量极少，甚至仅有微量（小于体重的0.01%），或每日需要量在100 mg以下，但有一定生理功能的元素，称为微量元素（trace minerals）

矿物质的营养极需要更多地关注健康和疾病人群的研究，但近来对于从事运动训练的个体与矿物质代谢的关系，如矿物质营养与运动能力，以及运动对矿物质代谢的影响。由于有些矿物质的功能与维生素代谢类似，缺乏时将阻碍运动能力的发挥，另外，运动本身可能是导致矿物质缺乏的因素之一，或者一些特殊的运动类型也会引起矿物质代谢异常。因此，本章主要探讨矿物质营养对健康和运动能力的影响。

各种矿物质在体内的生理功能各有特性，但它们也有一些共性。

构成骨骼、牙齿等坚硬组织，具有一定的硬度，起到支持、保护、碾磨食物的作用，如钙、磷、镁等。

与其他有机物质结合，组成肌肉、皮肤、脏器等组织的固体成分，如铁、硫、磷、铜等。

作为可溶性盐类游离于体液中，以维持一定的渗透压。

维持神经的传导性和兴奋性等。

维持血液、组织液酸碱平衡等。

综上所述，矿物质在体内参与机体组织的构成，维持机体内环境恒定、调节机体各种生理活动等作用。

第一节　常量元素

标准健康成年人的元素组成中，氧（65%）、碳（18%）、氢（10%）、氮（3%），这4种元素是组成人体有机质的主要元素，占人体总重量的96%以上；钙（1.5%）、磷（1%）、钾（0.35%）、硫（0.25%）、钠（0.15%）、氯（0.15%）、镁（0.05%），含量均大于0.01%，被称为人体常量元素。以上11种含量均大于0.01%的元素约占体重的99.9%。

一、钙（Calcium，Ca）

钙元素几乎参与一切生命现象和细胞功能，是人体内占第1位的必需矿物元素，自始至终支持着机体的生长、发育，是与机体的运动能力密切相关的元素之一。钙是构成人体的重要组分，正常人体内含有1 000～1 200 g的钙。其中99%集中于骨、齿组织，存在形式主要为羟磷灰石。只有不到1%的钙存在于细胞外液，血液及软组织中，存在形式为游离钙或结合钙，这部分钙与骨骼中钙维持着动态平衡，即骨骼中钙不断地从破骨细胞中释放，而游离钙又不断地沉积于骨细胞。成年人每日约有700 mg的钙更新。钙的更新速率随年龄的增长而减慢，幼儿的骨骼每1～2年更新一次，成人更新一次则需要10～12年。40岁以后，骨中的矿物质逐渐减少，可能出现骨质疏松。

在骨骼和牙齿中的钙以矿物质形式存在；而在软组织和体液中的钙则以游离或结合形式存在，这部分钙统称为混溶钙池。机体内的钙，一方面构成骨骼和牙齿，另一方面则参与各种生理功能和代谢过程。

（一）生理功能

1. 构成机体的骨骼和牙齿

钙是构成骨骼的重要组分，骨骼中钙占瘦体重的 25% 和总灰分的 40%。体内的钙主要以羟磷灰石及磷酸钙 2 种形式存在。成骨细胞与黏多糖等构成骨基质，羟磷灰石及磷酸钙沉积于骨基质，形成骨骼及牙齿。钙对保证骨骼的正常生长发育和维持骨健康起着至关重要的作用。

2. 维持肌肉和神经的正常活动

钙离子与神经和肌肉的兴奋、神经冲动的传导、心脏的正常波动等生理活动有密切的关系。分布在体液和其他组织中的钙，虽然还不到体内总钙量的 1%，但在机体内发挥重要的调节作用。细胞外液的钙约 1 g，占总钙的 0.1%；细胞内的钙约 7 g，占总钙的 0.6%。血钙较稳定，正常浓度为 2.25～2.75 mmol（90～110 mg）/L，占总钙的 0.03%。如血清钙离子浓度降低时，肌肉、神经的兴奋性增高，可引起手足抽搐；钙离子浓度过高，则损害肌肉的收缩功能，引起心脏和呼吸衰竭。

3. 参与血凝过程

血凝过程是个很复杂的过程，钙具有促进凝血酶原变成有活性的凝血酶的作用。

（二）钙的吸收与代谢

膳食中钙主要在小肠上段被吸收，而且是一个逆着浓度梯度的主动运输过程。在主动吸收钙的过程中需要有活性维生素 D［1，25－$(OH)_2D_3$］参与，可能通过激活钙结合蛋白（Ca－binding protein）和钙的 ATP 酶而起作用。机体根据需要可自行调节钙的主动运输。当机体钙需要量高或膳食钙含量低时，肠道钙的主动运输最活跃。在小肠的其他部位，钙可以通过被动的离子扩散而吸收，这一过程也需要维生素 D 参与。

（三）影响钙吸收的因素

影响钙吸收的因素很多，主要包括机体与膳食 2 个方面。

1. 机体因素

因钙的吸收与机体的需要程度密切相关。故而生命周期的各个阶段钙的吸收情况不同。婴儿时期因需要量大，吸收率可高达 60%，儿童约为 40%。年轻成人保持在 25% 上下，成年人仅为 20% 左右。钙吸收率随年龄增加而渐减。

2. 膳食因素

首先是膳食中钙的摄入量，摄入量高，吸收量相应也高，但吸收量与摄入量并不成正比，摄入量增加时，吸收率相对降低。其次，膳食中维生素 D 对钙的吸收有明显影响。乳糖与钙形成可溶性低分子物质，以及在糖被肠道菌分解发酵产酸时，肠道 pH 降低，均有利于钙吸收。适量的蛋白质和一些氨基酸，如赖氨酸、精氨酸、色氨酸等可与钙结合成可溶性络合物，有利于钙吸收，但当蛋白质超过推荐摄入量时，则未见进一步的有利影响。

高脂膳食可延长钙与肠黏膜接触的时间，可使钙吸收有所增加，但脂肪酸与钙结合形成脂肪酸钙，则影响钙吸收。低磷膳食可提高钙的吸收率，而食物中碱性磷酸盐可与钙形成不溶解的钙盐而影响钙吸收。谷类中的植酸会在肠道中形成植酸钙而影响吸收。某些蔬菜如菠菜、苋菜、竹笋中的草酸与钙形成草酸钙亦可影响吸收。膳食纤维中的糖醛酸残基与钙螯合而干扰钙吸收。另报告一些药物如青霉素和新霉素能增加钙吸收，而一些碱性药物如抗酸药、肝素等可干扰钙吸收。

3. 钙和其他矿物质的相互干扰作用

钙可明显抑制铁的吸收，只要增加过量的钙，就会对膳食铁的吸收产生很大的抑制作用。钙与锌相互有拮抗作用。高钙摄入时，镁吸收低，而尿镁显著增加。

（四）缺　乏

就我国现有膳食结构的营养调查表明，居民钙摄入量普遍偏低。仅达推荐摄入量的 50% 左右，因此钙缺乏症是较常见的营养性疾病。主要表现为骨骼的病变，即儿童时期的佝偻病（rickets）、成年人的骨质疏松症（osteoporosis）。

（五）钙与运动能力

一方面由于我们的饮食习惯和经济水平造成的钙摄入量不足，另一方面饮食中影响钙吸收的因素较多，因此，钙是中国人容易缺乏的矿物质之一。钙不足或缺乏易引起神经肌肉组织的神经传导障碍，影响运动的灵敏性和肌肉耐力能力。目前涉及到运动与钙摄取量的研究认为，大负荷的运动训练能打破运动员体内钙的代谢稳定性，导致钙的丢失增加，甚至钙吸收下降。但目前还未证实补钙能提高运动能力。

（六）需要量与膳食参考摄入量

中国营养学会2000年对成年人钙的DRIs的制订，基本是参照国内外钙平衡试验及营养调查报告，将中国居民成年男子钙的适宜摄入量（AI）定为800 mg/d。成年人及1岁以上儿童钙的可耐受最高摄入量（UL）定为2 000 mg/d。

奶和奶制品应是钙的重要来源，因为奶中含钙量丰富吸收率也高。另外，豆类、坚果类，可连骨吃的小鱼小虾及一些绿色蔬菜类也是钙的较好来源。少数食物如虾皮、海带、发菜、芝麻酱等含钙量特别丰富（表6-1）。

一般来说，钙的适度补充是安全的，但过度补钙，且持续时间较长，便可产生一些副作用。最直接的副作用是高钙血症，主要对神经肌肉系统、骨骼系统和泌尿系统产生不良影响。过多的钙摄取也容易导致其他矿物质的吸收障碍，对一些个体也会引起肾结石等症状。

表6-1　常见食物中钙含量　　mg/100 g

食物名称	含量	食物名称	含量	食物名称	含量
牛奶	104	豌豆（干）	67	蚌肉	190
干酪	799	花生仁	284	大豆	191
蛋黄	112	荠菜	294	豆腐	164
大米	13	苜蓿	713	黑豆	224

续表

食物名称	含量	食物名称	含量	食物名称	含量
标准粉	31	油菜	108	青豆	200
猪肉（瘦）	6	海带（干）	348	雪里蕻	230
牛肉（瘦）	9	紫菜	264	苋菜	178
羊肉（瘦）	9	木耳	247	大白菜	45
鸡肉	9	虾皮	991	枣	80

二、磷（Phosphorus，P）

磷广泛存在于动、植物组织中，也是人体含量较多的元素之一，正常人体内含磷600～700 g，每千克无脂肪组织约含磷12 g。体内磷的85.7%集中于骨和牙齿，其余散在分布于全身各组织及体液中，其中一半存在于肌肉组织中。

（一）生理功能

1. 构成骨骼和牙齿

磷在骨及牙齿中的存在形式主要是无机磷酸盐，主要成分是羟磷灰石［Ca_{10}（PO_4）6（OH）$_2$］。构成机体支架和承担负重作用，并作为磷的储存库，其重要性与骨、牙齿中钙盐作用相同。

2. 组成生命的重要物质

磷是组成核酸、磷蛋白、磷脂、环腺苷酸（cAMP）、环鸟苷酸（cGMP）及多种酶的成分。

3. 参与能量代谢

高能磷酸化合物如三磷酸腺苷及磷酸肌酸等为能量载体，在细胞内能量的转换代谢中起着重要作用。

4. 参与酸碱平衡的调节

磷酸盐缓冲体系接近中性，构成体内缓冲体系。

（二）磷的吸收与代谢

食物中的磷进入人体内后只有在小肠吸收，其中以十二指肠及空肠部位吸收最快。磷的吸收分为主动吸收和被动扩散，吸收率的高低主要与磷的存在形式及食物中的含量有关。食物中的磷通常以有机磷酸酯和磷脂为主。磷酸酯在消化道经酶水解形成酸性无机磷酸盐后才易被吸收。乳类食品中含较多的无机磷酸盐，其中酸性无机磷酸盐溶解度最大，易于吸收。

（三）缺乏症

一般不会由于膳食原因引起营养性磷缺乏，只有在一些特殊情况下才会出现。如早产儿若仅喂以母乳，因人乳含磷量较低，不能满足早产儿骨磷沉积的需要，可发生磷缺乏，出现佝偻病样骨骼异常。

（四）需要量与膳食参考摄入量

由于食物中含磷普遍而丰富，很少因为膳食原因引起营养性磷缺乏，故很少注意研究磷的需要量，更缺乏用于磷需要量的指标，仅仅是与钙的需要量相联系而考虑钙、磷比值。中国营养学会 2000 年 DRIs 中，成人磷适宜摄入量（AI）为 700 mg/d。

磷在食物中分布很广，无论动物性食物或植物性食物，在其细胞中，都含有丰富的磷，动物的乳汁中也含有磷，磷是与蛋白质并存的，瘦肉、蛋、奶、动物的肝、肾含量都很高，海带、紫菜、芝麻酱、花生、干豆类、坚果粗粮含磷也较丰富。但粮谷中的磷为植酸磷，不经过加工处理，吸收利用率低。

三、镁（Magnesium，Mg）

正常成人体内镁含量约为 24 ~ 26 g，其中 60% ~65% 左右的镁存在于骨和牙齿，27% 分布于软组织。镁主要存在于细胞内，少量存在于细胞外液中，细胞外液的镁不超过 1% 。

（一）生理功能

1. 激活多种酶的活性

镁作为多种酶的激活剂，参与300余种酶促反应。

2. 维护骨骼生长和神经肌肉的兴奋性

镁是骨细胞结构和功能所必需的元素，对促进骨骼生长和维持骨骼的正常功能具有重要作用。

（二）缺　乏

引起镁缺乏的原因很多，主要有：镁摄入不足、吸收障碍、丢失过多以及多种临床疾病等。镁缺乏可致血清钙下降，神经肌肉兴奋性亢进；镁对骨矿物质的内稳态有重要作用，镁缺乏可能是绝经后骨质疏松症的一种危险因素；少数研究表明镁耗竭可以导致胰岛素抵抗。

（三）需要量与膳食参考摄入量

2000年中国营养学会制订的《中国居民膳食营养素参考摄入量》中成人镁适宜摄入量（AI）定为350 mg/d. 可耐受最高摄入量（UL）定为700 mg/d。

镁普遍存在于各类食物中，但食物中的镁含量差别较大。通常绿叶蔬菜中含镁丰富，肉类、淀粉类食物及牛奶中的镁含量属中等。（表6－2）

表6－2　常见含镁较丰富的食物　　mg/100 g

食物名称	含量	食物名称	含量
大黄米	161	苋菜	119
大麦	158	口蘑（白蘑）	167
黑米	147	木耳（干）	152
荞麦	258	香菇（干）	147
麸皮	382	发菜（干）	129
黄豆	199	苔菜（干）	1257

四、钾（Potassium，K）

正常成年人体内钾含量为49～54 mmol/kg体重（约2 g/kg体重）。体重60 kg的成年人体内总钾量为120 g左右。钾的分布与钠相反，绝大部分（98%）存在于细胞内液，为细胞内液的主要正离子，钾在细胞外液仅有2%。血浆钾浓度的正常范围为3.5～5.5 mmol/L，平均为4 mmol/L，而细胞内液钾浓度为150 mmol/L。钾在细胞内外液的分布虽然极不均匀，但钾在细胞内外液之间不断进行缓慢地交换，保持动态平衡。

（一）生理功能

1. 参与碳水化合物、蛋白质的代谢

葡萄糖和氨基酸经过细胞膜进入细胞合成糖原和蛋白质时，必须有适量的钾离子参与。估计1 g糖原的合成约需0.6 mmol钾，合成蛋白质时每1 g氮需要3 mmol钾。三磷酸腺苷的生成过程中也需要一定量的钾，如果钾缺乏时，碳水化合物、蛋白质的代谢将受到影响。

2. 维持神经肌肉的应激性和正常功能

钾能有效利用蛋白质修复破坏的组织，刺激中枢神经发出肌肉所需的神经冲动。钾过高则神经肌肉高度兴奋；钾过低则陷于麻痹。

3. 维持心肌的正常功能

心肌细胞内外的钾浓度对心肌的自律性、传导性和兴奋性有密切关系。钾缺乏时，心肌兴奋性增高；钾过高时又使心肌自律性、传导性和兴奋性受抑制；两者均可引起心律失常。

4. 维持细胞内外液的渗透压和正常的酸碱平衡

钾是细胞内的主要阳离子，所以能维持细胞内液的渗透压。钾代谢紊乱时，可影响细胞内外酸碱平衡。当细胞失钾时，细胞外液中钠与氢离子可进入细胞内，引起细胞内酸中毒和细胞外碱中毒；反之，细胞外钾离子内移，氢离子外移，可引起细胞内碱中毒与细胞外酸中毒。

（二）缺　乏

人体内钾总量减少可引起钾缺乏症，可在神经肌肉、消化、心血管、泌尿、中枢神经等系统发生功能性或病理性改变。体内缺钾的常见原因是摄入不足或损失过多。正常进食的人一般不易发生摄入不足，但由于疾病或其他原因需长期禁食或少食，而静脉补液时少钾或无钾时，易发生摄入不足。损失过多的原因较多，经消化道损失，如频繁的呕吐、腹泻、胃肠引流、长期用缓泻剂或轻泻剂等；经肾损失，如各种以肾小管功能障碍为主的肾脏疾病，可使钾从尿中大量丢失；经汗丢失，见于高温作业或重体力劳动者，因大量出汗而使钾大量丢失。

（三）需要量与膳食参考摄入量

中国营养学会于2000 年制订的DRIs 中，参考国内外有关资料，提出了中国成人膳食钾的适宜摄入量（AI）为 2 000 mg/d。

大部分食物都含有钾，但蔬菜和水果是钾最好的来源。每 100 g 谷类中含钾 100 ~ 200 mg，豆类中 600 ~ 800 mg，蔬菜和水果中 200 ~ 500 mg，肉类中含量约为 150 ~ 300 mg，鱼类中 200 ~ 300 mg。每 100 g 食物含量高于 800 mg 以上的食物有紫菜、黄豆、冬菇、赤豆等。

五、钠（Sodium，Na）

钠是人体中一种重要无机元素，一般情况下，正常成年人体内含量一般为 60 mmol/kg 体重，约占体重的 0.15%，体内钠主要在细胞外液，占总体钠的 44% ~ 50%，骨骼中含量也高达 40% ~ 47%，细胞内液含量较低，仅 9% ~ 10%。食盐（NaCl）是人体获得钠的主要来源，一般成年人每日 NaCl 的需要量为 4.5 ~ 9 g，其中含钠 1.77 ~ 3.54 g。NaCl 可在消化道绝大部分或全部吸收。当体内缺钠时，骨骼内部分钠可溶解出，以维持体液容量和渗透压平衡的需要。

（一）生理功能

1. 调节体内水分与渗透压

钠主要存在于细胞外液，是细胞外液中的主要阳离子，约占阳离子总量的90%。钠对细胞外液渗透压调节与维持体内水量的恒定具有重要作用。

2. 维持酸碱平衡

钠在肾小管重吸收时与 H^+ 交换，清除体内酸性代谢产物（如 CO_2），保持体液的酸碱平衡。钠离子总量影响着缓冲系统中碳酸氢盐的比例，因而对体液的酸碱平衡也有重要作用。

3. 钠　泵

钠钾离子的主动运转，由 $Na^+ - K^+ -$ ATP 酶驱动，使钠离子主动从细胞内排出，以维持细胞内外液渗透压平衡。钠对 ATP 的生成和利用、肌肉运动、心血管功能、能量代谢都有关系，钠不足均可影响其作用。此外，糖代谢、氧的利用也需有钠的参与。

4. 增强神经肌肉兴奋性

钠、钾、钙、镁等离子的浓度平衡，对于维护神经肌肉的应激性都是必需的，满足需要的钠可增强神经肌肉的兴奋性。

（二）缺　乏

一般情况下，人体内钠不易缺乏。但在某些情况下，如禁食、少食，膳食钠限制过多而摄入量非常低时，或在高温、重体力劳动、过量出汗、胃肠疾病、反复呕吐、腹泻（泻剂应用）使钠过量排出丢失时，另外，利尿剂的使用而抑制肾小管重吸收钠时，均可引起钠缺乏。

（三）膳食参考摄入量及食物来源

钠的适宜摄入量（AI）成人为 2 200 mg/d。

食物来源：钠普遍存在于各种食物中，一般动物性食物钠含量高于植物性食物，但人体钠来源主要为食盐（钠），以及加工、制备食物过程中加入的钠或含钠的复合物（如谷氨酸、小苏打即碳酸氢钠等），以及酱油、盐渍或腌制肉或烟熏食品、酱咸菜类、发酵豆制品、咸味休闲食品等。

第二节　微量元素

微量元素虽然在人体内的含量不多，但都有其特殊的生理功能，与人的生存和健康息息相关，对人的生命起至关重要的作用。它们的摄入过量、不足、不平衡或都会不同程度地引起人体生理的异常或发生疾病。值得注意的是这些微量元素通常情况下必须直接或间接由土壤供给，但大部分人往往不能通过饮食获得足够的微量元素。根据科学研究，到目前为止，已被确认与人体健康和生命有关的必需微量元素有18种，即有铁、铜、锌、钴、锰、铬、硒、碘、镍、氟、钼、钒、锡、硅、锶、硼、铷、砷等。它们对维持人体中的一些决定性的新陈代谢是十分必要的。

1990年FAO/IAEA/WHO 3个国际组织的专家委员会重新界定必须微量元素的定义并按其生物学的作用将其分为3类。

（1）人体必需微量元素，共8种，包括碘、锌、铜、钼、铬、钴、铁。

（2）人体可能必需的元素，共5种，包括锰、硅、硼、钒、镍。

（3）具有潜在的毒性，但在低剂量时，可能具有人体必需功能的元素，共7种，包括氟、铅、镉、汞、砷、铝、锡。

一、铁（Iron，Fe）

人体内铁总量约为4～5 g。有2种存在形式：一为“功能性铁”，是铁的主要存在形式，其中血红蛋白含铁量占总铁量的60%～75%，3%在肌红蛋白，1%为含铁酶类（细胞色素、细胞色素氧化酶、过氧化物酶与过氧化氢酶等），这些铁发挥着铁的功能作用，参与氧的转运和利用；另一为“贮存铁”，是以铁蛋白（ferritin）和含铁血黄素（hemosiderin）形式存在于血液肝、脾与骨髓中，约占体内总铁的25%～30%。在人体器官组织中铁的含量，以肝、脾为最高，其次为肾、心、骨骼肌与脑。铁在体内的含量随年龄、性别、营养状况和健康状况而有很大的个体差异。

（一）生理功能

（1）铁为血红蛋白与肌红蛋白以及一些呼吸酶的成分，参与体内氧与二氧化碳的转运、交换和组织呼吸过程。

（2）铁与红细胞形成和成熟有关，铁在骨髓造血组织中，进入幼红细胞内，与卟啉结合形成正铁血红素，后者再与珠蛋白合成血红蛋白。

（3）铁与免疫关系，大多数人认为许多有关杀菌的酶成分、淋巴细胞转化率、吞噬细胞移动抑制因子、中性粒细胞吞噬功能等，均与铁水平有关。

（4）铁还有催化促进β－胡萝卜素转化为维生素A、嘌呤与胶原的合成、抗体的产生，脂类从血液中转运以及药物在肝脏的解毒等功能。

（二）铁吸收的影响因素

铁在食物中主要以三价铁形式存在，少数食物中为还原铁（亚铁或二价铁）。肉类等食物中的铁约一半是血红素铁（约40%），而其他为非血红素铁，非血红素铁在吸收前，必须与结合的有机物，如蛋白质、氨基酸和有机酸等分离，而且必须在转化为亚铁后方可被吸收。因而有很多因素可影响非血红素铁的吸收。

（1）动物组织蛋白质的铁吸收率较高，可达15%～20%。至于氨基酸，如胱氨酸、半胱氨酸、赖氨酸、组氨酸等有利于铁的吸收，其原因可能是与铁螯合成小分子的可溶性单体有关。

（2）矿物元素钙含量丰富，可部分减少植酸、草酸对铁吸收的影响，有利于铁的吸收。无机锌与无机铁之间有较强的竞争作用，当一种过多时，就可干扰另一种的吸收。

（3）维生素A与β－胡萝卜素在肠道内可能与铁络合，保持较高的溶解度，防止诸如植酸、多酚类对铁吸收的不利作用。维生素B_2有利于铁的吸收、转运与储存。维生素C具酸性，还具还原性，能将三价铁还原为二价铁，并与铁螯合形成可溶性小分子络合物，有利于铁吸收。口服较大剂量维生素C时，可显著增加非血红素铁的吸收。在铁缺乏时，维生素C对铁吸收率的提高作用更为明显。其他如枸橼酸、乳酸、丙酮酸、琥珀酸等具有弱的螯合性质的有机酸，也都可提高铁的吸收。

（4）膳食纤维。由于膳食纤维能结合阳离子的铁、钙等，摄入过多时可干扰铁的吸收，也有人认为可能是草酸作用的结果。

（5）植酸盐与草酸盐。粮谷类及蔬菜中的植酸盐、草酸盐能与铁形成不溶性盐，影响铁的吸收。多酚类化合物几乎所有植物中都含有酚类化合物，其中的某些种类能抑制非血红素铁的吸收，如含桔酰（3，4，5－三羟苯甲酰）的多酚类化合物，在茶、咖啡以及菠菜中，均含有此酚类物质而明显抑制铁的吸收。

（三）铁对健康和运动能力的影响

缺铁是目前最普遍的营养问题之一。铁是血红蛋白和肌红蛋白的构成成分，它对有氧运动和耐力训练尤其重要。血红蛋白将氧气从肺运输到细胞以及身体的各个组织；肌红蛋白是在肌细胞储存和运输氧气的组织中发现的。铁也是机体内很多酶的辅助成分，与机体的免疫能力和能量代谢有关。

1. 铁缺乏

铁离子可以通过皮肤、头发、流汗以及肠道丢失，由于月经的原因，女性铁丢失量较为明显。缺铁的发生主要是膳食摄取不足，引起体内铁减少或导致缺铁性贫血。体内缺铁主要有以下 3 个阶段。

第一阶段铁离子丢失：血液中铁蛋白浓度下降，体内储存的丢失。通常无临床症状。

第二阶段红细胞生成缺铁期：血液检查发现，血清铁蛋白持续性的降低，但是血清转铁蛋白增加，铁结合力上升，游离原卟啉浓度升高。

第三阶段缺铁性贫血期：铁蛋白与血红蛋白含量低，导致红细胞的功能缺陷，形成的红细胞较小，颜色也很淡。血红蛋白和血细胞比容下降。这时就可以诊断为缺铁性贫血。体内缺血会使细胞呼吸障碍，能量水平较低和机能下降等。

2. 运动员缺铁的原因

运动员缺乏铁的原因很多。

饮食较少：很多运动员的日常营养摄入低于他们的总能量需求以及铁需求。

摄入的食物类型：如果运动员不能充分地补充非血红素铁，素食是比较容易导致缺铁的原因之一。

运动训练增加对肌红蛋白与血红蛋白以及有氧代谢酶的需求增加，均对铁的需要量增加。

运动的类型：长跑以及其他大强度运动的运动员所承受的风险比较大。长时间大负荷运动容易导致红细胞破坏增多和溶血现象。举重运动员因大负荷训练对机体造成的压力过大，红细胞破坏增多。划船或自行车等低强度的运动也会出现溶血现象，因为与器械摩擦造成的刺激，或者服用非固醇类抗炎药，导致小肠壁、尿及排泄物中的丢失。

汗液丢失：运动训练引起汗液丢失增多也会导致铁丢失增加。

（四）膳食需要量及食物来源

2000 年中国营养学会制订的《中国居民膳食营养素参考摄入量（DRIs)》，成人铁适宜摄入量（AI）男子 15 mg/d；女子为 20 mg/d；可耐受最高摄入量（UL）男女均为 50 mg/d。

食物来源：铁广泛存在于各种食物中，但分布极不均衡，吸收率相差也极大，一般动物性食物的含量和吸收率均较高。因此膳食中的铁良好来源，主要为动物肝脏、动物全血、畜禽肉类、鱼类。蔬菜中含铁量不高，油菜、苋菜、菠菜、韭菜等所含的铁利用率不高。（表 6－3）

表 6－3 含铁较高的食物 mg/100 g

食物	含量	食物	含量	食物	含量
荞麦面	7.0	松蘑	156.5	草鱼	25.7
黄豆	35.8	螺旋藻	88.0	海苔	14.3
豆腐皮	11.7	虾酱	11.6	芝麻酱	9.4
猪肝	23.2	南瓜子	9.1	腰果	7.4
黄蘑	51.3	蜂蜜	15.9	苦苣菜	6.5

二、锌（Zinc，Zn）

锌作为人体必需微量元素广泛分布在人体所有组织和器官，成人体内锌含量约2.0～2.5 g，锌分布于人体所有的组织、器官、体液及分泌物，以肝、肾、肌肉、视网膜、前列腺为高。血液中75%～85%的锌分布在红细胞，3%～5%分布于白细胞，其余在血浆中。锌对生长发育、免疫功能、物质代谢和生殖功能等均有重要作用。

（一）生理功能

1. 金属酶的组成成分或酶的激活剂

有近百种酶依赖锌来发挥催化作用，在金属酶中锌结合在催化部位的酶蛋白上，是酶发挥催化功能的基础。锌也是维持RNA多聚酶、DNA多聚酶及反转录酶等活性所必需的微量元素。

2. 调节功能

锌作为一个调节基因表达的因子，在体内有广泛作用。锌对蛋白质的合成和代谢的调节作用，还表现在对机体免疫功能的调节。锌参与促黄体激素、促卵泡激素、促性腺激素等有关内分泌激素的代谢，对胎儿生长发育、促进性器官和性功能发育均具有重要调节作用。

（二）锌的吸收与代谢

锌的吸收主要在十二指肠和空肠，回肠也有部分吸收，吸收率为30%左右，从肠道吸收的锌开始集中于肝，然后分布到其他组织。血浆中的锌大部分与白蛋白及α-巨球蛋白结合，随血液进入门静脉循环分布于各器官组织。锌与白蛋白形成复合物易被组织吸收。

机体对锌的吸收与肠腔锌的浓度有关，体内缺锌时吸收率增高。

许多因素可影响膳食中锌的吸收。植物性食物中的鞣酸、植酸和纤维素等均不利于锌的吸收；铜、钙、亚铁离子抑制锌的吸收；酗酒可妨碍锌的吸收。动物性食物中锌的生物利用率较高；高蛋白、维生素D、葡萄糖可促进锌的吸收；某些药物如碘喹啉、苯妥英钠和维生素 D 均能促进锌的吸收。我国居民的膳食以植物性食物为主，含植酸和纤维较多，锌的生物利用率一般为15% ~20%。

锌主要从肠道排出，肾脏和皮肤亦可排出一定数量。夏日炎热多汗或病理性发汗，锌大量丢失，可能发生体内的锌的不足。

（三）锌与运动能力

在运动能力方面，锌是碳水化合物、蛋白质和脂肪代谢有关的酶的组成部分。锌是训练恢复时重要的营养素，因为它会参与蛋白质合成以及修复组织。锌还会和胰岛素互相影响，增加血红蛋白和氧气的密切关系。

运动员在低能量饮食的情况下会增加缺锌的风险，饮食中含有过高的纤维素相当于低锌食物。慢性腹泻、糖尿病及流汗都会导致较低的锌水平。人类锌缺乏的常见体征是生长缓慢、皮肤伤口愈合不良、味觉障碍、胃肠道疾患、免疫功能减退等。缺锌会导致食欲降低、低睾酮水平。青少年在生长发育阶段需要增加锌的摄取。

关于补充锌对运动员运动能力影响的研究还很不够，而且有些模棱两可。运动员应该避免大量地补充锌，因为矿物质在人体内的吸收能力是互相影响的。如果长期补充锌，会导致铁元素和铜元素的吸收下降，从而不仅会造成锌中毒，还会导致缺铁和缺铜。

（四）膳食推荐量及食物来源

在2000年制订的《中国居民膳食营养素参考摄入量》中对成年男子的锌推荐摄入量（RNI）为15.5 mg/d，成年男子锌的可耐受最高摄入量（UL）为45 mg/d。

食物来源：不论动物性还是植物性的食物都含有锌，但食物中的锌含量差别很大，吸收利用率也不相同。一般来说贝壳类海产品、红色肉类、动物内脏类都是锌的极好来源；干果类、谷类胚芽和麦麸也富含锌。一般植物性食物含锌较低。干酪、虾、燕麦、花生酱、花生、玉米等为良好来源。含量较少者包括：动物脂肪、植物油、水果、蔬菜、奶糖、白面包和普通饮料等。精细的粮食加工过程可导致大量的锌丢失。如小麦加工成精面粉大约80%锌被去掉；豆类制成罐头比新

鲜大豆锌含量损失60%左右。（表6－4）

表6－4　含锌较高的食物　mg/100 g

食物	含量	食物	含量	食物	含量
小麦胚粉	23.40	山羊肉	10.42	鲜赤贝	11.58
花生油	8.48	猪肝	5.78	红螺	10.27
黑芝麻	6.13	生蚝	71.12	牡蛎	9.39
口蘑白菇	9.04	蛏干	13.63	蚌肉	8.50
鸡蛋黄粉	6.66	鲜扇贝	11.69	章鱼	5.18

三、硒（Selenium，Se）

硒是人体必需微量元素。20世纪70年代发现硒是谷胱甘肽过氧化物酶（glutathione peroxidase，GPX）的必需组分，揭示了硒的第一个生物活性形式。1979年我国发表克山病防治研究成果，即发现克山病地区人群均处于低硒状态，补硒能有效地预防克山病，揭示了硒缺乏是克山病发病的主要因素，也证明了硒是人体必需微量元素。

成人体内硒总量在14～20 mg，硒分布于人体各组织器官和体液中，肾中硒浓度最高，肝脏次之，血液中相对低些。肌肉中的硒占人体总硒量的一半。肌肉、肾脏、肝脏和血液是硒的组织贮存库。人体硒量的不同与地区膳食硒摄入量的差异有关。体内大部分硒以两种形式存在：一种是来自膳食的硒蛋氨酸（selenome－thionine），它在体内不能合成，作为一种非调节性储存形式存在，当膳食缺乏时，硒蛋氨酸可向机体提供；另一种形式是硒蛋白中的硒半胱氨酸（Selenium cysteine），为具有生物活性的化合物。

（一）生理功能

1. 构成含硒蛋白与含硒酶的成分

硒是谷胱甘肽过氧化物酶的组成成分，GPX具有抗氧化功能。

2. 抗氧化作用及维持免疫机能

调查发现机体缺硒可引起以心肌损伤为特征的克山病。硒缺乏还可以引起脂质过氧化反应增强，导致心肌纤维坏死、心肌小动脉和毛细血管损伤。硒可以调节细胞因子和黏附因子的表达，使淋巴细胞、NK 细胞、淋巴细胞杀伤细胞的活性增强，从而改善免疫功能。

3. 其　他

硒还具有促进生长、抗肿瘤作用。人群流行病调查发现硒缺乏地区的肿瘤发病率明显增高。研究发现，硒缺乏可引起生长迟缓及神经性视觉损害，由白内障和糖尿病引起的失明经补硒可改善视觉功能。

（二）硒的代谢与吸收

膳食中的硒主要以硒蛋氨酸和硒半胱氨酸的形式存在。硒酸盐和亚硒酸盐是常用的补硒形式。硒主要在十二指肠被吸收，空肠和回肠也有少量吸收。不同形式的硒吸收有差异，硒蛋氨酸是主动吸收，其他形式的硒吸收并不明确，人体对食物中硒的吸收率为60%～80%。一般有机形式存在的硒吸收率高，如硒蛋氨酸比无机形式的硒更容易吸收，另外溶解度越大，吸收率也越高。经肠道吸收进入体内的硒，代谢后大部分经尿排出。

硒摄入量高时可在肝内甲基化生成挥发性二甲基硒化合物由肺部呼气排出。

目前，硒缺乏的现象还比较少见。由于各地土壤中硒含量相差很大，因此食物的来源很重要。生活在贫硒地区的人，如果只吃当地的食物就有可能出现缺硒。随着过量补硒导致的心血管和癌症疾病的增加，硒被认为是一种有毒的矿物质；虽然过量的硒与心血管和癌症的发生有关，但是其机制还不清楚。

硒的摄入上限被确定在 400 mg/d。超过上限将导致头发和指甲变脆，长时间摄入超过上限，将导致脱发和脱甲，皮肤损伤及神经系统异常，肢端麻木、抽搐等，严重者可致死亡。

目前有关补硒对运动能力的影响还未明确。有研究表明参加激烈运动的运动员抗氧化能力下降。补充硒和抗氧化物质可以预防运动员抗氧化能力下降。由于日常饮食中所包含的硒能够满足运动员的需要，以及硒过量的毒害作用等因素，所以目前还不建议运动员额外补硒。

（三）膳食推荐量及食物来源

中国营养学会2000年提出的每日膳食硒参考摄入量，18岁以上者RNI为50 μg/d，UL为400 μg/d。

食物来源：食物中硒含量测定值变化很大，如（以鲜重计）：内脏和海产品0.4～1.5 mg/kg；瘦肉0.1～0.4 mg/kg；谷物<0.1 mg/kg；奶制品<0.1～0.3 mg/kg；水果蔬菜<0.1 mg/kg。影响植物性食物中硒含量的主要因素是其栽种土壤中的硒含量和可被吸收利用的量。（表6－5）

表6－5　含硒较多的食物　　μg/100 g

食物	含量	食物	含量	食物	含量
鱼子酱	203.09	青鱼	37.69	瘦牛肉	10.55
海参	150.00	泥鳅	35.30	干蘑菇	39.18
牡蛎	86.64	黄鳝	34.56	小麦胚粉	65.20
蛤蜊	77.10	鳕鱼	24.80	花豆（紫）	74.06
鲜淡菜	57.77	猪肾	111.77	白果	14.50
鲜赤贝	57.35	猪肝（卤煮）	28.70	豌豆	41.80
蛏子	55.14	羊肉	32.20	扁豆	32.00
章鱼	41.68	猪肉	11.97	甘肃软梨	8.43

四、碘（Iodine，I）

碘是人体的必需微量营养素之一。健康成人体内含碘15～20 mg，其中70%～80%存在甲状腺组织内，其余分布在骨骼肌、肺、卵巢、肾等组织中。碘缺乏不仅会引起甲状腺肿和少数克汀病发生，还可引起更多的亚临床克汀病人和智力低下儿童的发生，故1983年提出了用“碘缺乏病”（iodine deftciency disorders，IDD）代替过去的“地方性甲状腺肿”的提法。

（一）生理功能

碘在体内主要参与甲状腺激素的合成，其生理功能也是通过甲状腺激素的作用表现出来的。

1. 参与能量代谢

在蛋白质、脂类与碳水化合物的代谢中，碘促进氧化和氧化磷酸化过程；促进分解代谢、能量转换、增加氧耗量、加强产热作用；碘参与维持与调节体温，保持正常的新陈代谢和生命活动。

2. 促进生长发育

促进蛋白质合成和神经系统发育，这对胚胎发育期和出生后早期生长发育，特别是智力发育尤为重要。

3. 促进维生素的吸收和利用

包括促进烟酸的吸收利用及 β－胡萝卜素向维生素 A 的转化。

（二）碘的吸收与代谢

食物中碘有无机碘和有机碘 2 种形式。无机碘在胃和小肠几乎 100% 被吸收；有机碘在消化道被消化、脱碘后以无机碘形式被吸收。此外，与氨基酸结合的碘可直接被吸收。进入血液中的碘分布于各组织中，但只有甲状腺组织能利用碘合成甲状腺素。甲状腺是储存碘化物的唯一组织，大多数碘以一碘酪氨酸、二碘酪氨酸以及少量甲状腺素的形式存在。

在饮食碘供应充足的条件下，人体排出的碘几乎等于摄入的碘。体内的碘主要通过肾脏排泄，10% 左右由粪便排出，极少通过肺和皮肤排出。此外，哺乳期妇女还通过乳汁排出碘，以满足婴幼儿对碘的需要。

碘通过甲状腺激素影响人体健康和运动能力，甲状腺激素在骨骼肌蛋白质合成、能量消耗、体重控制和体温调节方面发挥着重要作用。运动员并不需要额外补充碘。因为食物中所含的碘就可以满足需要。

（三）膳食推荐量及食物来源

人体对碘的需要量，取决于对甲状腺素的需要量。维持正常代谢和生命活动所需的甲状腺激素是相对稳定的，合成这些激素所需的碘量约为50～75 μg。2000年中国营养学会制订的《中国居民膳食营养素参考摄入量》，成人碘推荐摄入量（RNI）为150 μg/d；可耐受最高摄入量（UL）为1 000 μg/d。

食物来源：人类所需的碘，主要来自食物，约为一日总摄入量80%～90%，其次为饮水与食盐。海洋生物含碘量很高，如海带、紫菜、鲜海鱼、蚶干、蛤干、干贝、淡菜、海参、海蜇、龙虾等，其中干海带含碘可达240 mg/kg；而远离海洋的内陆山区或不易被海风吹到的地区，土壤和空气中含碘量较少，这些地区的食物含碘量不高。

陆地食品含碘量以动物性食品高于植物性食品，蛋、奶含碘量相对稍高（40～90 μg/kg），其次为肉类，淡水鱼的含碘量低于肉类。植物含碘量是最低的，特别是水果和蔬菜。

本章小结：

矿物质分为常量元素和微量元素。矿物质在人体内的主要作用为构成机体的结构成分，维持体液的渗透压和酸碱平衡等，有些矿物质还在酶的催化作用及代谢调节方面发挥重要功能。

钙是人体内含量最多的矿物元素之一，是构成骨骼、牙齿的主要无机成分。钙在维持肌肉和神经的正常活动，以及细胞内外信息的传递方面也发挥重要作用。钙与运动系统密切，钙的饮食营养受诸多因素影响，维生素D、蛋白质等促进钙的吸收利用；而植酸类物质、纤维素、及过量的脂肪等抑制钙的吸收利用。

铁是体内重要的微量元素，与运动能力密切，是血红蛋白、肌红蛋白的组分，也是机体有氧代谢酶、呼吸链的组成部分。由于饮食结构的不同和食物来源的差异，铁相对容易缺乏。

锌、硒、碘等微量元素在体内均发挥重要作用，与运动能力密切。但目前尚未有证据表明额外的补充与运动能力提高有关。

思考题：

1. 无机盐的生理意义有哪些方面？

2. 人体内钙在运动方面的主要作用是什么？

3. 锌对运动能力有哪些影响？

4. 铁的主要生物学功能是什么？如何防止它的缺乏？缺乏时应补充哪些食物较佳？

5. 硒的营养功能是什么？以及硒如何在体内代谢？

第七章 维生素

提 要 维生素是维持人体正常物质代谢和某些特殊生理功能不可缺少的多种有机化合物的总称。本章主要介绍维生素的分类、特性、营养功用、过多或缺乏病症、来源与供给及其与运动能力的可能关系。

维生素（vitamin）是维持人体生命过程所必需的低分子有机化合物，以本体形式或可被机体利用的前体形式存在于天然的食物中，以“生物活性物质”的形式，存在于人体组织中。维生素主要参与各种酶的组成，因其结构和理化性质不同，使其各具特殊的生理功能。它们不是构成机体组织的原料，也不能为机体提供热能，只需少量即能满足机体的生理需要；但因人体不能合成维生素，每日必须自食物中获取；有些维生素性质不稳定，易在加工和烹调过程中破坏；如若缺乏，将会引起生理功能障碍和缺乏病。一方面，补充维生素的意义是，提高运动能力，延缓疲劳，加快恢复，但其机制尚难解释；另一方面，由于缺乏营养学知识，缺乏对膳食的指导，许多运动员补充维生素剂量非常大，不仅造成浪费，而且也可能有害健康。本章介绍了不同种类维生素的代谢功能。（表 7－1）

维生素种类很多，根据其溶解性可分为 2 大类，即脂溶性维生素和水溶性维生素。脂溶性维生素包括 A、维生素 D、维生素 E、维生素 K 4 种，在食物中与脂类共同存在，在肠道吸收时也与脂类吸收有关，排泄效率低，故摄入过多时，可在体内蓄积，产生有害作用，甚至发生中毒情况。水溶性维生素包括 B 族维生素（维生素 B_1、维生素 B_2、维生素 B_6、维生素 B_{12}、PP 等）和维生素 C（抗坏血酸）。水溶性维生素的特点：（1）溶于水，不溶于脂肪及有机溶剂；（2）容易从尿中排出体外，且排出效率高，故大量食入一般不会产生蓄积和毒害作用；（3）绝大多数以辅酶或辅基形式参加各种酶系统工作，在中间代谢的许多环节中都起着极重要的作用；（4）其体内营养水平多数都可在血液和尿中反映出来。

表 7－1 维生素对运动能力相关身体机制的重要影响

维生素	能量代谢辅助因子	神经功能	血红蛋白合成	免疫功能	抗氧化功能	骨髓代谢
水溶性维生素						
硫胺素	×	×				
核黄素	×	×	（×）			
维生素 B_6	×	×	×	×		
叶酸		×	×			
维生素 B_{12}		×	×			
烟酸	×	×				
泛酸	×					
维生素 C			（×）	×	×	
脂溶性维生素						
维生素 A				×	×	
维生素 D						×
维生素 E				×	×	

注：罗纳德 J，莫恩．运动营养学，2005。

第一节　脂溶性维生素

一、维生素 A 和维生素 A 原（类胡萝卜素）

维生素 A（vitamin A）又名视黄醇（retinol），与类胡萝卜素（carotenoid）一样对热、酸、碱稳定，一般加工、烹调方法不会引起破坏，但易被氧化，高温与紫外线可促进这种氧化破坏，若与磷脂、维生素 E 和维生素 C 及其他抗氧化剂并存则较为稳定。

（一）生理功能

1. **维持正常视觉功能**。参与视网膜视紫红质的合成与再生，维持正常暗适应能力。

2. **维持上皮组织健全**。维持上皮细胞的正常结构和功能，维持其正常形成、发育。

3. **促进骨骼正常生长**。促进蛋白质的生物合成和骨细胞的分化，促进机体的生长和骨骼的发育。

4. **参与膜细胞中糖蛋白的生物合成**。缺乏会引起小肠、角膜、气管上皮组织等特殊糖蛋白减少；免疫球蛋白也是糖蛋白，维生素 A 与机体抗感染作用有关。

5. 维生素 A 可促进上皮细胞的正常分化并控制其恶变，从而有防癌作用。

（二）维生素 A 缺乏病

由于维生素 A 和维生素 A 原摄入不足所引起的营养缺乏病，临床上首先出现暗适应能力降低，进一步发展可形成夜盲症。皮肤基底细胞增生和过度角化，特别是毛囊口角化为毛囊丘疹（多发生在四肢伸肌表面、肩部、颈部、背部、臀部的毛囊周围）；汗腺、皮脂腺萎缩、皮肤干燥、毛发干枯脱落；结膜角化、泪腺分泌减少，形成干眼病，进一步发展可出现角膜消溃疡、穿孔、失明，还可出现结膜皱折和毕脱（Bitot）斑；骨骼发育受阻、免疫和生殖功能下降。

（三）维生素A过多症

维生素A进入机体后排泄效率不高，长期过量摄入可在体内蓄积，引起维生素A过多症。成年人长期每天摄入15 000 μg视黄醇当量，即可出现中毒症状，多数因过量摄入维生素A制剂所致。主要症状为厌食、过度激惹（irritability）、长骨末端外周疼痛、肢体活动受限、头发稀疏、肝肿大、肌肉僵硬、皮肤瘙痒、头痛、头晕等。及时停止食用，症状可很快消失。

（四）食物来源

天然维生素A只存在于动物体内。动物的肝脏、鱼肝油、奶类、蛋类及鱼卵是维生素A的最好来源。维生素A原（维生素A的前体）类胡萝卜素，广泛分布于植物性食品中，其中最重要的是β－胡萝卜素。红色、橙色、深绿色植物性食物中含有丰富的β－胡萝卜素，如胡萝卜、红心甜薯、菠菜、苋菜、杏、芒果等。β－胡萝卜素是我国人民膳食中维生素A的主要来源，但胡萝卜素吸收利用率远低于维生素A，就其生理活性而言，6 μgβ－胡萝卜素才能相当于1 μg维生素A。（表7－2）

表7－2 常见食品中维生素A和胡萝卜素含量 μgRE/100 g

食品名称	维生素A	食品名称	维生素A
羊肝	20 972	胡萝卜	668
鸡肝	10 414	芒果	1 342
猪肝	4 972	西兰花	1 202
奶油	1 042	菠菜	487
蛋黄粉	776	鸡蛋	310

注：摘自《中国居民膳食营养素参考摄入量》，2003。

（五）供给量

婴幼儿与儿童的不同年龄段，供给量有所不同（200～750 μg视黄醇当量），从13岁少年开始至成年老年皆为800 μg视黄醇当量。孕妇1 000 μg，乳母1 200 μg视黄醇当量。

1 μg胡萝卜素＝0.167 μg视黄醇当量。

以往维生素A的量常用国际单位（IU）表示。

1 IU维生素A＝0.33 μg维生素A＝0.33 μg视黄醇当量。

膳食中总视黄醇当量（RE，μg）＝维生素A（IU）×0.3＋β－胡萝卜素（μg）×0.167＋其他维生素A原类胡萝卜素（μg）×0.084

（六）维生素A与运动

国外报道在耐力或多次性重复运动后会表现出血清维生素A浓度升高18%～24%和胡萝卜素降低10%的一时性改变，其改变是否与血液浓缩或视黄醇肝中动员有关尚不清楚。目前尚未有数据表明补充维生素A可提高运动能力，因此对于平衡膳食享用者，无需额外补充维生素A。

二、维生素D

维生素D（vitamin D）是所有具有胆钙化醇生物活性的类固醇统称。其中维生素D_2（钙化醇，calciferol）与维生素D_3（胆钙醇，cholecalciferol）是最重要的维生素D。维生素D_2与维生素D_3结构相似、功能相同，皆为脂溶性维生素，对热、氧、酸、碱均较稳定，主要区别于两者的来源不同，维生素D_2来源于植物，大多数植物中含有微量的麦角固醇（ergosterol），植物叶曝露于日光后形成维生素D_2（称麦角钙化醇或钙化醇），维生素D_3（又称胆钙固醇或胆钙醇）来源于动物，人与动物皮肤中的7－脱氢胆固醇（7－dehydrocholesterol）经紫外线照射后即可转变成维生素D_3，然后运往肝、肾转化为具有生物活性的形式，再发挥其重要生理功能。

（一）生理功能

维生素 D 对骨骼形成极为重要，其主要功能是调节钙和磷代谢，促进小肠对钙和磷的吸收与利用，构成健全的骨骼与牙齿。维生素 D 可分为维生素 D_2 和 D_3。它们分别由植物中麦角固醇和人体皮肤中的脱氢胆固醇经日光中的紫外线照射后生成。因此经常晒太阳可获得经济可靠的维生素 D。

（二）维生素 D 缺乏病

维生素 D 与机体内钙、磷代谢密切相关，故当维生素 D 缺乏时，儿童发生佝偻病，成人出现骨软化症和骨质疏松症，骨折危险增加。

（三）维生素 D 过多症

维生素 D 可以在体内蓄积，过多摄入可导致高钙血症、高钙尿、软组织钙化、便秘、不可逆肾、心损害等。成人每日摄入 2 500 μg，儿童每日摄入 500 ~ 1 250 μg，数周后即可发生中毒。表现为头痛、厌食、恶心、口渴、多尿、低热、嗜睡、血清钙、磷增加，软组织钙化，可出现肾功能衰竭、高血压等症状。停止食用，数周后可恢复正常。

（四）食物来源

维生素 D_3 含量最丰富的食物为鱼肝油、动物肝脏和蛋黄，牛奶与其他食物中维生素 D_3 的含量较少。维生素 D_2 来自植物性食品，一般说来，人只要能经常接触阳光，在一般膳食条件下，不会造成维生素 D 缺乏。以牛奶为主食的婴儿，应适当补充鱼肝油，并经常接受日光照晒，有利于生长发育。

（五）供给量以及注意事项

成年人每日供应 5 μg，孕妇、乳母、儿童与青少年及老年人均为 10 μg。

补充维生素 D 应注意以下事项：（1）应同时补钙；（2）不宜以鱼肝油作为补充维生素 D 的药物，而应使用单纯的维生素 D 制剂，因为鱼肝油中维生素 D 的含量只有维生素 A 中 1/10，长期服用，会导致维生素 A 中毒；（3）婴儿对维生素 D

的敏感性个体差异大，有的婴儿对小剂量的维生素 D 就很敏感，使用时应注意观察；（4）应在饭后服用，最好能吃一些油脂食物，以利于维生素 D 的溶解、吸收；（5）本品禁与液体石蜡、消胆胺合用；（6）动脉硬化、心功能不全、高胆固醇血症患者及孕妇应慎用。

（六）维生素 D 与运动

未见有关运动员维生素 D 缺乏报道及有关其与运动能力方面的研究。

三、维生素 E

维生素 E（vitamin E）是所有具有 α-生育酚生物活性的色酮衍生物的统称，其中以 α-生育酚的活性最高。易溶于脂肪溶剂，对热与酸稳定，对碱敏感，可缓慢地被氧化破坏。

（一）生理功能

1. 强抗氧化剂

维生素 E 具有很强的抗氧化作用，能阻止不饱和脂肪酸受到过氧化作用的损伤，从而维持着不饱和脂肪酸较多的细胞膜的完整性和正常功能；由于预防了脂质过氧化，从而消除了体内其他成分受到脂质过氧化物的损害。因此，具有延缓衰老、预防大细胞性溶血性贫血作用；还与性器官和胚胎发育有关，临床上常用来治疗不孕症、习惯性流产。

2. 自由基清除剂

作为一种著名的自由基清除剂，维生素 E 的基本功能是保护机体组织细胞生物膜上多不饱和脂肪酸免遭自由基攻击而氧化，同时也保护生命大分子物质（如 DNA）免遭自由基的破坏，是细胞伤害、组织破裂的天然抑制剂，在防止包括衰老、肿瘤在内的各种器质性衰退病变方面起着重要的作用。维生素 E 和硒都是自由基清除剂，维生素 E 有节约或部分替代硒的功能，硒也能治疗维生素 E 的某些缺乏症。维生素 E 与硒之间有协同关系。

3. 提高机体的免疫能力

维生素 E 的缺乏会引起吞噬功能受抑制，在构成免疫系统的白细胞中多核白细胞及淋巴中的 α－生育酚数量为红细胞的 30 倍，由此可见维生素 E 对增强免疫力方面的重要作用。

4. 保持血红细胞的完整，调节体内化合物的合成

已有相当多的证据表明，维生素 E 具有保持血红细胞完整并促进血红细胞的生物合成。血红蛋白是一种含铁化合物，其生物合成靠 2 种酶调节，而这 2 种酶的合成则受维生素 E 所影响。因此，维生素 E 可以治疗巨细胞溶血性贫血。维生素 E 作为体内化合物合成的调节剂，可能是通过调节嘧啶碱进入核酸的结构而参与了 DNA 的生物合成过程，在产生红细胞的骨髓中这种作用尤为明显。如果缺乏维生素 E，核酸的形成过程失调，结果使得红细胞长得过大，即形成巨红细胞。此外，维生素 E 还能促进辅酶 Q 的合成。该辅酶是由碳水化合物、脂肪或蛋白质中释放能量的细胞呼吸机制中一个重要调节因子。

5. 促进细胞呼吸、保护肺组织免遭空气污染

维生素 E 是细胞呼吸的必需促进因子，对心肌和骨骼肌来说尤为如此。试验表明，4 周龄的鸡由于维生素 E 缺乏会出现严重的肌纤维病变和肌肉萎缩症，可能的原因在于缺乏维生素 E 导致细胞呼吸代谢紊乱而引起溶酶体酶大量增加。虽然用维生素 E 来治疗人体肌肉萎缩病未见成效，但事实表明维生素 E 可有效地减轻人体行走时小腿的疼痛感。

近些年对大鼠进行研究表明，维生素 E 可防止肺组织遭受烟雾（如二氧化氮和臭氧之类空气污染的氧化物）的伤害。人体组织中的维生素 E 也能防止肺部免遭空气污染的损伤。

6. 其他物理功能

维生素 E 与维生素 A 关系密切，前者能使体内维生素 A 含量增加，原因在于维生素 E 能防止肠道中维生素 A 的氧化并促进吸收，同时能提高维生素 A 在体内的贮存量。维生素 E 作为一种自由基清除剂，也能防止维生素 C、含硫酶和 ATP 的氧化，从而保证了这些必需营养物质在机体内的特定功能。

（二）维生素 E 的缺乏症与中毒症

维生素 E 的许多缺乏症是在各种动物身上得到证实，但不同种类间的症状差异很大。总体来说，动物缺乏维生素 E 会引起生殖、神经与循环系统以及肌肉和肝脏等方面的病理变化，诸如不育、肌肉萎缩、心肌异常、肝功能退化、渗出性素质（出血性疾病）、贫血以及脑软化（小鸡癫狂病）等。这些病症均可通过补充维生素 E 而得到有效的防止，其中部分症状也可通过补充硒来制止。

由于维生素 E 几乎贮存于所有身体组织中且保留时间长，正常的儿童与成年人很少会出现缺乏症。

（三）食物来源

维生素 E 主要存在于各种植物原料中，特别是油料种子（麦胚油、棉籽油、玉米油、花生油、芝麻油）、谷物的胚芽、坚果、许多绿色植物、肉、奶油、奶、蛋等都是维生素 E 良好或较好的来源。它在植物性食物中的含量受品种、成熟程度、季节、收获时间及方式、加工工艺和贮存时间等因素所影响。动物性食品中的维生素 E 含量通常不高或者很低，一般受动物摄入膳食中维生素 E 含量的影响。（表 7－3）

表 7－3　常见食品中维生素 E 含量　　α－TE，mg/100 g

食品名称	维生素 E	食品名称	维生素 E
菜子油	27	棕榈油	29
橄榄油	10	棉子油	48
麦胚油	157	花生油	21
大豆油	14	玉米油	25

注：摘自《医学营养学》，2002。

（四）供给量

人体对维生素 E 的需要随着膳食中其他成分的含量多少而有所变化，诸如多不饱和脂肪酸、总脂肪、蛋白质、胆固醇、维生素 A 和硒等成分的含量均会影响维生素 E 的摄入量。维生素 E 的毒性较维生素 A 低，过量摄入的维生素 E 会随粪便排出体外。据报道，成人每日摄入 100 ~ 800 IU 的维生素 E 持续 3 年，身体种器官及血液各指标均未见任何异常现象。但超过 1 200 IU 时，个别人的凝血时间延长，继续增至 2 000 ~ 12 000 IU，少数人会发生接触性皮炎，停止摄入，则症状自行消失。由此可见，维生素 E 作为一种功能性食品的活性成分，其食用安全性是很高的。儿童为 3 ~ 8 mg，少年与成年人为 10 mg，孕妇、乳母与老人为 12mg。

（五）维生素 E 与运动

虽然运动引起氧化代谢增加，维生素 E 对降低血中脂质过氧化物有一定作用，但有关补充维生素 E 后对运动员体能的影响仍缺乏有效证据，维生素 E 与运动引起的肌肉酸痛和损伤以及肌肉蛋白的转换均有待于进一步研究。

四、维生素 K

维生素 K（vitamin K）为 20 世纪 30 年代发现的一种苜蓿的脂质提取物，因以治疗鸡的出血综合征而发现其对形成凝血酶原等凝血有关的蛋白质是必需物质。近年来又有研究揭示其在骨钙代谢中的重要作用，发现老年妇女的骨折发生率与血维生素 K 水平呈负相关，骨矿物质密度与其呈正相关，提示与骨质疏松有一定关联。维生素 K 缺乏的主要症状为凝血障碍。

传统的方法是测定机体的凝血功能来评价维生素 K 的营养状况，现已用高压液相色谱直接测定血浆叶绿醌（植物来源的维生素 K）。由于叶绿醌广泛大量存在于绿叶菜和植物油中，从中国人现有的膳食结构来看一般不会缺乏维生素 K。目前关于维持正常骨钙代谢的维生素 K 需要量尚缺足够的证据，考虑到维生素 K 的安全摄入范围较宽，目前推荐每日适宜摄入量应在 2 μg/kg 体重左右。

每 100 g 绿叶蔬菜可提供 50 ~ 800 μg 的维生素 K，显然是最好的食物来源。较少量的维生素 K（1 ~ 50 μg/100 g）也存在于牛奶、奶制品、肉类、蛋类、谷类、水果和其他蔬菜中。

第二节 水溶性维生素

一、维生素 B_1（V B_1）

维生素 B_1（硫胺素，thiamine）在高温时，特别是在高温碱性溶液中，非常容易破坏，并易受紫外线破坏，在酸性溶液中，稳定性较好，甚至加热时也是稳定的。

（一）生理功能

维生素 B_1 是脱羧辅酶的主要成分，参与碳水化物代谢中丙酮酸及 α－酮戊二酸的氧化脱羧作用；能抑制胆碱酯酶的活性，维持胃肠道的正常蠕动和消化腺的分泌。

（二）维生素 B_1 缺乏症

维生素 B_1 缺少时，神经组织中的碳水化物代谢首先受到阻碍，致使丙酮酸堆积在神经组织中，引起多发性神经炎和脚气病（beriberi），多见于东南亚地区等以大米为主食的地区。还可因酗酒、各种胃肠道疾病使之吸收过少，结核、甲亢等消耗性疾病使之相对不足而引起发病。

由于饮食不足引起者，一般在摄取 3 个月低维生素 B_1 饮食后出现症状。早期表现为疲乏无力、肌肉酸痛、食欲下降、体重减轻，继之出现典型的症状：上升性对称性周围神经炎，先发生在下肢，呈袜套状分布；感觉异常、肌肉无力、心动过速、心前区疼痛；严重者表现为心力衰竭，水肿。

（三）食物来源

维生素 B_1 含量丰富的食物有粮谷类、豆类、干果、酵母、硬壳果类，尤其在粮谷类的表皮部分含量更高，故碾磨精度不宜过度。动物内脏、瘦猪肉、蛋类及绿叶菜中含量也较高，芹菜叶、莴笋叶中含量也较丰富，应当充分利用。土豆中虽含量不高，但以土豆为主食的地区，也是维生素 B_1 的主要来源。（表 7－4）

表 7－4 常见食品中维生素 B_1 含量 mg/100 g

食品名称	维生素 B_1	食品名称	维生素 B_1
粳米（标一）	0.16	猪肉（瘦）	0.54
粳米（标二）	0.22	猪肝	0.21
小麦粉（标准粉）	0.28	花生仁（生）	0.72
小麦胚粉	3.50	牛肉（瘦）	0·07
黄豆	0.41	牛奶	0.03
小米	0.33	葵花子仁	1.89
燕麦片	0.30	橘子	0.24

注：摘自《中国居民膳食营养素参考摄入量》，2003。

（四）供给量

维生素 B_1 的需要量与机体热能总摄入量成正比，故维生素 B_1 的供给量以每 4.2 MJ（1 000 kcal）热能供给多少来表示，据此，我国的推荐维生素 B_1 供给量为 0.5 mg/4.2 MJ。

（五）维生素 B_1 与运动

维生素 B_1 的需要量与机体运动项目类型、运动负荷强度等因素有关。耐久力和神经系统负担较重的运动项目如游泳、马拉松、体操、乒乓球等需要较多的维生素 B_1 营养。

二、维生素 B_2（V B_2）

维生素 B_2（核黄素，riboflavin）为橙黄色晶体，280℃熔化并分解，在中性和酸性溶液中对热稳定，在碱性条件下易分解破坏。游离维生素 B_2 对光敏感，特别是紫外光。

（一）生理功能

维生素 B_2 是机体各种黄素酶的辅酶部分，在生物氧化过程中广泛地起着递氢作用；参与机体内三大生热营养素的代谢过程，与热能代谢直接相关。

（二）维生素 B_2 缺乏症（riboflavin deficiency）

维生素 B_2 不论是作为黄素单核苷酸还是黄素腺嘌呤二核苷酸，都在和碳水化合物代谢有关的许多氧化－还原反应中起必需的辅酶作用。机体缺乏维生素 B_2 则出现能量和物质代谢的紊乱，表现在外生殖器、舌、唇、口角的综合征。临床表现为：口角炎、唇炎、舌炎、睑缘炎、阴囊炎、脂溢性皮炎。

原发性核黄素缺乏与乳类及其他动物产品的消费不足有关。继发性缺乏则多见于慢性腹泻，肝脏疾病，慢性酒精中毒以及术后的营养输注缺少补充维生素时。

（三）食物来源

动物性食物含维生素 B_2 较多，尤以肝、心、肾中丰富，奶、蛋类食品中含量也不少；植物性食品除绿色蔬菜和豆类外一般含量都不高。

（四）供给量

与维生素 B_1 相同为 0.5 mg/4.2 MJ。

（五）维生素 B_2 与运动

训练可能会增加维生素 B_2 的需要量，尤其对于生长发育期的儿童少年、能量消耗大、控体重、减体重以及素食或不吃动物蛋白的运动者，要注意维生素 B_2 的营养状况。（表 7－5）

表 7－5 常见食品中维生素 B_2 含量 mg/100 g

食品名称	维生素 B_2	食品名称	维生素 B_2
大米	0. 05	猪肉（肥瘦）	0. 16
小麦粉	0. 08	猪肝	2. 08
黄豆	0. 20	鸡蛋	0. 32
菠菜	0. 11	牛奶	0. 14
大白菜	0. 03	橘子	0. 02

注：摘自《中国居民膳食营养素参考摄入量》，2003

三、维生素 B_6（V B_6）

维生素 B_6（vitamin B_6）主要以吡多醇（pyridoxol）（主要存在于植物中）、吡多醛（pyridoxal）和吡多胺（pyridoxamine）（主要在动物性食品中）3 种天然形式存在，性质相近，均具活性。维生素 B_6 易溶于水，在空气中稳定；在酸中较稳定，但易为碱破坏，在中性环境中易被光破坏。吡多醛与吡多胺较不耐热、吡多醇耐热，后者在食品加工和贮存中稳定性较好。

（一）生理功能

维生素 B_6 在体内被磷酸化为辅酶形式，参与酶系代谢。已知有 60 多种酶需要维生素 B_6，主要与氮代谢有关，如转氨、脱氨、脱羧、转硫、色氨酸转化，以及不饱和脂肪酸和糖原代谢等。

1. 氨基酸代谢

（1）氨基酸如丙氨酸、天冬酰胺、精氨酸、半胱氨酸、异亮氨酸、赖氨酸等的转氨基作用需维生素 B_6 参与。

（2）脱羧基作用：特别是色氨酸，当缺乏维生素 B_6 时，可使尿中黄尿酸、犬尿酸、3－羟基犬尿酸及喹啉酸排出增多，酪氨酸、组氨酸、多巴胺等脱羧基作用，中枢神经系统中谷氨酸转化为 γ－氨基丁酸，半胱氨酸转化为牛磺酸也都需要

维生素 B_6 参与。

2. 糖原与脂肪酸代谢

维生素 B_6 的磷酸酯是磷酸化酶的一个基本成分，催化肌肉与肝中糖原转化，还参与亚油酸合成花生四烯酸和胆固醇的合成与转运。

3. 其　他

脑和其他组织中能量转化、核酸代谢、内分泌腺功能、辅酶 A 的生物合成以及草酸盐转化为甘氨酸等过程，也都需要维生素 B_6。

（二）维生素 B_6 缺乏症

严重的临床维生素 B_6 缺乏已罕见，临界轻度缺乏较多见，通常与其他 B 族维生素缺乏同时存在；可致眼、鼻与口腔周围皮肤脂溢性皮炎，并可扩展至面部、前额、耳后、阴囊及会阴等处。

（三）食物来源

维生素 B_6 的食物来源很广泛，动植物中均有，但一般含量不高。通常按质量计动物性食物含量相对较高，含量最高的食物为白色肉类（如鸡肉、鱼肉），其次为肝脏、豆类和蛋黄等。（表 7－6）

表 7－6　常见食品中维生素 B_6（吡多醇）含量　　mg/100 g

食品名称	维生素 B_6	食品名称	维生素 B_6
啤酒酵母	2.50	油炸花生（加盐）	0.40
金枪鱼	0.90	牛肝	0.84
鸡肉	0.41	全麦片粥	0.53
甜玉米（生）	0.47	米糠	2.50
金枪鱼罐头	0.43	脱脂大豆粉	0.72

注：摘自《中国居民膳食营养素参考摄入量》，2003，333 页；数据来自美国《食物与营养百科全书》。

（四）供给量

中国居民维生素取适宜推荐量（AI）：婴儿为 0.1 ~ 0.3 mg/d，儿童为 0.5 ~ 0.9 mg/d，青少年 14 岁 ~ 1.1 mg/d；成人 18 岁 ~ 1.2 mg/d，50 岁 ~ 1.5 mg/d，孕妇和乳母为 ~ 1.9 mg/d。

（五）维生素 B_6 与运动

因维生素 B_6 作用于糖原分解代谢过程，维生素 B_6 可能会影响糖酵解无氧能力，严重的可影响血红蛋白的合成和氧转运。但目前尚无充分证据说明补充维生素 B_6 可提高运动能力。

四、叶 酸

叶酸（folic acid）也叫维生素 B_9，是蝶酸（pteroic acid）和谷氨酸（glutamic acid）结合构成的一类化合物总称，属 B 族维生素。叶酸为黄色或橙黄色结晶性粉末，无味、无嗅，微溶于热水，不溶于醇、乙醚等有机溶剂。在碱性或中性溶液中对热稳定，易被酸和光破坏，在酸性溶液中温度超过 100℃ 即分解。在室温下贮存食物中的叶酸很易损失。食物中的叶酸经烹调加工后损失率可高达 50% ~90%。

（一）生理功能

（1）作为体内生化反应中一碳单位转移酶系的辅酶，起着一碳单位传递体的作用。

（2）参与嘌呤和胸腺嘧啶的合成，进一步合成 DNA 和 RNA。

（3）参与氨基酸代谢，在甘氨酸与丝氨酸、组氨酸与谷氨酸、同型半胱氨酸与蛋氨酸之间的相互转化过程中充当一碳单位的载体。

（4）参与血红蛋白及甲基化合物如肾上腺素、胆碱、肌酸等的合成。

（二）叶酸缺乏症

（1）叶酸缺乏引起血红蛋白合成减少，形成巨幼红细胞贫血。缺乏的表现为头晕、乏力、精神萎靡、面色苍白，并可出现舌炎、食欲下降以及腹泻等消化系统症状。

（2）叶酸缺乏可使孕妇先兆子痫、胎盘早剥的发生率增高；胎盘发育不良导致自发性流产；叶酸缺乏尤其是患有巨幼红细胞贫血的孕妇，易出现胎儿宫内发育迟缓、早产及新生儿低出生体重。孕早期叶酸缺乏可引起胎儿神经管畸形。

（3）叶酸缺乏还会出现高同型半胱氨酸血症。患有高同型半胱氨酸血症的母亲生育神经管畸形儿的可能性较大，并可影响胚胎早期心血管发育。

（三）食物来源

叶酸广泛存在于带叶的蔬菜、水果、动物的肝脏中。但是由于烹饪时的高温对于叶酸的破坏和人体吸收效率不高的原因，日常饮食还是较难满足孕妇的叶酸需要。孕妇在怀孕期间（甚至怀孕前）需补充人工合成的叶酸药物。

（四）供给量

膳食叶酸当量（dietary folate equivalent，DFE）=膳食叶酸（μg）+叶酸补充剂（μg），2000 年中国营养协会制定的中国居民膳食叶酸参考摄入量，推荐 14 岁以上儿童和成人每天摄入量为 400 μg DFE，孕妇为 600 μg DFE，母乳为 500 μg DFE；18 岁以上成人（含孕妇、乳母）可耐受最高摄入量为每天 1 000 μg DFE。

五、维生素 B_{12}（V B_{12}）

维生素 B_{12}（vitamin B_{12}）是一组含钴的类咕啉化合物，化学名为钴胺素（cobalamin）。维生素 B_{12}易溶于水和乙醇，在 pH4.5～5.0 弱酸性条件下最稳定，强酸、强碱和光照下不稳定，易受重金属、强氧化剂或还原剂作用而破坏。遇热可有一定程度的破坏，但短时高温 120℃加热，可不受影响。

（一）生理功能

维生素 B_{12}在体内以 2 种辅酶形式存在，即甲基 B_{12}（甲基钴胺素）和辅酶 B_{12}

（5－脱氧腺苷钴胺素），主要作用如下。

1. 参与同型半胱氨酸甲基化转变为蛋氨酸。

2. 参与甲基丙二酸—琥珀酸异构化过程。

（二）维生素 B_{12} 缺乏症

维生素 B_{12} 参与细胞的核酸代谢，为造血过程所必需，缺乏时红细胞中 DNA 合成障碍，可诱发巨幼红细胞贫血。甲基的传递活性是神经系统发挥正常功能的基础，甲基维生素 B_{12} 不足可导致蛋氨酸和 S－腺苷蛋氨酸合成障碍，引起神经系统损害，出现精神抑郁、记忆力下降、四肢震颤等神经症状。维生素 B_{12} 缺乏可引起高同型半胱氨酸血症，对脑细胞产生毒性作用而造成神经系统损害。

（三）食物来源

维生素 B_{12} 主要来源于动物性食品，肉、内脏、贝、鱼、禽和蛋类。乳类含量较低植物性食品基本不含。（表 7－7）

表 7－7 常见食品中维生素 B_{12} 含量 μg/100 g

食品名称	维生素 B_6	食品名称	维生素 B_6
炸小牛肝	87.0	油炸花生（加盐）	0.40
金枪鱼	0.90	牛肝	0.84
鸡肉	0.41	全麦片粥	0.53
甜玉米（生）	0.47	米糠	2.50
金枪鱼罐头	0.43	脱脂大豆粉	0.72

注：摘自《中国居民膳食营养素参考摄入量》，2003，339 页；数据来自美国《食物与营养百科全书》。

（四）供给量

成人膳食中各人群差异很大，目前我国尚无维生素 B_{12} 膳食摄入量调查结果，建议中国居民维生素 B_{12}的适宜摄入量（Al）值，成人2.4 μg /d，孕妇2.6 μg /d 和乳母2.8 μg /d。

（五）维生素 B_{12}与运动

维生素 B_{12}是红细胞生成和功能实现的必要成分，维生素 B_{12}缺乏可引起运输氧能力下降，影响最大有氧能力和亚极限运动能力。但补充维生素 B_{12}仅有利于巨幼红细胞贫血，未见提高血液运氧能力。对完全素食者应注意适量补充维生素 B_{12}。

六、烟　酸

烟酸（niacin）亦称尼克酸（nicotinic acid），也称为维生素 B_3 或维生素 PP。在生物组织中，尼克酰胺是主要的存在形式，它是尼克酸（VPP）具有生物活性的衍生物，可以水解为烟酸，两者均为溶于水的较稳定的白色结晶，一般将烟酸称为抗癞皮病维生素，烟酸在普通烹调温度中非常稳定，在酸性或碱性溶液中也不会有很多损失。

（一）生理功能

烟酸是构成辅酶Ⅰ和辅酶Ⅱ的重要成分，二者均为脱氢酶的辅酶，在生物氧化过程中，起到传递氢原子的作用；如果没有烟酸，人体就不能利用碳水化物、脂肪和蛋白质来产生能量，也无法合成蛋白质和脂肪；对维持皮肤、神经和消化系统正常功能起着重要作用；还有扩张血管作用。

（二）烟酸缺乏病（又称癞皮病，糙皮病）

烟酸（尼克酸）衍化物包括烟酰胺腺嘌呤二核苷酸（NAD，辅酶Ⅰ）和烟酰胺腺嘌呤二核苷酸磷酸（NADP，辅酶Ⅱ）. 它们是氧化—还原反应中的辅酶，在细胞代谢中至关重要。

烟酸和其前体色氨酸（人体能由色氨酸合成烟酸）严重缺乏是糙皮病的主要原因。其典型症状为皮炎（dermatitis）、腹泻（diarrhea）及痴呆（demantia）即所谓“三D”症。早期常有食欲不振、消化不良、腹泻、失眠、头痛、无力、体重减轻等现象。

原发性缺乏通常发生在以玉米为主食的地区，存在于玉米中的结合型烟酸不能在肠道内吸收，氨基酸不平衡可能也有助于产生缺乏。

继发性缺乏见于腹泻、肝硬化和酒精中毒以及手术后大量应用缺少维生素的营养输注之后。长期异烟肼治疗、恶性类癌瘤以及 Hartnup 病也可发生糙皮病。

（三）食物来源

富含烟酸的食物为动物肝脏、酵母、花生、全谷、豆类及肉类含量较高；玉米中烟酸含量不算少，但为结合型的，不能直接被人体吸收利用。因此，为了预防癞皮病，应用碱处理玉米（如墨西哥用石灰处理玉米，我国新疆在防治癞皮病过程中推广玉米加碱食用）可释放出大量游离型烟酸，在预防癞皮病中收到了良好的效果。同时应当在膳食中增加豆类、大米和小麦粉的比例，降低玉米的摄入量。（表 7－8）

表 7－8 常见食品中烟酸含量 烟酸当量 mg/100 g

食品名称	烟酸	食品名称	烟酸
玉米（黄）	3.8	黄豆	10.0
菠菜	1.3	猪肝	20.6
高粱	1.6	大米	4.9
猪肉（肥瘦）	5.8	牛奶	0.8
鸡蛋	4.5	小麦粉	4.8

注：摘自《中国居民膳食营养素参考摄入量》，2003。

另外，体内所需的烟酸一部分可由色氨酸转换而来，约 60 mg 色氨酸可转换为 1 mg 烟酸。

（四）供给量

不仅与热能需要量成正比，而且为维生素 B_1、维生素 B_2 供给量的 10 倍，推荐供给量为 5 mg/4.2 MJ。

七、维生素 C（抗坏血酸，V_C）

维生素 C（vitamin C），又称 L－抗坏血酸（ascorbic acid），为一种酸性多羟化合物，易溶于水，在干燥及无光线条件下比较稳定。很容易被氧化，加热或暴露于空气中、碱性溶液及金属离子（Cu^{2+}，Fe^{3+}）都能加速其氧化。

（一）生理功能

参与体内氧化还原过程，维持组织细胞的正常能量代谢和调节细胞内氧化还原电位；促进体内胶原合成；将血浆运铁蛋白中三价铁还原为二价铁，促进铁的吸收；增加机体的抗病能力，促进伤口愈合；阻断亚硝胺在体内形成，具有防癌和抗癌作用；大量维生素 C 还可促进心肌利用葡萄糖和心肌糖原的合成。它是形成胶原蛋白所必需的物质，有助于保持间质物质的完整，如结缔组织、骨样组织以及牙本质。

（二）维生素 C 缺乏病

严重缺乏可引起坏血病，表现为毛细血管脆性增加，牙龈肿胀与出血，类骨质及牙本质形成异常，牙齿松动、脱落、皮肤出现瘀血点与瘀斑，关节出血可形成血肿、鼻衄、便血，月经过多。还能影响骨骼正常钙化，出现伤口愈合不良，抵抗力低下，肿瘤扩散等。

成年人的原发性缺乏通常是由对食物的特异反应或膳食不当引起。缺乏常出现在患胃肠疾病时，特别是在病人吃“溃疡膳食”时。妊娠、哺乳和甲状腺功能亢进能增加维生素 C 的需要量；急性和慢性炎症性疾病，手术及烧伤能显著增加需要量。腹泻能增加粪便丢失量，而胃酸缺乏则能减少吸收量。冷或热应激能增加维生素 C 的尿排泄，热（如配方奶消毒、烹调）能破坏食物中的维生素 C。（表 7－9）

表7-9 常见食品中维生素C含量 mg/100 g

食品名称	维生素C	食品名称	维生素C
枣（山东）	88	苜蓿（甘肃）	118
柚子（广东）	110	柿子椒	72
橙	33	西兰花	51
荔枝	41	青菜	45
猕猴桃	62	苦瓜	56
草莓（陕西）	52	大白菜	28~47
苹果	1~6	荠菜	53

注：摘自《中国居民膳食营养素参考摄入量》，2003。

（三）食物来源

维生素C主要来源于新鲜蔬菜和水果，水果中以酸枣、柚子、草莓、野蔷薇果、猕猴桃等含量高；蔬菜中以辣椒含量最多，其他绿黄色蔬菜水果中也含有较多的维生素C，蔬菜中的叶部比茎部含量高，新叶比老叶高，有光合作用的叶部含量最高。干的豆类及种子不含维生素C，但当豆或种子发芽后则可产生维生素C。

（四）供给量

从出生至12岁依年龄不同为30~50 mg，少年、成年、老年皆为60 mg，孕妇80 mg，乳母100 mg。

（五）维生素C与运动

维生素C缺乏会对机体体能有不良影响，适当补充能增强机体免疫功能、减轻疲劳和肌肉酸痛、增强体能及保护细胞免受自由基损伤。但过量（>1 g/d）补充维生素C可导致尿排出大量草酸结晶，增加尿酸排出、腹泻、影响维生素B_{12}的利用率及铁的过度负荷。

第三节 运动员维生素的代谢特征补充

与普通人群相比，运动员的维生素代谢具有一定的特殊性。由于运动时物质代谢旺盛，因此，维生素的需要量增加。运动量加大时，维生素需要增加的幅度，将超过按热能比例计算的数值，一些维生素如维生素 B_1、维生素 B_2、维生素 C 等容易丢失。维生素营养充足时，不仅有助于机体吸收能源物质和构成体质的原料，而且有利于体内各种酶和激素正常发挥其作用，维持旺盛的生理机能。而体内维生素不足时，将导致机体活动能力削弱、抵抗力下降、代谢紊乱、酶活力降低、氧化还原过程迟缓、运动效率降低等问题。运动员出现倦怠、食欲下降、头痛、便秘、易怒、持续的疲劳感等自觉症状。维生素如果进一步缺乏，可导致机体的生活能力及器官机能衰竭，儿童少年运动员的生长发育障碍灯严重问题。因此，运动员应保证有合理的维生素营养供给。

一、维生素 B_1

体力活动时，维生素 B_1 的排出量下降，该现象被认为是机体的消耗量增加所致。食物中维生素 B_1 供给充足时，能促进肌肉中磷酸肌酸和糖原的合成，促进运动后乳酸消除；而维生素 B_1 缺乏时，组织中乙二醛酶、α－甘油磷酸脱氢酶及乳酸脱氢酶活性降低，丙酮酸堆积，从而导致运动能力下降。据报道，为使运动员血液中丙酮酸含量保持正常范围，维生素 B_1 的供给量应达到 5～10 mg/d。运动员维生素 B_1 的需要量还与运动员项目和运动负荷有关，耐久力和神经系统负担较重的项目如马拉松、游泳、乒乓球等，均需要较多的维生素 B_1 的供给。据报道，维生素 B_1 的供给量为 5 mg/d 时，可使游泳的速度耐久力增加；如马拉松运动员每天维生素 B_1 供给量达 10 mg 时，才能保持机能正常。因此，运动员的维生素 B_1 供给量规定为：训练期 3～5 mg/d；比赛期 5～10 mg/d。

二、维生素 B_2

从生理功能看，维生素 B_2 参与体内的氧化还原过程，与线粒体和氧化产能过程有关。当维生素 B_2 缺乏时，肌肉无力、耐久力下降、容易疲劳、神经兴奋过度增加或减弱。维生素 B_2 的需要量取决于机体的代谢强度和生理病理情况，如年龄、性别、体力活动等。运动员的维生素 B_2 供给量为：一般训练期 2 mg/d，比赛期 2.5 ~ 3 mg/d。

三、维生素 C

许多研究发现，运动增加机体维生素 C 的需求量。持续大运动量训练时，体内储存的维生素 C 减少。短时间运动后血液维生素 C 的含量增高，但是长期运动后出现下降。在运动的情况下，维生素 C 的需求量与热量消耗量的比是增加的，正常人每天消耗 4.184 kJ 热量需要维生素 C15 ~ 18 mg，而进行极限或次极限强度运动时，每消耗 4.184 kJ 热量需要维生素 C22 ~ 25 mg，当进行运动时间在 2 h 以上的耐久力运动如长跑或马拉松时，每消耗 4.148 kJ 热量需要维生素 C30 mg。因此，运动员维生素 C 的需要量应按照运动强度的加大而相应增加。推荐的运动员维生素 C 供给量是：一般训练期 100 ~ 150 mg/d，比赛期 150 ~ 200 mg/d。

四、其他维生素

维生素 A 的需要量随机体劳动强度、生理病理情况及需要视力的紧张程度而变化。运动员维生素 A 的需要量为：一般训练期 2 mg/d，比赛期 2 ~ 3 mg/d，要求视力集中地运动项目，至少应为 5 mg/d。

运动可增加维生素 E 的消耗，有研究表明，长期训练可使血浆维生素 E 水平降低。国外报道按每公斤体重供给 1 mg 维生素 E 对降低氧债和提高恢复系数均有效，并强调进行以耐久力为主的运动训练时，应增加维生素 E 的摄入量。

运动增强机体代谢，因此与代谢过程密切相关的维生素，烟酸、维生素 B_6、泛酸维生素 B_5 等的需要量对运动员来说都是增加的。叶酸和维生素 B_{12}参与蛋白质和核酸的代谢、影响红细胞的成熟，因此与机体的氧运输能力有关。由于这些维生素广泛存在于食物中，一般情况下并不造成缺乏。

本章小结：

1. 维生素是维持人体生命过程所必需的低分子有机化合物，不构成机体组织，不提供热能，主要参与各种酶的组成；只需少量即能满足机体的生理需要；但因人体不能合成维生素，每日必须自食物中获取；如若缺乏，将会引起生理功能障碍和缺乏病。

2. 维生素根据其溶解性可分为 2 大类，即脂溶性维生素和水溶性维生素。脂溶性维生素包括 A、维生素 D、维生素 E、维生素 K 4 种，在食物中与脂类共同存在，摄入过多可在体内蓄积引起中毒。水溶性维生素包括 B 族维生素（维生素 B_1、维生素 B_2、维生素 B_6、维生素 B_{12}、PP 等）和维生素 C（抗坏血酸），溶于水，易从尿中排出体外，大量食入一般不会产生蓄积和毒害作用。

3. 维生素主要以辅酶或辅基形式参加各种酶系统工作，在中间代谢的许多环节中都起着极重要的作用。维生素对人体多种代谢与功能的重要作用大致可归纳为：

作为能量辅助因子——维生素 B_1、维生素 B_2、维生素 B_6、烟酸、生物素。

具有神经系统功能——维生素 B_1、维生素 B_2、维生素 B_6、维生素 B_{12}、烟酸、叶酸。

有合成血红蛋白作用——维生素 C、维生素 B_2、维生素 B_6、维生素 B_{12}、叶酸。

具有免疫功能——维生素 C、维生素 A、维生素 B_6、维生素 E。

有抗氧化作用——维生素 C、维生素 A、维生素 E。

对骨代谢有作用——维生素 D。

4. 维生素对于运动员而言，不仅是维持健康所必需，还有可能直接影响人体的运动能力。如 B 族维生素能够激活能量生成过程，与运动中能量代谢有关；维生素 A、维生素 C、维生素 E 作为强抗氧化剂，可防止细胞膜的脂质过氧化、红细胞膜损害，维持运动中细胞的正常功能。但目前运动员体内水平正常情况下予以超量补充，对运动能力的影响尚无充分依据。

思考题：

1. 维生素的主要生物学意义是什么？
2. 维生素按其溶解性可分为哪两类？分别包括哪些维生素？
3. 脂溶性维生素有何特点？
4. 维生素 A、维生素 D、维生素 E 各自的功能特点是什么？有何典型缺乏症？主要来源何处？
5. 水溶性维生素有何特点？
6. 维生素 B_1、维生素 B_2、维生素 B_6、维生素 B_{12}、维生素 C 各自的功能特点是什么？有何典型缺乏症？主要来源何处？
7. 哪些维生素对运动员较为重要？有何意义？

（庄　洁）

第八章 各类食物的营养价值

提 要 食物是人类获得热能和各种营养素的基本来源。食物的种类繁多，所含营养素的种类、数量及比例各不相同，营养价值各异。本章主要论述各类食物的营养价值，以及加工、烹调和储存对食物营养价值的影响。

食物（food）是人类获得能量和各种营养素的基本来源，是人类赖以生存的物质基础。

一、按食物的来源和性质分为3大类

（一）动物性食物（animal food）

如畜禽肉类、奶类、蛋类、水产品等，主要提供人体所需的蛋白质、脂类和无机盐等。

（二）植物性食物（plant food）

如粮谷类、豆类、薯类、硬果类、蔬菜、水果等。除了碳水化合物和蛋白质，绝大多数的维生素、矿物质和膳食纤维要由植物性食物来提供。

（三）各类食物的制品（food products）

以动物性、植物性天然食物为原料，通过加工制作的食物，如糖、油、酒、罐头、糕点、肉松、果脯等食物。

二、中国居民膳食指南将食物分为五类

（一）谷类及薯类

谷类包括米、面、杂粮，薯类包括马铃薯、甘薯、木薯等，主要提供碳水化合物、蛋白质、膳食纤维及 B 族维生素。

（二）动物性维生素

其包括肉、禽、鱼、奶、蛋等，主要提供蛋白质、脂肪、无机盐、维生素 A 和 B 族维生素。

（三）豆类及其制品

其包括大豆及其干豆类，主要提供蛋白质、脂肪、膳食纤维、无机盐和 B 族维生素。

（四）蔬菜水果类

其包括鲜豆、根茎类、叶菜类、茄果等，主要提供膳食纤维、无机盐、维生素 C 和胡萝卜素。

（五）纯能量食品

其包括植物油、淀粉、食用糖和酒类，主要提供能量，植物油还提供维生素 E 和必需脂肪酸。

三、中国居民平衡膳食宝塔将食物分为 9 类

其分别是谷类、蔬菜、水果、奶及奶制品、油脂、豆类、肉、鱼、蛋。

食物的营养价值指某种食物所含营养素和能量满足人体营养需要的程度。食物营养价值的高低取决于食物中营养素的种类是否齐全、数量的多少、相互比例

是否适宜以及是否容易被消化吸收。不同食物营养素的构成不同，其营养价值也不同。同一种食物由于品种部位、产地和烹调加工方法不同，营养价值也会存在一定的差异。

第一节　食物营养价值的评定及意义

一、食物营养价值的评定

（一）营养素的种类及含量

当对某食物进行营养价值评定时，首先应对其所含营养素的种类及含量进行分析确定。食物中所提供的营养素的种类和含量越接近于人体需要或组成，该食物的营养价值就越高，否则营养价值就越低。

（二）营养素质量

当对某食物进行营养价值评定时，该食物所含营养素的质与量同样要考虑。如同等重量的蛋白质，因其所含必需氨基酸的种类、数量、比例不同，在促进机体生长发育时所起的作用就不同；同等重量的脂肪因其所含脂肪酸的组成不同所起的营养作用也各异。

（三）营养素在加工烹调过程中的变化

加工烹调对食物的营养价值会有不同程度的影响，某些食物经过适当加工可提高其吸收利用率，如完整的大豆吸收利用率只有60%左右，而加工成豆浆后，吸收利用率提高到90%以上。但食物过度加工一般会引起某些营养素损失，如谷类过度加工成精制米后，B族维生素会大量损失。因此，食物在加工处理时应选用合理的加工技术，尽量减少营养素的破坏。

营养质量指数（Index of nutrition quality，INQ）可作为评价食物营养价值的指标。INQ 指营养素密度（食物中某营养素占该营养素推荐摄入量 RNI 的比）与能量密度（食物中所提供的能量占能量推荐摄入量的比）之比值来评定食物的营养价值。INQ =1，表示食物提供营养素的能力与提供能量的能力相当，食物营养素的供给量与能量供给量达到平衡；INQ >1，表示食物营养素的供给量高于能量的供给量，该类食物营养价值高，特别适合超重和肥胖者；INQ <1，表示食物中该营养素的供给少于能量的供给，该类食物的营养价值低，长期摄入此种食物，可能发生该营养素的不足或能量过剩，导致营养失衡。因此，INQ 是评定食物营养价值的一个简明指标。

二、评定食物营养价值的意义

评定食物营养价值的意义：（1）有利于全面了解各种食物的天然组成成分，提出现有食物的营养缺陷，并指出改良的方法，以便充分利用食物资源。（2）了解在加工烹调过程中食物营养素的变化和损失，采取相应措施来最大程度地保存食物中营养素含量，提高食物营养价值。（3）指导人们科学选购食物和合理配制营养平衡膳食，以增强体质，预防疾病。

第二节　谷类营养价值

谷类（cereals）主要包括有小麦、稻米、玉米、小米、高粱等，其中以稻米和小麦为主。我国居民膳食中谷类食物占 49.7%，有较大比例。膳食中 50% ~70% 的能量、55% 的蛋白质、一些无机盐及 B 族维生素主要由各类谷类食物提供。

一、谷类结构和营养素分布

谷类种子有相似的结构（图 8 -1），都是由谷皮、胚乳、胚芽 3 个主要部分组成。

谷皮在谷粒最外层，主要由纤维素、半纤维素等组成，含有一定量的矿物质和脂肪，不含淀粉。谷皮一般不能被消化和吸收，故在加工时通常被去掉。

谷皮内是糊粉层，介于谷皮与胚乳之间，糊粉层含较多的磷和丰富的 B 族维生素及无机盐，营养价值相对较高。但在加工时易与谷皮脱落被除去。

胚乳是谷粒的主要部分，约占全谷粒重量的 83%，主要由淀粉细胞组成，含大量淀粉和一定量蛋白质。蛋白质越靠近胚乳周围部分越高，越向胚乳中心，含量越低。

位于谷粒一端还有胚芽，富含脂肪、蛋白质、矿物质、B 族维生素丰富和维生素 E，具有较高的营养价值，加工时易与胚乳分离而丢失。

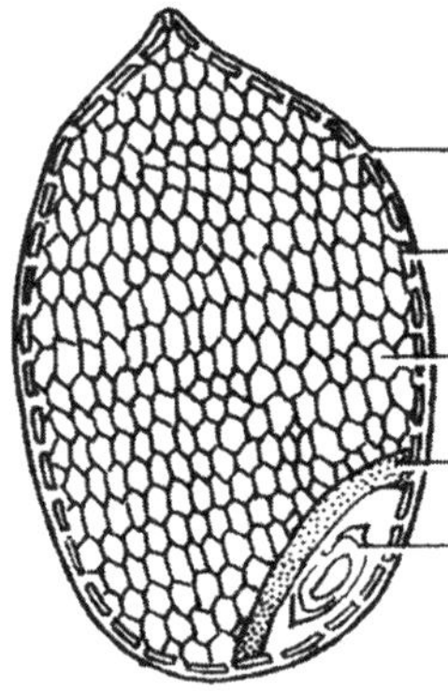

图 8－1　谷类种子结构

二、谷类的营养成分

谷类营养素的含量和品种、气候、区域、耕作、加工方法的不同有关，受其影响营养素的含量也有差异。

（一）蛋白质（protein）

谷类食物蛋白质的含量一般在 7.5% ~15% 之间，其中燕麦蛋白质含量最高，约为 15.6%，小麦约 10%，稻米和玉米均为 8% 左右。谷蛋白质包括清蛋白、球蛋白、醇溶谷蛋白和谷蛋白 4 种，粮谷类蛋白质中以醇溶谷蛋白和谷蛋白为主，其中含有较多的谷氨酸、脯氨酸和亮氨酸，但是缺乏赖氨酸，尤其是玉米醇溶谷蛋白质还缺乏色氨酸，另外苯丙氨酸和蛋氨酸含量也较少。因此，粮谷类蛋白质为不完全蛋白质，谷类蛋白质的生物学价值大米为 77、小麦为 67、小米为 57、玉米为 60、高粱为 56，因此其营养价值远不如动物性食物蛋白质和大豆类蛋白质，不能作为人体蛋白质的唯一来源。（表 8－1）

由于谷类食物在膳食中所占比例较大，是膳食蛋白质的重要来源，为提高谷类蛋白质的营养价值，常采用氨基酸强化和蛋白质互补的方法来提高其营养价值。

如可将多种蛋白质食物同时食用，大米用赖氨酸强化后其蛋白质的生物价可明显提高，转基因等高新技术的使用可使谷类蛋白质的营养价值得到改善。

表 8-1 几种谷类的蛋白质组成 %

谷物	白蛋白	球蛋白	醇溶蛋白	谷蛋白
大米	5	10	5	80
小麦	3~5	6~10	40~50	30~40
玉米	4	2	50~55	30~45
高粱	1~8	1~8	50~60	32

（二）碳水化合物（carbohydrate）

谷类食物中碳水化合物的含量在 70% 以上，其中主要为淀粉，集中在胚乳的淀粉细胞中，占碳水化合物总量的 90%。淀粉经加工烹调后容易消化吸收，其利用率为 90%，是人类最理想、最经济的能量来源。

谷物中还含有其他碳水化合物如糊精、果糖和葡萄糖等，如稻米中的单糖几乎全部是葡糖和很少量的果糖，很容易被酵母菌发酵，在食品工业上有一定意义，同时谷类中还含有丰富的非淀粉多糖，包括纤维素、半纤维素等，如燕麦中半纤维素含量高于大多数谷物，具有降低血清胆固醇的作用。

（三）脂肪（fat）

谷类脂肪含量低，约为 1%~4%，主要集中在糊粉层和胚芽。谷类脂肪多为不饱和脂肪酸，其中亚油酸占 60%，具有降低血清胆固醇、防止动脉粥样硬化等作用。从玉米和小麦胚芽中可提取麦胚油，80% 为不饱和脂肪酸，其中亚油酸占 60%，营养价值很高，有良好的保健功能。此外谷类中还含有少量植物固醇和卵磷脂。

（四）矿物质（mineral）

谷类矿物质含量约为 1.5%~3%，大多分布在谷皮及糊粉层中。其中磷约占

50% ~60%，钙含量不高，约为 40 ~ 80 mg/100 g，且多以植酸盐形式存在，消化吸收差。谷类食物含铁较少，且吸收率较低。此外还含有一些微量元素如铜、锰、锌等。

（五）维生素（vitamin）

谷类是膳食中 B 族维生素的重要来源，如硫胺素、核黄素、尼克酸、泛酸和吡哆醇等，主要分布于胚芽和糊粉层，过度加工会使谷物中的维生素大量损失。小麦胚中还含有较多的维生素 E，黄色玉米中还含有少量的胡萝卜素。玉米中的尼克酸主要为结合型，必须经过加工处理后将其转变为游离型后，才能被人体吸收利用。粮谷类不合维生素 A、维生素 D 和维生素 C。

三、加工、烹调及储存对谷类营养价值的影响

谷类加工时主要是去除杂质和谷皮，过度加工时易使糊粉层和胚芽损失越多，导致其中的营养素丢失越多，尤其以 B 族维生素的损失更为显著。长期食用过度精加工的米面，又不添加副食，易患脚气病。

大米过度淘洗时易使水溶性维生素和无机盐发生损失，如 VB_1 可损失 30% ~60%，VB_2 和尼克酸可损失 20% ~25%，无机盐可损失 70%。同时水温、淘洗次数、浸泡时间等对营养素的损失都有影响。烹调时温度越高对维生素的破坏越厉害，加碱同样会使 B 族维生素丢失增加。谷类在适宜条件下可长时间保存，但当温度升高、湿度增加时谷类食物易发生霉变，失去营养价值。故谷类应储存在避光、通风、干燥和阴凉的环境下，减少氧气和日光对营养素的破坏，以保持谷类的原有营养价值。

第三节　豆类及其制品的营养价值

豆类（beans）的品种很多，根据营养成分大致可分为大豆（黄豆、黑豆和青豆）和其他豆类（包括豌豆、蚕豆、绿豆、小豆、芸豆等），其中以大豆产量最

大，是我国居民膳食中优质蛋白质的重要来源。豆制品是指以豆类为原料生产、加工而成的制品，是豆类食品的一大补充。

一、豆类及其制品的营养价值

（一）大豆的营养价值

1. 大豆的营养成分

大豆含有35% ~40%的蛋白质，是天然食物中含蛋白质最高的食物。其氨基酸组成接近人体需要，且富含谷类蛋白较为缺乏的赖氨酸，是谷类蛋白互补的天然理想食品。故大豆蛋白是优质蛋白。

大豆含脂肪15% ~20%，其中不饱和脂肪酸占85%，以亚油酸为含量最多，达50%以上。大豆油中含1.6%的磷脂，并含有维生素E，是防治心脑血管疾病的理想食品。

大豆含碳水化合物25% ~30%，其中一半为可供利用的淀粉、阿拉伯糖等，另一半为人体不能消化吸收的棉子糖和水苏糖，在肠道细菌的作用下发酵，可引起腹胀。大豆经加工后这些难消化成分可明显降低，营养价值可随之提高。

大豆还含有丰富的钙、VB_1和VB_2，但大豆中有植酸，可与锌、钙、镁、铁等螯合从而影响吸收。大豆几乎不含有维生素C。

大豆还含有皂甙和异黄酮，是重要的生物活性物质。皂甙在体内可起抗癌变、抗氧化，增强机体免疫调节作用，黄酮类化合物同样可起抗肿瘤、抗癌症作用，对机体心血管具有保护作用。

（二）其他豆类的营养价值

其他豆类含蛋白质约为20%，脂肪含量极少，碳水化合物含量占50% ~60%，其他营养素近似大豆。

（三）豆制品的营养价值

豆制品主要是以大豆为原料加工制成的各类副食品，同时也包括以其他豆类为原料加工而来的制品，主要有豆腐及其制品、豆浆、豆芽，以及经发酵制成的腐乳、豆豉等。豆制品除去了大豆内的有害成分，使大豆蛋白质消化率增加，从而提高了大豆的营养价值。

豆腐蛋白质含量在8%左右，其制品蛋白质含量可达17% ~45%，同时在加工过程中加入卤盐，所含钙、磷等无机盐含量增加，是人体获得钙的良好来源。

豆浆蛋白质含量近似于牛奶，必需氨基酸种类较齐全，但蛋氨酸含量偏低。豆浆中铁含量较高，是牛奶的4倍。

大豆蛋白在发芽过程中分解成氨基酸或多肽，同时破坏了抗胰蛋白酶因子，提高了蛋白质的生物利用率。豆类淀粉在发芽后转化为单糖和低聚糖，使糖更易于消化吸收。发芽过程中，由于酶的作用，使无机盐和维生素含量倍增，尤其是维生素C，发芽前含量几乎为零，发芽后可达6% ~8%。所以在蔬菜淡季，豆芽可作为维生素C的重要来源。

发酵类豆制品经过发酵处理后维生素和某些氨基酸含量增加，同时又带来了不同的风味，满足了人们的口感需求。例如，豆豉具有软化血管的作用，豆豉中还含有大豆低聚糖，可以改善人们的消化功能，提高机体免疫功能，降低肠道有毒物质的产生，预防肠道肿瘤的发生。蛋白黑素是黑色豆豉、酱油等在发酵过程中产生的一种褐色物质，是一种水溶性的大分子物质，它有类似膳食纤维的功能，并有较强的抗氧化功能，对致癌物亚硝胺在胃内的合成有很强的抑制作用。

二、加工、烹调及储存对豆类营养价值的影响

大豆中具有一些抗营养素因子，经过加工处理后可提高豆类的营养价值。

大豆中含有丰富的蛋白质，但其吸收率只有65.3%，这是因为大豆蛋白被细胞壁所包裹，影响蛋白质的消化，同时大豆中含蛋白酶抑制剂，对胰蛋白酶活性有部分抑制作用。当大豆经过加工后可去除这2个不利因素，提高蛋白质的利用率。如大豆经过加工成豆腐后消化率为92% ~96%，提高了大豆的营养价值。大豆经发酵后蛋白质因部分分解而易于消化吸收，某些营养素的含量会增加，故使营养价值提高。生大豆中含有抗胰蛋白酶因子，能抑制胰蛋白酶的消化利用，还有血细胞凝集素，致甲状腺肿因子及皂角素等有害物质，只有在加热煮熟后才能

使其受到破坏。

第四节 蔬菜的营养价值

蔬菜（vegetables）是我国居民膳食的重要组成部分，占食物构成的构成比例为33.7%，是人类摄取维生素、矿物质、膳食纤维等营养物质的重要来源。蔬菜还含有植物化学物质能调节机体的生理功能，提高免疫力和促进健康的作用，具有重要的营养价值。

蔬菜按照其可食物部分和结构可分为叶菜类、根茎类、瓜茄类、鲜豆类和菌藻类。如白菜、油菜、菠菜、韭菜等属于叶菜类；胡萝卜、藕、山药、芋艿、茭白、马铃薯等属于根茎类；黄瓜、南瓜、冬瓜、番茄、辣椒等属于瓜茄类；毛豆、扁豆、四季豆等属于鲜豆类；蘑菇、香菇、木耳、海带、发菜、紫菜等属于菌藻类。

一、蔬菜的营养成分

（一）碳水化合物

蔬菜中所含碳水化合物的种类和数量，因蔬菜种类和品种不同而有很大的差异，主要包括淀粉、纤维素、半纤维素和果胶等。大部分蔬菜碳水化合物的含量较低，仅为2%～6%，根茎类的蔬菜碳水化合物含量较高，且主要为淀粉，如马铃薯中碳水化合物含量为16.5%，藕为15.2%，成为某些地区膳食能量的重要来源。

纤维素、半纤维素等膳食纤维在鲜豆类和叶菜类等蔬菜中含量较高，如毛豆和竹笋等。由于纤维素能加速胆固醇降解为胆酸，具有降低血清胆固醇含量的作用，在现代人们食物摄入过于精细的饮食结构中，多摄入蔬菜中的膳食纤维具有重要的意义。

（二）维生素

蔬菜含有人体所需要的各种维生素，尤其含有丰富的VC、胡萝卜素、VB_1和叶酸。VC在代谢旺盛的叶、茎、花内含量丰富，深绿色的蔬菜VC含量比浅色蔬菜高，叶菜中比瓜果中要高，如菜花、苦瓜、辣椒等VC含量较高。胡萝卜素在绿色、黄色和红色蔬菜中较高，如胡萝卜、菠菜、韭菜、南瓜等蔬菜。绿叶蔬菜、花类蔬菜和豆类蔬菜是VB_2的重要来源，如油菜、蕹菜、菠菜、荠菜、四季豆、毛豆等。菌藻类蔬菜核黄素、尼克酸和泛酸等B族维生素含量较高。

（三）矿物质

蔬菜含有大量的无机盐，如钙、磷、铁、钾、钠、镁、铜等，以钾的含量为最高，是膳食中无机盐的重要来源，对维持机体酸碱平衡起重要作用。绿叶蔬菜一般含钙在100 mg/100 g以上，含铁1 ~2 mg/100 g。含锌丰富的蔬菜主要有扁豆、茄子、大白菜、南瓜等，含硒丰富的蔬菜主要有大蒜、胡萝卜、洋葱等。

（四）蛋白质

鲜豆类、菌藻类等蔬菜中蛋白质含量较高，其他蔬菜中蛋白质含量较少。如鲜豆类蛋白质含量在2% ~14%，平均含量为4%。蘑菇、香菇、发菜等蛋白质含量在20%以上，且必需氨基酸含量占蛋白质总量的60%以上。

（五）芳香物质（aromatic compounds）、色素（pigment）和其他成分

蔬菜中常含有各种芳香物质，使蔬菜具有特殊的味道，促进食欲。蔬菜中的芳香物质为油状挥发性物质，称精油。如葱蒜类含有硫化物、萝卜含有异硫氰酸酯、芹菜含有数十种挥发性成分。研究发现，大多数的挥发性物质具有杀菌、抗癌、提高免疫力等作用。蔬菜所含的色素主要是叶绿素、多烯色素、花青素类等，使蔬菜呈现出不同的颜色。此外，蔬菜中还含有一些酶类和具有特殊功能的生理活性成分，可帮助消化、促进胃肠蠕动，以及在防癌抗癌方面具有一定功能。

二、加工、烹调和储存对蔬菜营养价值的影响

蔬菜所含的维生素和矿物质易溶于水，易先洗后切，以减少蔬菜与水和空气的接触，避免损失。同时避免将蔬菜长时间浸泡在水中。同时蔬菜不宜长时间放置及暴露在阳光下，以减少营养素的丢失。保存时宜低温储藏。一般蔬菜均含有草酸，可影响口感且不利于钙、铁的吸收，因此烹制含草酸多的蔬菜时可先用开水烫漂后再进一步加工。烹调时水溶性维生素易丢失和破坏，高温、pH 值升高使 B 族维生素和维生素 C 将大量破坏。故蔬菜烹调时建议急火快炒，能生食的尽量生吃。蔬菜可经加工可制成干品或罐头，此时最易受损的是维生素和无机盐，尤其是维生素 C。

蔬菜在食用时要注意食品卫生，如青番茄、发芽和发绿的土豆含有龙葵素，是一种可溶于水的生物碱，具有溶血作用，对人体有毒不可食用。新鲜的黄花菜含有秋水仙碱，摄入人体后会被氧化成二秋水仙碱，有剧毒，不可食用。色彩鲜艳的菌类一般有毒，不能食用。四季豆由于含有皂甙和豆素，前者会刺激消化道黏膜，引起充血肿胀，豆素具有凝集红细胞和溶解红细胞的作用，生食或加热不透将引起中毒。

第五节 水果的营养价值

水果（fruit）在我国居民膳食中同样具有重要地位，所占食物构成比例越为 8.4%。水果含有丰富的碳水化合物、维生素和矿物质，同时还含有各种有机酸、芳香物质和色素等，因此使水果种类繁多，风味各异。

水果可分为鲜果、干果、坚果。鲜果类种类很多，主要有苹果、橘子、桃、杏、李、梨、草莓、樱桃、猕猴桃等，水分含量较高。干果是鲜果经加工而成，如葡萄干、杏干、柿饼、蜜枣等，便于储存和运输，有一定的风味和营养价值。坚果是以种仁为食用部分，分为油脂类和淀粉类坚果。前者富含油脂，包括核桃、杏仁、松子、花生、榛子等，后者含淀粉含量高而油脂含量少，包括莲子、栗子、

银杏等。

一、水果的营养成分

（一）碳水化合物

水果中所含碳水化合物主要包括淀粉、纤维素和果胶等，苹果和梨以含果糖为主，桃、桔、李以含蔗糖为主，葡萄、草莓以葡萄糖和果糖为主，淀粉类坚果和成熟的香蕉中淀粉含量较高。水果所含的纤维素、半纤维素、木质素、果胶可促进肠道蠕动，减少胆固醇的吸收。

（二）维生素

水果含有丰富的维生素，维生素 C 在鲜枣、草莓、猕猴桃、山楂、柚子、龙眼等中含量较高。胡萝卜素在黄色和红色水果中含量较高，芒果、柑橘、杏等含胡萝卜素较多。干果经加工制成维生素损失较多，尤其是维生素 C。坚果类是维生素 E 和 B 族维生素的良好来源。

（三）矿物质

水果含有大量的无机盐，如钙、磷、铁、钾、钠、镁、铜等，尤其是钾的含量较高，是膳食中无机盐的重要来源，对维持机体酸碱平衡起重要作用。一些坚果含有较丰富的钙，如美国杏仁和榛子，大枣和山楂中铁的含量较高。干果因去除水分矿物质含量得以提高，如葡萄干中钾、钠、钙、铁、镁等含量均较高。水果中微量元素的含量与种植土壤中微量元素含量的多少以及施肥情况有关。

（四）蛋白质

坚果类是膳食蛋白质的补充来源，富含油脂的坚果中蛋白质含量多在 12% ~ 22% 之间，尤其西瓜籽和南瓜籽蛋白质含量在 30% 以上，富含淀粉的坚果中，如板栗中蛋白质的含量最低为 4% ~5% 。坚果的蛋白质生物价较低，如花生蛋白质中缺乏含硫氨基酸，核桃缺乏蛋氨酸和赖氨酸，因此需要与其他食物蛋白质进行互补以提高其生物价。鲜果和干果类蛋白质含量较低，如鸭梨中蛋白质含量仅有0.1%。

（五）脂　肪

富含油脂的坚果类是脂肪的良好来源，脂肪含量可达40%以上，澳洲坚果脂肪含量高达70%以上。坚果中的脂肪多为不饱和脂肪酸，且单不饱和脂肪酸的比例较高，同时富含必需脂肪酸，因此是优质的脂肪。由于坚果类食物所含能量较高，不宜过多摄取。

（六）芳香物质、有机酸和其他成分

水果中常含有各种芳香物质和有机酸，使水果具有特殊的香味、颜色和良好的感官性状，同时所含的一些特殊成分可赋予水果以特殊功效。

水果中的有机酸因水果种类、品种和成熟度不同而异，以苹果酸、柠檬酸、酒石酸和抗坏血酸为主，此外还有乳酸、琥珀酸等，有的水果还含有少量的草酸、水杨酸等。有机酸可促进食欲，有利于食物的消化，同时还能起还原作用，促进多种矿物质的吸收。同时有机酸可使食物保持一定酸度，对维生素C的稳定性具有保护作用。

水果中的酚类化合物可清除自由基，具有抗氧化作用，对肿瘤、心脑血管疾病的发生有预防作用。

二、加工、烹调和储存对水果营养价值的影响

水果尤其是鲜果由于含水量较高以及富含碳水化合物，容易腐败变质，因此水果不耐储存，应尽量新鲜食用，有条件的可将鲜果制成干果以利保存。油脂类坚果富含油脂容易酸败，故应储于干燥阴凉处，并尽量减少与空气与阳光的接触。

第六节 畜、禽肉类的营养价值

肉类（meat）包括畜肉（livestock）和禽肉（poultry）及其脏器，含有丰富的蛋白质、矿物质和维生素，是营养价值较高的食物，是重要的动物性食品之一。

一、肉类的营养成分

（一）蛋白质

畜肉类蛋白质含量为10%～20%，主要存在于肌肉组织中，因动物的种类、年龄、肥瘦程度以及部位而异。在畜肉中猪肉蛋白质平均含量为13.2%，牛肉为20%，羊肉介于猪肉和牛肉之间。禽肉中鸡肉的蛋白质含量较高，约为20%，其次为鹅肉和鸭肉。动物的内脏中心、肝、肾蛋白质含量较高。畜、禽肉蛋白质中必需氨基酸含量充足，在种类和比例上接近人体需要，利于消化吸收，是优质蛋白质。

畜肉和禽肉中含有能溶于水的含氮浸出物，成年动物比幼年动物多，可使肉汤具有鲜味。

（二）脂　肪

脂肪在动物体内的分布，随肥瘦程度、部位有很大差异。一般畜肉的脂肪含量为10%～36%，肥肉高达90%。畜肉中猪肉的脂肪含量最高，羊肉其次，牛肉最低，禽肉中鸡肉的脂肪含量低于鸭肉与鹅肉。畜肉类脂肪以饱和脂肪酸为主，熔点较高，主要成分为甘油三酯，少量卵磷脂、胆固醇和游离脂肪酸，胆固醇在肥肉和动物内脏中含量较高。禽肉的营养价值与畜肉相似，不同在于脂肪含量少，熔点低（20～40℃），含有较多的亚油酸，易于消化吸收，营养价值高于畜肉。

（三）碳水化合物

肉类中碳水化合物主要以糖原形式存在于肝脏和肌肉中，含量极少，同时由于动物的宰杀而发生降解。

（四）矿物质

肉类矿物质含量约为0.8%～1.2%，其中钙含量7.9 mg/100 g，含铁、磷较高，铁以血红素形式存在，易吸收，生物利用率高，是膳食铁的良好来源。动物的内脏如心、肾、肝脏以及血制品中含有多种矿物质，是锌、硒、铜及铁的良好来源。

（五）维生素

畜、禽肉中B族维生素含量较高，还含有一定量的维生素E。内脏中含有多种维生素，包括维生素A、维生素D，维生素B_1、叶酸等，尤其是肝脏中富含维生素A、核黄素、维生素D、胆碱等。

二、加工、烹调及储存对肉类营养价值的影响

普通的加工和烹调对肉类中蛋白质的影响不大，但对维生素，尤其是B族维生素的影响较大。储藏时宜低温储藏，以防食物腐败。同时肉类食物要彻底加热杀菌，否则易引起传染性疾病。

第七节　水产类的营养价值

水产类（aquaculture）食物种类很多，主要包括鱼类（fish）、虾（shrimp）、蟹（crab）、贝类（shellfish）等，是营养价值较高的一类食物。

一、水产类的营养成分

（一）蛋白质

鱼类蛋白质含量一般为15% ~25%，营养价值与畜肉、禽肉相似。氨基酸组成中，蛋氨酸、苏氨酸和赖氨酸含量较高，色氨酸偏低。鱼类肌肉纤维细短，组织细嫩，比畜肉和禽肉要易于消化吸收。虾、蟹、贝类含蛋白质含量都较高，尤以贝类等软体动物含有全部的必需氨基酸，酪氨酸和色氨酸含量高于鱼肉，且含有丰富的牛磺酸，为优质蛋白。

（二）脂　肪

鱼类脂肪含量一般为1% ~3%，脂肪主要分布在皮下和内脏周围。鱼类脂肪多由不饱和脂肪酸组成，占80%，熔点低，消化吸收率达95%。鱼类脂肪中的二十碳五烯酸（EPA）和二十二碳六烯酸（DHA）具有降血脂、防止动脉粥样硬化的作用。鱼类胆固醇含量一般为100 mg/100 g，但鱼籽含量高，约为354 ~934 mg/100 g。

虾、贝类含脂肪含量较少，蟹黄含胆固醇含量较高。

（三）碳水化合物

碳水化合物在鱼类中的含量很低，除了以糖原形式存在，有些鱼类还含有黏多糖，具有抗癌的功效。

（四）矿物质

鱼类矿物质含量为1% ~2%，稍高于肉类，磷、钙、钠、钾、镁、氯丰富，是钙的良好来源。虾皮中含钙量很高，为991 mg/100 g，海产品还含有丰富的碘。软体动物中含有丰富的硒、锌、铜、锰、镍等。

（五）维生素

鱼类同样是B族维生素的良好来源，鱼油、鱼肝油和肝脏是维生素A和维生素D的重要来源。

二、加工、烹调及储存对水产类营养价值的影响

水产类含蛋白质和水分较多，较禽畜类更易腐败，当组氨酸转变为组胺时摄入人体易引起中毒，因此水产类宜低温储藏。水产类食物宜彻底加热杀菌后食用，因为鱼体内存在各种菌类和寄生虫，生吃容易感染寄生虫，发生胆囊炎、肝肿大、溶血等症状。有些水产类自身含有极强的毒素，如河豚鱼含有河豚毒素，稍有不慎即会中毒，因此要慎吃河豚鱼。

第八节 奶类及奶制品的营养价值

奶类（milk）是营养成分齐全、组成比例适宜、容易消化吸收的理想的天然食物。奶类主要提供优质蛋白质、维生素A、核黄素和钙等，能满足出生儿生长发育的全部需要，也是体弱、年老和病人的较理想食物。

一、奶类的营养成分

（一）蛋白质

奶类中蛋白质平均含量为3%，由79.6%的酪蛋白、11.5%的乳清蛋白和3.3%的乳球蛋白组成。消化吸收率高（87%～89%），生物学价值为85，必需氨基酸含量及构成与鸡蛋近似，属优质蛋白。

由于牛奶中蛋白质含量较人乳高3倍，且酪蛋白与乳清蛋白的构成比与人乳蛋白正好相反，可利用乳清蛋白改变其构成比。

（二）脂　肪

牛奶脂肪含量约为3.8%，呈较小的微粒分散于乳浆中，消化吸收率达98%。乳脂中油酸含量占30%，亚油酸和亚麻酸分别占5.3%和2.1%。奶中还含有一定量的中短链脂肪酸（4－10碳）、少量的胆固醇和卵磷脂，其中丁酸是赋予牛奶特有香气的主要成分。

（三）碳水化合物

奶中所含的碳水化合物为乳糖，牛奶中乳糖的含量为3.4%，人奶为7.4%最高。乳糖能在肠道中产生乳酸，使pH值降低，有利于对钙、磷、锌的吸收。此外，乳糖还可促进肠道乳酸菌的增殖，抑制腐败菌的繁殖生长。有的人饮用牛奶后发生腹胀、腹泻等，是因为肠道缺乏乳糖酶所致，称为乳糖不耐受症，可以改饮酸奶来解决。

（四）矿物质

牛奶中矿物质含量为0.6%～0.7%，富含钙、磷、钾。鲜牛奶含钙量较高，且利用率也很高，是天然钙质的极好来源。牛奶中铁含量很低，仅为0.3 mg/100 g，同时牛奶中还含有其他多种微量元素，如铜、锌、碘、锰等。由于牛奶中呈碱性的元素略多，故牛奶为弱碱性食物。

（五）维生素

牛奶中含维生素较多的为维生素A（24 μg/100 g），但维生素B_1和维生素C很少，每100 g分别为0.03 mg和1 mg。奶中维生素含量随季节、饲养条件等不同而有一定变化。

二、奶制品的营养成分

鲜奶经过加工，可制成许多产品，主要包括奶粉、酸奶、奶油和奶酪等。

（一）消毒鲜奶

鲜牛奶经过过滤、加热杀菌后，分装出售的饮用奶。依照加热温度的高低和加工特点，市场上的牛奶产品主要可以分成2类，即巴氏牛奶和UHT灭菌奶。

巴氏牛奶是指采用温度比较低的巴氏消毒法，巴氏消毒是一种具有古老历史的消毒方法，其特点是加热温度比较低，通常将乳加热到75～80℃温度，瞬间杀死致病微生物，保留有益菌群。优点是对营养物质的破坏少，能充分保持牛奶的营养与鲜度；缺点是保质期短，且需要冷藏。

超高温消毒牛奶是指采用温度很高的UHT消毒法，其特点是指在135～150℃的温度下，进行4～15 s的瞬间灭菌处理，在更短的时间内杀灭几乎所有（致病的和非致病的）微生物。优点是保质期长，且不需要冷藏；缺点是高温破坏了牛奶中很多的营养物质，营养价值稍逊于巴氏牛奶。

（二）奶　粉

根据食用要求分为全脂奶粉、脱脂奶粉、调制奶粉。

1. 全脂奶粉

全脂奶粉是鲜奶消毒后，除去70%～80%的水分，采用喷雾干燥法，将奶粉制成雾状微粒。生产的奶粉溶解性好，营养成分损失少，对蛋白质的性质、奶的色香味及其他营养成分影响很小。鲜奶加工成奶粉后，维生素C遭到破坏，含量极微。奶粉中的酪蛋白在加工过程中颗粒变细，较牛奶更易于消化。

2. 脱脂奶粉

脱脂奶粉生产工艺同全脂奶粉，将鲜牛奶脱去脂肪再干燥而成，脂肪可降低至1%左右外，脂溶性维生素有损失，口感略差。脱脂奶粉对于老年人、腹泻、胆囊疾患、高脂症、慢性胰腺炎等患者有一定益处。

3. 调制奶粉

该奶粉是以牛奶为基础，按照人乳组成的模式和特点，加以调制而成，使各种营养成分的含量、种类、比例接近母乳，适合于婴幼儿使用。

（三）酸 奶

酸奶是将鲜奶加热消毒后接种嗜酸乳酸菌，在30℃左右环境中培养，经4～6 h发酵制成。牛奶经发酵后游离的氨基酸和肽增加，营养丰富，更容易消化吸收，还可刺激胃酸分泌。乳酸菌在肠道繁殖，可抑制一些腐败菌的繁殖，调整肠道菌丛，防止腐败胺类对人体产生不利的影响。此外，牛奶中的乳糖已被发酵成乳酸，乳糖不耐受症的人饮用后，不会出现腹痛、腹泻的现象。酸奶中胆固醇的含量低，且发酵酸奶能降低血液中胆固醇的含量，提高机体免疫力，因此，酸奶是营养价值极高的食物，尤其适合消化道功能不良、婴幼儿和老年人食用。

（四）奶油和黄油

奶油和黄油都从牛奶中提炼而来。奶油从全脂鲜牛奶中分离而来，含20%左右的脂肪，高的可达35%～40%。除含脂肪外，还含有酪蛋白、乳糖、维生素A、维生素E等营养成分。黄油是将奶油进一步离心搅拌制得，又叫乳脂、白脱油。约含85%的脂肪，其中饱和脂肪酸为53.11%，不饱和脂肪酸为46.89%，必需脂肪酸6.9%。二者都含维生素A和维生素D，但含饱和脂肪酸和胆固醇较高，对高血脂和冠心病患者不利。

（五）干 酪

干酪俗称奶酪，是一种在牛乳或羊乳中加入适量乳酸菌和凝乳酶，使乳中的蛋白质凝固，除去乳清并经一定时间成熟而制成的乳制品。

干酪的营养价值很高，蛋白质和脂肪的含量相当于原料乳含量的10倍左右。蛋白质经过发酵后消化率为96%～98%，非常易于被人体消化吸收。干酪中钙含量增加且钙磷比例适中，易被人体吸收。干酪中水溶性维生素和脂溶性维生素含量也相当丰富，每100 g干酪中约含有维生素A1 200 IU，可满足成人需求量的30%～40%。用于干酪发酵的乳酸菌及其代谢产物有利于维持人体肠道内正常菌群的平衡和稳定，增进消化功能，防止结肠癌和直肠癌的发生。

（六）含乳饮料

是以鲜乳或乳制品为原料经发酵或未经发酵，经加工制成的制品。

1. 配制型含乳饮料

以鲜乳或乳制品为原料，加入水、糖液、酸味剂等调制而成的制品，成品中蛋白质含量不低于1%称乳饮料，蛋白质含量不低于0.7%称乳酸饮料。

2. 发酵型含乳饮料

以鲜乳或乳制品为原料，经乳酸菌类培养发酵制得的乳液中加入水、糖液等调制而成的制品，成品蛋白质含量不低于1%称乳酸菌乳饮料，蛋白质含量不低于0.7%称乳酸菌饮料。

含乳饮品通常是加水制成，除了鲜牛奶以外，一般还有水、甜味剂、果味剂等，营养价值不能与纯牛奶相提并论。

三、加工、烹调及储存对奶类营养价值的影响

鲜牛奶中的维生素 B_2 和维生素 C 受到日光照射会很快分解，因此存放牛奶最好用有色或不透光的容器，并存放于阴凉处。

不建议空腹饮用牛奶，空腹时胃肠蠕动快，牛奶中的营养物质来不及吸收就很快进入大肠。饮用牛奶时不宜与含草酸丰富的食物同时服用，以免生成草酸钙影响吸收。同时不宜与药物同时服用，以免影响药物的吸收。

由于酸奶中的双歧杆菌具有不耐酸和不耐热的性质，因此酸奶不宜空腹和加热饮用。

第九节　蛋类的营养价值

我国居民食物中常见的蛋类（eggs）有鸡、鸭、鹅和鹌鹑蛋等。其中产量最大，食用最普遍的是鸡蛋。蛋类在我国居民膳食中主要提供高营养价值的蛋白质。

一、蛋的结构

各种禽蛋的结构都很相似。主要由蛋壳、蛋清、蛋黄 3 部分组成。以鸡蛋为例，每只蛋平均重约 50 g，蛋壳重量占全部的 11%，其主要成分是 96% 碳酸钙，其余为碳酸镁和蛋白质。蛋壳表面布满直径约 15 ~ 65 μm 的角质膜，在蛋的钝端角质膜分离成一气室。蛋壳的颜色和深度因鸡的品种而异，与蛋的营养价值无关。蛋清包括 2 部分，外层为中等黏度的稀蛋清，内层包围在蛋黄周围的为角质冻样的稠蛋清。蛋黄表面包有蛋黄膜，有 2 条韧带将蛋黄固定在蛋的中央。

二、蛋及蛋制品的营养价值

（一）蛋的组成成分及营养价值

蛋清和蛋黄分别约占总可食部的 2/3 和 1/3。蛋类含蛋白质约为 12.8%，蛋黄中蛋白主要由卵黄磷蛋白和卵黄球蛋白组成。蛋黄比蛋清含有较多的营养成分，钙、磷和铁等无机盐多集中于蛋黄中。蛋黄还含有较多的维生素 A、维生素 D、维生素 B_1 和维生素 B_2。维生素 D 的含量随季节、饲料组成和鸡受光照的时间不同而有一定变化。蛋黄中含磷脂较多，胆固醇含量也较高。脂肪分散成小颗粒，易消化吸收。蛋类的铁含量较多，但因有卵黄高磷蛋白的干扰，其吸收率只有 3%。

蛋清中蛋白质由卵白蛋白、卵球蛋白组成，不但含有人体所需要的必需氨基酸，且氨基酸组成与人体组成模式接近，生物学价值达 95 以上。全蛋蛋白质几乎能被人体完全吸收利用，是食物中最理想的优质蛋白质。在进行各种食物蛋白质的营养质量评价时，常以全蛋蛋白质作为参考蛋白。

（二）蛋制品的组成成分及营养价值

蛋类制品由于加工的关系，往往 B 族维生素遭到较大破坏，但维生素 A、维生素 D 保存尚好，无机盐含量增加。如松花蛋中氨基酸的含量比鲜鸭蛋高 11 倍，而且氨基酸的种类也比鲜鸭蛋多。矿物质含量较鸭蛋明显增加，脂肪含量有所降低，总热量也稍有下降。蛋白质分解的最终产物氨和硫化氢使松花蛋具有独特风味，能刺激消化器官，增进食欲，易于消化吸收。

三、加工、烹调及储存对蛋及蛋制品营养价值的影响

生蛋清中含有抗生物素和抗胰蛋白酶，前者妨碍生物素的吸收，后者抑制胰蛋白酶的活力。当蛋煮熟时，抗生物素和抗胰蛋白酶，即被破坏。同时生蛋有可能被沙门氏菌污染，易致病，烹调后可杀死致病菌。故蛋不能生吃，未煮熟的蛋不宜吃。蛋类胆固醇含量较高，大量食用会引起高脂血症，故每天摄入1～2个鸡蛋比较适宜。

本章小结：

本章主要对常见食物进行介绍，包括谷类、豆类、蔬菜和水果类、肉类及水产品类、奶及奶制品类、蛋类等食物，旨在为合理选择、搭配食物提供参考依据。

1. 谷类主要营养成分为淀粉，是膳食中能量的主要来源。蛋白质营养价值不高，常采用氨基酸强化和蛋白质互补的方法来提高谷类蛋白质的营养价值。谷类含脂肪含量低，矿物质消化吸收较差。谷类是B族维生素的重要来源，加工烹调时要减少对其的损失。

2. 豆类是膳食中优质蛋白质的重要来源。大豆中的蛋白质是植物性食品中含量最高的，且是优质蛋白，是与谷类蛋白质互补的天然理想食品。大豆脂肪中不饱和脂肪酸含量高，具有较很高的营养价值。

3. 蔬菜和水果类含有丰富的碳水化合物、维生素和矿物质，同时还含有各种有机酸、芳香物质和色素等。同时还含有一些酶类、杀菌物质和具有特殊生理活性物质。

4. 畜、禽、鱼类可提供优质蛋白，同时可提供矿物质和维生素，食用价值较高。

5. 奶及奶制品奶类制品是营养成分齐全、组成比例适宜、易于消化吸收、营养价值高的天然食品，主要提供优质蛋白质、VA、VB_2和钙。

6. 蛋类是营养价值极高的食物，是食物中最理想的优质蛋白质来源。同时，

蛋类含胆固醇含量较高，故每日摄入1～2个鸡蛋比较适宜。

思考题：

1. 试述谷类食物的营养价值。
2. 试述在加工或烹调过程中如何提高大豆食物的利用率？
3. 试比较肉类和大豆类食物蛋白质的营养价值。
4. 蔬菜、水果在加工、烹调时有哪些注意事项？
5. 试述蛋类和奶类的营养价值。

参考文献：

[1]郭红卫．医学营养学．(第二版)[M]．上海:复旦大学出版社,2009.
[2]中国营养学会．中国居民膳食指南[M]．拉萨:西藏人民出版社,2008.

（左　群）

第九章 食品安全与管理

提 要 食品安全是保障人类健康的基本因素。而对于运动员来说，食物是支撑他们取得优异成绩的砝码，误服有毒或污染的食物，可能导致无法参加比赛甚至被禁赛，因此了解掌握相关的食品安全知识尤为重要。本章主要介绍食品安全的影响因素和食源性疾病；食品安全的监督管理；食品安全的自我保护。

“民以食为天，食以安为先。”自古以来，食品就是人类生存和发展的基本需求之一，它是指各种供人食用或者饮用的成品和原料以及按照传统既是食品又是药品的物品（但是不包括以治疗为目的的物品），与人类生活息息相关。食品不仅能够提供人体生长发育、维持生命以及进行各种活动所需的能量和营养物质，在现代社会，它还满足了人们日益增长的饮食文化和社会活动的需求。而食品安全不但关系到人民群众的健康和生命安全，同时也关系到国家和社会的团结稳定。

第一节 食品安全与食源性疾病

随着人类社会的发展和科学技术的进步，人类的食物生产与消费活动也在经历巨大的改变。食品数量和总类越来越多，人们对饮食的要求也越来越高，但是人类食物链环节的增多和食物结构复杂化、各种农药兽药及食品添加剂在食品生产中的广泛应用、各种新技术在食品工业中的渗透，使得食品的质量与安全问题日益突出，已经成为继人口、资源、环境后的第4大全球问题。

一、食品安全

谈到食品安全，实际上包含两个概念：食品数量安全（food security）和食品质量安全（food safety）。食品数量安全指的是食物，特别是粮食的供应，即是否能吃饱的问题；食品质量安全则要求食物营养卫生，对健康无害。本章讲的是后者。世界卫生组织（WHO）对食品安全的定义是：食品中有毒、有害物质对人体产生影响的公共卫生问题，也是指食品（食物）的种植、养殖、加工、包装、贮藏、运输、销售和消费等活动（即“从农场到餐桌”）符合国家强制标准和要求，不应含有可能导致消费者急性或慢性毒害或感染疾病，或产生危及消费者及其后代健康的隐患，损害或威胁人体健康的有毒有害物质或因素。2009 年我国新修订的《中华人民共和国食品安全法》中，食品安全指食品无毒、无害，符合应当有的营养要求，对人体健康不造成任何急性、亚急性或者慢性危害。

1. 生物性污染

生物性污染包括微生物、寄生虫和昆虫污染。微生物污染是影响食品卫生和安全最主要的因素，主要有细菌与细菌毒素、真菌与真菌毒素以及病毒等污染，其中细菌、真菌及其毒素对食品污染是最常见也是最严重的。寄生虫和虫卵主要由病人、病畜的粪便通过水或土壤直接或间接污染食品，而昆虫污染主要有苍蝇、蛆、螨类以及蛾类等。

2. 农业种植业和养殖业的源头污染

在农业种植和养殖过程中，为了提高产量或减少农畜产品的发病率以及提高饲料利用率等，化肥、农药、兽药、激素、抗生素等农用化学品的滥用和残留从源头上给食品安全带来了极大的隐患。为了农业高产，我国耕地化肥平均施用量是国际化肥安全施用上限的 1.93 倍，耕地农药残留率高达 60% ~70%。滥用化肥、农药，特别是高毒农药，违法使用瘦肉精等饲料添加剂，不仅造成农产品残留超标，直接污染食品，还可能致使人兽共患疾病的增加，甚至通过食物链逐级聚集在人体中，发生中毒反应，最终危害人类健康。

3. 环境污染物

（1）工业、交通、城市排污，造成的有毒金属和有机物污染环境，转而污染食品，如二噁英、多氯联苯、铅、砷、镉、汞等。2012 年湖南万吨大米被查出镉超过国家标准 2 倍。金属镉为强致癌物质，植物吸收了土壤中的镉，从而使农作物中镉含量增高。

（2）来自放射性物质及意外事故对食品的污染。如核电站排放的放射性物质，虽然其极微量的浓度几乎检测不出，但是核电站的污排水排放量巨大，经水生生物的生物链被成千上万倍浓缩，成为水产食品放射性物质污染的一个来源。另外，工农业、医学和科研也会向外界环境排放一定量的放射性物质，如用于农作物的磷肥含铀等放射性元素。

4. 食品加工、包装、运输、贮藏及销售过程中的污染

如所生产的农产品、畜禽产品和水产品不经必要的处理直接上市或用作食品生产原料；腌制、烟熏类食物产生的多环芳烃、丙烯酰胺、亚硝胺等致癌物；包装材料、食品包装等接触食物时有害物质融入食品中；液体食品容器中有异物，未经严格消毒和长期积压的一次性食品容器或包装材料产品的微生物学指标易超标；食品贮存过程中产生的过氧化物、醛或酮化合物等；食品运输销售过程中的灰尘。

5. 食品企业违法生产、加工食品

少数食品生产制造商为了降低生产成本，牟取暴利，往往使用劣质原材料加工或者添加违禁用品，对食品安全构成极大的威胁。我国食品安全性事件有别于国外的明显特征则是食品造假，违法经营等，如 2008 年“三聚氰胺”奶粉事件。长期食用含有这些劣质产品或非法、超标使用添加剂的食品都能对人体造成不同程度的危害。

二、食源性疾病

食源性疾病（foodborne disease）是指通过摄入食物而进入人体的有毒有害物质（包括生物性病原体）等致病因子所造成的疾病。一般可分为中毒性和感染性，包括常见的食物中毒、经食物而感染的肠道传染病、人畜共患传染病、食物过敏、

食源性寄生虫病等。根据WHO的定义，食源性疾病主要包括3个基本要素：食物是携带和传播病原物质的媒介；食物中所含的各种致病因子是导致人体罹患疾病的病原物质；临床特征为急性中毒或急性感染。

人们通常更关注不法商贩违法使用或添加一些违禁物品，却忽略了食物本身所含的致病因子。食源性疾病的发病率居各类疾病总发病率的前列，是一个巨大并且在不断扩大的世界性公共卫生问题。食源性疾病最常见的临床表现为胃肠道症状，然而此种疾病还可能引发神经科、妇科、免疫等其他临床表现，更有严重者摄食受污染的食品后会造成全身多器官衰竭，甚至引发癌症，从而造成残疾和死亡。1985年美国一家乳品厂的牛奶被鼠伤寒沙门菌污染，造成17万人中毒；1991年上海发生甲型肝炎病毒污染毛蚶食物中毒波及30万人。因食物污染而导致的疾病是当今世界最普遍的健康问题，也是我国头号食品安全问题。

下面我们简单介绍几种常见的食源性疾病。

（一）食物中毒

食物中毒（food poisoning）是食源性疾病中最常见的一种，是指食用被生物性或化学性毒物污染的食物，或误食本身有毒的食物引起非传染性的急性、亚急性疾病。可分为细菌性食物中毒、真菌毒素中毒、动物性食物中毒、植物性食物中毒、化学性食物中毒。中毒患者会出现恶心、呕吐、腹泻，中上腹部疼痛，常会因呕吐腹泻而出现脱水症状，如口干、眼窝下陷、皮肤弹性消失、肢体冰凉、脉搏细弱、血压降低，甚至休克等。

1. 食物中毒发病特点

（1）发病潜伏期短，来势急剧，呈爆发性，短时间内可能会有多人发病，发病曲线呈突然上升又下降的趋势。

（2）发生一般与摄取某种食物有关。病人有食用同一污染或有毒食物史，流行波及范围与污染或有毒食物供应范围一致，若停止该食物供应，流行即终止。

（3）中毒病人的临床表现基本相似，以恶心、呕吐、腹痛、腹泻等胃肠道症状为主。

（4）一般无人与人之间的直接传染。

2. 食物中毒的分类

(1) 细菌性食物中毒

细菌性食物中毒是最常见的食物中毒，一般是指因摄入被致病细菌或其毒素污染的食品而引起的中毒。细菌性食物中毒全年均可发生，但多发生在气候炎热的季节，5~10月居多，主要是由于气温高，适合细菌的生长繁殖，而这时人体肠道的防御机能下降，易感性增强。细菌性食物中毒一般发病率高，病死率较低，恢复快、愈后良好，但有些致病菌如李斯特菌等的致死率较高。

造成细菌性食物中毒的原因有：畜、禽在生前或宰后以及食品在运输、销售等过程中受致病菌的污染；在加工过程中的污染如食物未煮熟或熟后被其他带菌的加工工具或食品从业人员污染；贮藏方式不当导致致病菌大量生长繁殖。

动物性食品是引起细菌性食物中毒的主要食品，其中肉类禽蛋类易感染沙门氏菌，海产品如鱼、贝类等易感染副溶血性弧菌。而植物性食物如米饭、米糕等易引起金黄色葡萄球菌、蜡样芽孢杆菌食物中毒。

(2) 真菌及其毒素食物中毒

真菌及其毒素中毒指摄入被真菌及其毒素污染的食物而引起的食物中毒。用一般的烹调方式加热处理不能破坏食品中的真菌毒素。此类中毒没有传染性，发病率和死亡率都较高，真菌生长繁殖及产生毒素需要一定的温度和湿度，所以发病有明显的发病季节性和地区性。如赤霉病麦中毒多发生淮河和长江中下游一带，霉变甘蔗中毒发生在我国2~3月份初春的北方。

(3) 动物性食物中毒

动物性食物中毒指食用本身含有有毒成分的动物及其组织而引起的中毒。发病率和致死率都较高。引起动物性食物中毒的食品分为2种：(1) 动物体内天然含有有毒成分的食品，比如野生的河豚、贝类等，这类食物中毒多发生在我国沿海地区，有明显的季节性，例如河豚中毒多发生在春季，而夏季赤潮高发期某些赤潮生物分泌赤潮毒素，污染鱼、贝类等生物，生物毒素可在这些生物体内蓄积，尤其是摄食漂浮植物的贝类更能积聚赤潮毒素。(2) 在一定条件下如贮存不当产生大量有毒成分的动物性食品，例如鱼体不新鲜或腐败时会产生大量的组胺。

（4）植物性食物中毒

植物性食物中毒指食用本身含有有毒成分或由于烹调加工方法不正确，没有去除毒素的植物食品而引起的食物中毒。常见的有毒蕈中毒，也就是误食毒蘑菇中毒；含氰苷类食物中毒比如食用苦杏仁、木薯等；没有煮熟的四季豆里含有皂素等有毒成分；没有用开水焯之前的鲜黄花菜中含有类秋水仙碱。植物中的有毒物质多种多样，毒性强弱差别比较大，中毒后的表现轻重不一，除急性胃肠道症状以外，神经系统症状也较为常见，抢救不及时可引起死亡。

（5）化学性中毒

化学性中毒指使用含有化学性有毒物质的食品引起的食物中毒。化学性食物中毒的发生有以下几种情况：食用了被有毒有害化学物污染的食品，如有机磷农药、含砷农药污染的食物；误将化学毒物认为是食品级食品添加剂，如亚硝酸盐作为食用盐使用、砒霜（三氧化二砷）当成食用碱；添加了非食品级或伪造的禁止使用的食品添加剂；超量使用食品添加剂的食品或营养素发生化学变化的食品，如油脂酸败；误用盛装有毒化学或被其污染的容器盛装食品或饮料。化学性中毒的发病率不高，但致死率高。

（二）人兽共患病

人兽共患病（zoonosis）是指人和脊椎动物之间自然感染与传染的疾病。这类疾病主要由细菌、病毒、立克次体和衣原体、真菌和寄生虫这些病原生物引起，它们既可存在动物体内，也可存在人体内。大多数的人兽共患病是由动物传染给人，人传染给动物的较少见。从古老的鼠疫、狂犬病，到近年来肆虐全球的疯牛病、口蹄疫、炭疽及禽流感等，人兽共患病的发生和流行，不仅严重危害畜牧业发展，影响畜产品的质量安全，而且直接威胁人民群众身体健康和安全。

1. 人兽共患病的特征

（1）病原体。人兽共患病大多有特异的病原体，有些病原体至今仍不明确，而同时又不断有新的病原体被发现。

（2）潜伏期和特征性临症。各个疫病的潜伏期不一样，如炭疽的潜伏期为数小时至数日，人的艾滋病则为数年。

（3）传染性和流行性。人和动物感染病原体后可以通过多种途径传播，如粪便、尿液、唾液、乳汁及鼻腔、生殖器或溃疡分泌物中携带病原体排至体外后，通过一定的媒介进入易感人群和动物体内。条件适宜时，会造成蔓延流行，可能在短时间内爆发。

（4）免疫性。人兽共患病痊愈后大多可获得对病原体的特异性细胞免疫及体液免疫，再遇该病原体侵入时，可获得免疫保护而不再被感染。

2. 人兽共患病日益严重的原因

（1）人口的剧增为传染病的流行提供了条件。人类居住和生活领域的扩大，使野生动物与人类的地理距离缩小到能互相传播疾病的范围。

（2）现代化工业饲养使人类与家畜密切接触以及食用野生动物或患病、带有病毒病菌的动物。人们口中的美食如蛙、鸟、蛇、狗、穿山甲等野生动物普遍存在各种寄生虫，如弓形虫、肺吸虫、绦虫、旋毛虫等。旋毛虫囊可抵抗 -15℃低温，熏烤、腌制、曝晒、烧炒、煮沸等加工方法都不能将其杀死。

（3）发达的交通和国际交往，使多种动物及其产品交易增加，加快了人兽共患病的流行频率，扩大了其传染范围。

（4）滥用抗生素致使各种致病微生物产生耐药性及发生变异，促使疾病更容易流行。

（三）食物过敏

食物过敏（food allergy），也称为食物的超敏反应，是一种免疫疾病。已知的过敏原一般为蛋白质或含糖蛋白，分子量为 10～60 kDa，对大部分人无害，但患者一旦接触这些物质，体内就会产生免疫球蛋白 E（IgE）的特殊抗体，并与致敏物质发生反应，刺激人体释放引发各种症状的化学物质。

引起食物过敏的食物常见的有 8 类：牛乳及乳制品；蛋及其制品；花生及其制品；豆类及其制品；小麦、燕麦等谷物及其制品；鱼类及其制品；甲壳类及其制品；坚果类及其制品。

食物的过敏症状一般会在食用过敏食物后几分钟至一小时出现（急性反应）或在数小时至一两天左右出现（慢性反应）。过敏反应的特定症状和严重程度与摄入的过敏原量以及过敏者的敏感性有关。食物过敏者通常会出现皮肤（发痒、肿胀）、胃肠道（腹痛、恶心、呕吐）、呼吸道（鼻喉发痒肿胀）以及心血管症状

（心律不齐、血压降低、昏厥甚至死亡）。

第二节　食品安全监督与管理

近几年的“瘦肉精”“苏丹红”“禽流感”等重大食品安全事件的出现，将中国的食品安全推向了风口浪尖，对人们的食品消费和健康安全造成了极大的影响。保障食品安全需要全社会的共同努力：政府部门负责监督管理，防止各类不安全食品进入市场消费；食品企业需要加强自身管理，承担生产安全食品最基本的义务，提高食品安全知识水平，加强守法意识，从源头上杜绝安全隐患。

一、国外食品安全监督管理

（一）美　国

由于美国市场经济发展较成熟，食品安全监管体系形成历史较悠久，相关的法律体系、标准体系、监管模式都比较完善。美国食品安全监管体制主要由农业部食品安全检验局（Food Safety and Inspection Service，FSIS）、卫生和人类服务部的食品和药品管理局（Food and Drug Administration，FDA）、国家环境保护署（Environmental Protection Agency，EPA）这 3 个核心机构集中主要的食品安全监管权，承担主要监管职责。除此之外还有美国疾病预防控制中心、商业部国家海事渔业局、动植物健康检验局等至少 12 个部门在监测、预防、研究等协助共同监管食品安全。美国有关食品安全的法律法规包括《联邦食品、药物和化妆品法》《食品质量保护法》和《公共卫生服务法》等综合性法规，以及《联邦肉类检查法》等具体的法律。这些法律法规覆盖了所有食品，为食品安全制定了具体的标准以及完善的监管程序。

美国非常注重食品安全从源头抓起，即从农田到餐桌，各个环节都有相关政府部门管理，分工明确，责任落实；并且食品的生产、加工、销售过程均立法，规范生产要求，执行如加工良好生产规范（Good Manufacturing Practice，GMP），危害分析与关键控制点（Hazard Analysis Critical Control Point，HACCP）等程序化质量管理；产品都具有详细的质量信息，让消费者更多地了解产品，提高安全防范；强化市场调节及政府监管相结合；有不合格产品的召回制度，以确保消费者的食用安全。2011 年 1 月 4 日，美国总统奥巴马签署了《FDA 食品安全现代化法》。该法对 1938 年通过的《联邦食品、药品及化妆品法》进行了大规模修订，可以说是过去 70 多年来美国在食品安全监管体系领域改革力度最大的一次。此次修法的重中之重旨在授予美国负责大部分食品与药品安全监管机构——FDA 以更大的监管权力，也使得美国食品安全体系得到了更好地完善。

（二）欧　盟

欧盟对食品安全的监管实行集中管理模式，由独立的机构对食品安全问题进行统一监管，将决策部门和管理、风险分析部门相分离。欧盟于 2000 年 1 月 12 日发表了《食品安全白皮书》，加强对食品从“农田”到“餐桌”上的监管。继《白皮书》后，2002 年 1 月 28 日欧盟通过《178/2002 号条例》，它确定了食品法规的一般原则和要求，建立欧盟食品安全局（European Food Safety Authority，EFSA）。EFSA 的主要任务是开展风险评估，独立地对食品安全事件提出科学意见，它的宗旨是要保持食品安全相关信息的公开与透明，最大限度地减少食品安全问题可能带来的隐患。除了欧盟层面的监管机构以外，各成员国也设有本国的食品安全监管机构。

二、我国食品监督与管理

我国在理论上对食品安全监管体制的研究起步比较晚，在实践中我国食品安全监管体制与发达国家有着较大的差距，目前我国的食品安全监管体制尚处于建设初期，但基本体系已经形成。

中国食品安全监管主体主要由中央机构及地方机构组成。中央一级食品安全监管机构有：国家食品安全委员会（国务院设立）、国家市场监督管理总局、国家工商行政管理总局、食品与药品监督管理局、商务部、农业农村部、国家环保总局、卫生部等。以上机构（部、局）都各自独立、自成体系，有的行政部门在省、市、县都设有相应的延伸机构，构成中国食品安全监管行政体系。我国食品安全监管运行的特点是“全国统一领导，地方政府负责，部门指导协调，各方联合行动”。

目前，我国确定颁布了《中华人民共和国食品安全法》《中华人民共和国产品质量法》《中华人民共和国农业法》《中华人民共和国标准化法》《中华人民共和国农产品质量安全法》等法律以及相关涉及食品质量与安全要求的管理办法和技术法规，各省及地方政府也确定了关于食品质量安全的规章，可以说已经初步形成了一个由国家、行业、地方和部门制定颁发的食品安全法律法规及规章制度体系。完善的法律体系是政府管理、企业生产以及消费者的自我保护准绳，能够更好地推动食品安全，提高食品质量，保证人民健康，增加国际贸易的竞争力。

（一）《中华人民共和国食品安全法》

2009 年 2 月 28 日，第十一届全国人大常委会第七次会议高票通过了《中华人民共和国食品安全法》，于 2009 年 6 月 1 日起实施，现行《食品卫生法》同时废止。这部法律是我国食品安全法律法规中最重要的成员，包括总则、食品安全风险监测和评估、食品安全标准、食品生产经营、食品检验、食品进出口、食品安全事故处置、监督管理、法律责任、附则等共十章 104 条。从“卫生”到“安全”，这部立法是我国食品安全监管的一个里程碑，标志着我国的食品卫生事业进入了法治化轨道。它构建了食品安全新的保障体系如建立并完善了食品安全法律体系，建立了统一协调的监管体系，完善了食品安全应急处理机制，制定了统一的食品标准等。食品卫生法关注食品的卫生，而食品安全关注食物内在的影响，并且还引入了国际食品安全理念和管理制度例如食品安全风险评估和监测制度、召回制度等。

然而它是在一系列重大食品安全事故下催生的，还存在着许多缺陷，很多责任并没有得到落实，2013 年 10 月 29 日，国务院法制办公室就《食品安全法（修订草案送审稿）》（下称“送审稿”）向全社会公开征求意见，对 2009 年版的安全进行修订，这也意味着我国的食品安全监管在不断加强和完善。

1. 《食品安全法》的适用范围和对象

（1）食品生产加工、食品流通和餐饮服务。

（2）食品添加剂的生产经营。

（3）用于食品的包装材料、容器、洗涤剂、消毒剂和用于食品生产经营的工具、设备的生产经营。

（4）食品生产经营者使用食品添加剂、食品相关产品。

（5）对食品、食品添加剂和食品相关产品的安全管理。

2. 《食品安全法》实施意义

（1）建立新的食品安全保障体系。

（2）引入国际食品安全理念和管理制度，如召回制度、风险监测和评估制度等。

（3）从法律上聚焦食品安全现状，是食品安全的“奠基石”。

（二）食品安全标准

标准是在一定的范围内获得最佳秩序，对活动和其结果规定共同和重复使用的规则、指导原则或特性的文件，该文件经协商一致后制定并需通过一个公认机构的批准。标准应以科学、技术和经验的综合成果为基础，并以促进最大社会效益为目的。食品安全标准是判定食品是否符合安全卫生要求的重要依据，对食品安全监督管理有着重要意义，在保证人民身体健康、促进食品产业的发展、推动食品国际贸易上起到了重要作用。制定食品安全标准，应当以保障公众身体健康为宗旨，做到科学合理，安全可靠。统一的食品安全标准是食品安全监管的运作基础。

《食品安全法》公布施行前，我国有食品、食品添加剂、食品相关产品国家标准 2 000 余项，行业标准 2 900 余项，地方标准 1 200 余项，基本建立了以国家标准为核心，行业标准、地方标准和企业标准为补充的食品标准体系。《食品安全法》实施后，我国对各类、各级食品标准进行整合，使我国食品标准体系更加完备。2013 年 12 月 6 日我国卫生部又新发布了《食品添加剂标识通则》《食品用香料通则》等 75 项新食品安全国家标准。

1. 食品安全标准的主要内容

（1）食品、食品相关产品中的致病性微生物、农药残留、兽药残留、重金属、污染物质以及其他危害人体健康物质的限量规定。

（2）食品添加剂的品种、使用范围及用量。

（3）专供婴幼儿和其他特定人群的主辅食品的营养成分要求。

（4）对与食品安全、营养有关的标签、标识和说明书的要求。

（5）食品生产经营过程的卫生要求。

（6）与食品安全有关的质量要求。

（7）食品检验方法与规程。

（8）其他需要制定为食品安全标准的内容。

2. 食品安全标准的主要指标

（1）严重危害人体健康的指标：包括致病性微生物与毒素，有毒有害化学物质和放射性污染物等。

（2）反映食品可能被污染及污染程度的指标：例如大肠菌群、菌落总数等。

（3）间接反映安全质量发生变化的指标：如水分等。

（4）营养指标：能量、碳水化合物、脂肪、蛋白质和维生素等。婴幼儿和特定人群的主辅食品的营养成分要求尤为重要。

（5）商品质量指标：如乙醇和二氧化碳的含量可协助评价防腐作用等。

3. 食品安全标准的意义

食品产业是我国国民经济的重要支柱产业。食品标准是维护公众身体健康、保障食品安全的重要措施，是实现食品安全科学管理、强化各环节监管的重要基础。

（1）保证食品的实用性安全，防止食品污染和有害化学物质对人体健康的危害。

（2）是国家管理食品行业的依据。

（3）是食品企业科学管理的基础，食品企业管理离不开食品标准。

（4）我国食品标准正在与国际接轨，能够有效地避免贸易障碍，消除贸易技术壁垒，提高我国食品在国际市场上的竞争能力。

4. 国际食品安全标准

食品法典委员会（Codex Alimentarius Commission，CAC）是联合国粮农组织和世界卫生组织在1961年共同组建的专门从事食品标准化的政府间组织。截至2010年，CAC一共有包括我国在内的183家成员国，覆盖全球98%的人口。其宗旨是保护消费者健康，减少食源性疾病和促进食品贸易的公平性，建立国际标准及方法，消除贸易壁垒。CAC制定并向各成员国推荐的食品标准、农药残留限量、卫生与技术规范、准则和指南等13卷，通称为食品法典（Codex Alimentarius，Codex）。其中的一般准则提倡成员国最大限度地采纳法典标准，虽然法典中的每一项标准本身对其成员政府并不具有法律约束力，只有在成员政府正式声明采纳之后才具有法律约束力，但是CAC的标准已经成为促进国际贸易和解决贸易争端的依据，是全球消费者、食品生产和加工者、各国食品管理机构和国际食品贸易唯一且最重要的基本参照标准，同时也是WTO成员保护自身贸易利益的合法武器。

（三）食品安全质量管理

政府监管在保证食品安全中扮演着重要角色，而食品生产经营企业也是其中不可缺少的一环。《食品安全法》规定，食品生产企业应当建立健全本单位的食品安全管理制度。为了更好地适应食品工业及产业化发展，应建立和不断完善能够有效保证食品安全质量的管理体系，如GMP体系，卫生标准操作程序（Sanitation Standard Operating Procedure，SSOP）体系，HACCP体系和国际标准化组织产品质量认证体系等。食品生产企业可以综合利用这些管理体系，实施有效的食品安全质量管理。

1. GMP体系

GMP属于一般性的食品质量保证体系，是一种特别注重制造过程中产品质量和安全卫生的自主性管理制度，是为了保障食品安全和质量而制定的贯穿食品生产过程的一系列措施、方法和技术要求。它规定了食品生产过程中的每个环节实行全面质量控制的具体要求以及为保障产品质量所采取的监控措施，强调食品生产过程（包括生产环境）和储运过程的品质控制，尽量将可能发生的危害从规章制度上加以控制。

（1）我国 GMP 现状

GMP 源于美国，1963 年美国 FDA 颁布了世界第一部药品 GMP，而后在 1969 年又公布食品 GMP。20 世纪 80 年代，我国食品企业 GMP 工作逐渐开展起来，建立了食品企业卫生规范和良好生产规范，极大地提高了我国食品企业的整体水平，推动了食品工业发展。加入 WTO 后，我国积极采用国际 GMP 准则，逐步对各类的生产规范进行修订，完善我国 GMP 规范体系，与国际 GMP 接轨。

（2）推广实施 GMP 体系的意义

① GMP 要求食品企业必须具备良好的生产设备，科学合理的生产工艺，不断完善先进的检测手段，有严格的管理制度和体系。因此它有利于强化企业领导的质量安全意识，强化食品企业标准化管理，促进技术改进和更新，建立健全的企业自主性品质安全保证体系。

② 对食品生产过程监管提供法定依据，既便于食品企业执行，又有利于卫生行政部门、食品监管部门进行监督检查。

③ 有利于保障食品安全，保障消费者权利。

④ 推广和实施 GMP 在国际贸易中是必备条件，因此实施 GMP 能提高食品产品在全球贸易中的竞争力。

（3）GMP 主要内容

GMP 要求食品工厂在食品生产、包装及贮运过程中相关人员配置、建筑、设备设施等的设置以及卫生管理、制造过程的管理、产品质量的管理等均能符合良好生产规范，保证食品安全卫生和质量稳定。因此它包括食品工厂设计和设施的加工良好生产规范；食品原材料采购、运输和贮藏的良好生产规范；食品生产过程的良好操作规范；食品检验的良好生产规范；食品工厂的组织和制度；食品生产经营人员个人卫生的良好生产规范。

2. HACCP 体系

HACCP 是为保障食品安全，对食品生产过程中造成食品污染的各种危害因素进行全面系统分析，确定能有效预防和控制危害的环节，加以控制的同时进行监控，发生偏差时及时纠偏，并随时对控制方法进行矫正和补充的食品安全保障体系。简单来说就是对食品安全危害予以识别、评估和控制的系统化方法，是由企业自身通过对生产体系进行系统的分析和控制来预防食品安全问题的发生。HAC-

CP体系已成为世界性的食品质量控制管理的有效办法，是国际上公认最安全的食品卫生安全质量管理体系。

GMP是整个食品安全控制体系的基础，SSOP计划是根据GMP中有关卫生方面的要求制定的卫生控制程序，而HACCP计划则是控制食品安全的关键程序，要实行HACCP必须以GMP和SSOP为基础。如果一个企业达不到GMP法规的要求或没有制定有效的、具有可操作性的SSOP或没有有效地实施SSOP，则实施HACCP计划将成为一句空话。企业建立和实施HACCP管理体系可申请HACCP认证，经认证机构按照规定评审若符合要求，由认证机构颁发HACCP认证证书。

3. HACCP基本原理

（1）进行危害分析。这是HACCP中最重要的一环。它是指根据食品生产的流程图，确定食品生产各个阶段有关的危害及其控制措施，对危害出现的可能、分类、程度进行定性和定量评估。

（2）确定关键控制点（Critical Control Point，CCP）。关键控制点是指能进行有效控制的某一个工序、步骤或程序，且每一个CCP所产生的危害都可以被控制、防止或将之降低至可接受水平。一般根据判定树来认定CCP（图9-1）。

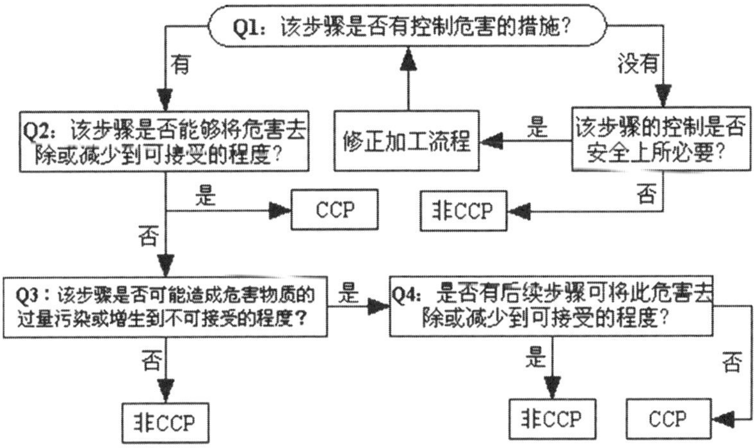

图9-1 确定关键控制点示意

（3）建立关键限值。制定为保障各关键控制点处于安全控制之下而必须达到的安全标准值。一般包括温度、时间、湿度、pH、有效氯等。

（4）建立监控体系。对 CCP 是否符合规定的限值进行有计划的测量和观察，保证 CCP 处于被控制状态。

（5）确立纠偏行为。当监控过程中发现 CCP 超出控制范围应立即采取纠偏措施。纠偏措施包括制定使 CCP 重新处于控制之中的措施和 CCP 失控时期食品的处理办法，并且要做好纠偏记录。

（6）建立验证程序。验证 HACCP 的操作程序是否正常运转，是否有效。

（7）建立 HACCP 计划档案及保管制度。建立程序的记录档案制度，将 HACCP 操作文件化，妥善保管，自生产之日起至少保存 2 年。

4. HACCP 体系实施意义

（1）有效保证食品的安全性，防止食源性疾病的发生，保护消费者健康。

（2）有利于政府监督食品生产，推动国内食品企业的整体发展和提高。

（3）促使企业节约管理成本，不断自我检查，总结提高，提高企业的质量控制意识，促进产品升级，提高食品质量。

（4）有助于提高食品企业在全球市场上的竞争力，提高食品安全信誉度，促进贸易发展。

第三节　自我保障食品安全

真正实现食品安全，需要全社会的共同努力。各级政府和有关监管部门要依法履职，做好食品安全监督工作；企业要强化食品安全第一责任人的观念，承担起保障食品安全的社会责任；消费者也要提升食品安全意识和自我保护能力。那么消费者应该如何做呢？

一、科学合理的膳食结构和饮食方式

合理营养是健康的物质基础，而平衡膳食则是合理营养的根本途径。可根据《中国居民膳食指南》（2007）版列出的10条指南和平衡膳食宝塔来科学规划饮食，避免暴饮暴食、偏食、三餐不规律饮食等不良饮食习惯。

二、正确的食物制备

正确的食物制备是预防食源性疾病的关键，因此要严格遵照WHO提出的食品安全5大要点制备食物。

（一）保持清洁

操作之前要洗手，备制食物过程中要经常洗手；便后洗手；清洗和消毒用于备制食物的设备表面；避免昆虫、害虫及其他动物进入厨房和接触食物。

（二）生熟分开

处理生食物要用专用的用具和设备，如刀具和案板；避免生熟食物相互接触，防止交叉污染；将生的肉、海产品与其他食物分开。

（三）做 熟

彻底煮熟食物，特别是肉、禽、蛋和海产品；制备汤或炖菜（煲）等要煮沸，并持续煮沸至少1 min。煮肉和禽类食物时，确保汁水是清的，肉内淡红色；熟食二次加热时，要彻底热透。

（四）保持食物的安全温度

熟食在室温下不得存放2 h以上；所有熟食和易腐食物应及时冷藏；食用前应保持食物达到足够的温度（超过60℃）；冷冻食物不要在室温下化冻，应在冰箱中或冷的环境下进行。5～60℃是食物的危险范围，微生物可以在此温度范围内迅速繁殖。要值得注意的是，冰箱设定的温度对控制有害微生物生长的效果是有限的，食物只是在有限的时间内起到保鲜作用，有些嗜冷性致病菌，如李斯特菌、椰尔森菌等在低温下仍旧具有较强的生存和繁殖能力。从保障食品安全的角度，食品冷藏（4～6℃）保存的时间不能太长，短时间不使用或含有高蛋白营养成分的动物性食品一定要冷冻（－18～20℃）保存。

（五）使用安全的水和原材料

使用安全的水或将水处理为安全级别，不要饮用自来水、河水；挑选新鲜和卫生的食品；选择经过安全加工的食品，如经过巴氏消毒的牛奶；水果和蔬菜要清洗干净，尤其是在生吃时；不要吃超过保质期的食物。

三、学会使用食品标签

食品标签是指在食品包装容器上或附于食品包装容器上的一切附签、吊牌、文字、图形和符号说明物。标签应当标明下列事项：名称、规格、净含量、生产日期；成分或者配料表；生产者的名称、地址、联系方式；贮存条件和保质期；产品标准代号；所使用的食品添加剂在国家标准中的通用名称；生产许可证编号；法律、法规或者食品安全标准规定必须标明的其他事项。进口的预包装食品应当有中文标签、中文说明书，标签、说明书应当符合我国有关法律、行政法规的规定和食品安全国家标准的要求，载明食品的原产地以及境内代理商的名称、地址、联系方式。预包装食品没有中文标签、中文说明书或者标签、说明书不符合相关规定的，不得进口。食品标签是对食品质量特性、安全特性、食用、饮用说明的描述。了解掌握关于食品标签的知识对于消费者来说能够较好地选择一些更安全健康的食品。

（一）营养标签

从食物中获得种类齐全、比例适当、数量充足的营养素，构成平衡的膳食是人类保证身体健康的重要措施之一。由于营养素摄入不足或摄入过多引起的营养性疾病很多，而食品营养标签是让消费者识别食品营养素的种类和数量以便于选择适合自己的食物的最简单、最直接获取营养知识的工具。它是食品标签的一部分，提供食品营养信息和特性的说明，包括营养成分表、营养声称和营养成分功能声称。作为引导消费和真实反映食品内在质量的重要信息来源，营养标签是人们消费食品从温饱向健康与营养发展的重要产物。我国在2011年10月12日颁发了《食品安全国家标准预包装食品营养标签通则 GB 28050—2011》，于2013年1月1日实行。

1. 营养标签的相关概念

（1）营养成分表是标有食品营养成分名称、含量和占营养素参考值（Nutrient Reference Values，NRV）百分比的规范性表格。预包装食品中能量和营养成分的含量应以每100克（g）和（或）每100毫升（mL）和（或）每份食品可食部中的具体数值来标示。当用份标示时，应标明每份食品的量。

（2）营养声称是指对食品营养特性的描述和声明，如能量水平、蛋白质含量水平，包括含量声称和比较声称。

（3）营养成分功能声称指某营养成分可以维持人体正常生长、发育和正常生理功能等作用的声称。

（4）核心营养素：为强调必须标注营养素的重要性，命名为核心营养素。我国营养标签中的核心营养素包括蛋白质、脂肪、碳水化合物和钠，是我国最具有公共卫生意义的营养素。

（5）NRV：专用于食品营养标签，用于比较食品营养成分含量的参考值，是消费者选择食品时的一种营养参照尺度。

NRV% = （X/NRV）×100%，其中X为食品中某营养素的含量。

它是依据我国居民膳食营养素推荐摄入量（Recommended Nutrient Intake，RNI）和适宜摄入量（Adequate Intakes，AI）而制定。营养素参考值不分年龄、性别、工作情况统一规定为8 400 kJ，约合2 000 kcal，是一个仅用于标签标识的非常简化的参照。对于一个体重63 kg、从事中度体力活动工作的成年男性来说，依据我国居民膳食营养素推荐摄入量其每天能量摄入应为11 300 kJ。因此，消费者需要根据自身的具体情况参照使用（表9－1）。

表9－1　规定的能量和32种营养成分参考数值

营养成分	NRV	营养成分	NRV
能量[a]	8400 kJ	叶酸	400 μg DFE
蛋白质	60 g	泛酸	5 mg
脂肪	≤60 g	生物素	30 μg
饱和脂肪酸	≤20 g	胆碱	450 mg
胆固醇	≤300 mg	钙	800 mg
碳水化合物	300 g	磷	700 mg
膳食纤维	25 g	钾	2000 mg
维生素A	800 μg RE	钠	2000 mg
维生素D	5 μg	镁	300 mg
维生素E	14 mg α-TE	铁	15 mg
维生素K	80 μg	锌	15 mg
维生素B_1	1.4 mg	碘	150 μg
维生素B_2	1.4 mg	硒	50 μg
维生素B_6	1.4 mg	铜	1.5 mg
维生素B_{12}	2.4 μg	氟	1 mg
维生素C	100 mg	锰	3 mg
烟酸	14 mg		
[a] 能量相当于2000kcal；蛋白质、脂肪、碳水化合物供能分别占总能量的13%、27%与60%。			

注：表格来自《食品安全国家标准预包装食品营养标签通则 GB 28050—2011》。

2. 营养标签上强制标识的内容

（1）所有预包装食品营养标签强制标示的内容包括能量、核心营养素的含量值及其NRV%。当标示其他成分时，应采取适当形式使能量和核心营养素的标示更加醒目。

（2）对除能量和核心营养素外的其他营养成分进行营养声称或营养成分功能声称时，在营养成分表中还应标示出该营养成分的含量及其NRV%。

（3）使用了营养强化剂的预包装食品，除（1）要求外，在营养成分表中还应标示强化后食品中该营养成分的含量值及其NRV%。

（4）食品配料含有或生产过程中使用了氢化和（或）部分氢化油脂时，在营养成分表中还应标示出反式脂肪（酸）的含量。

（5）上述未规定NRV的营养成分仅需标示含量。

3. 营养标签格式

营养成分表。

营养声称如：低脂肪××。

营养成分功能声称如：每日膳食中脂肪提供的能量比例不宜超过总能量的30%。

4. 豁免强制标示营养标签的预包装食品

下列预包装食品豁免强制标示营养标签：

——生鲜食品，如包装的生肉、生鱼、生蔬菜和水果、禽蛋等。

——乙醇含量≥0.5%的饮料酒类。

——现制现售的食品。

——包装总表面积≤100 cm^2 或最大表面面积≤20 cm^2 的食品。

——包装的饮用水。

——每日食用量≤10 g或10 mL的预包装食品。

——其他法律法规标准规定可以不标示营养标签的预包装食品。

（二）保存期和保质期

在购买食品时，标签上都会标有“保质期”，有的包装上写的是“保存期”。这2个概念很容易被搞混淆。保质期（最佳食用期）是指预包装食品在标签指明的贮存条件下保持食品质量（品质）的期限。在此期限，食品完全适于销售，并符合标签上或产品标准中所规定的质量（品质）；超过此期限，在一定时间内食品仍然是可以食用的。

而保存期（推荐的最终食用期）是指在标签上规定的条件下，食品可以食用的最终日期；超过此期限，产品质量（品质）可能发生变化，食品不再适于销售和食用。

千万不要购买超过保存期的预包装食品。虽然过了保质期的食品未必不能吃，但是仍然不建议食用过保质期的食品。

（三）食品添加剂

食品添加剂是为改善食品品质、色、香、味以及防腐、保鲜和加工工艺需要而加入食品中的人工合成或者天然物质。营养强化剂、食品用香料、胶基糖果中基础剂物质、食品工业用加工助剂也包括在内。它是作为辅助成分直接或间接成为食品成分，不影响食品的特性，不含污染物且不改善食品营养的物质。

随着食品生产日益社会化和规模化，食品添加剂已经成为食品生产不可缺少的一部分，被认为是食品生产进步的一个标志和现代食品工业发展的根本，但是它给加工食品带来营养和功能上的强化和改良作用的同时，也带来了食品安全的风险。我国的食品添加剂的使用必须符合《食品添加剂使用标准》（GB2760—2014）、《复配食品添加剂通则》（GB26687—2011）、《食品安全法》或卫生部公告名单规定的品种及其使用范围和使用量。我国的《食品安全国家标准·食品添加剂使用标准》将其分为23个功能类别：酸度调节剂（枸橼酸、苹果酸）、抗结剂、消泡剂、抗氧化剂（丁基羟基茴香醚、抗坏血酸）、漂白剂（二氧化硫、焦亚硫酸钠）、膨松剂、胶姆糖基础剂、着色剂（天然色素如甜菜红、合成色素如柠檬黄）、护色剂（硝酸钠、D－异抗坏血苏酸）、乳化剂、面粉处理剂、被膜剂、水分保持剂、营养强化剂、防腐剂（苯甲酸及其钠盐、山梨酸及其钾盐、丙酸）、稳定和凝固剂、甜味剂（安赛蜜、阿斯巴甜、糖精钠）、增稠剂、香料、酶制剂、加工助剂、增味剂（谷氨酸钠、甘氨酸）、其他。

（四）QS标志

图9－2
QS标志图

“QS”是英文“Quality Safety”（质量安全）的缩写。获得食品质量安全生产许可证的企业生产加工的食品经出厂检验合格后，在出厂销售之前，必须在最小销售单元的食品包装上标注由国家统一制定的食品质量安全生产许可证编号并加印或者加贴食品质量安全市场准入标志“QS”（图9－2）。QS标志不仅仅用于食品领域，目前，凡获得工业产品生产许可证的商品，都应加印（贴）QS标志，如化妆品等。2010年6月起QS由英文质量安全（Quality Safety）字头变更为“企业食品生产许可”的拼音“Qiyeshipin Shengchanxuke”缩写“QS”，标志的中文由“质量安全”变为“生产许可”，于2011年12月1日起实行。根据国家规定，实施食品质量安全市场准入制度的食品，出厂前必须在其包装或者标志上加印（贴）QS标志，没有QS标志的产品则不得出厂销售。标志主色调为蓝色，字母“Q”与

“生产许可”4个中文字样为蓝色；字母“S”为白色。

（五）无公害食品认证标志

无公害食品（Non - environmental Pollution Food）是指产地环境、生产过程和产品质量符合国家有关标准和规范的要求，经认证合格获得认证证书并允许使用无公害农产品标志的未经加工或者初加工的食用农产品。无公害农产品本身既是食品也是食品加工的原料，因此常把无公害农产品称为无公害食品（Nuisanceless Food）。这类产品生产过程中允许限量、限品种、限时间地使用人工合成的安全的化学农药、兽药、肥料、饲料添加剂等，它符合国家食品卫生标准，但较绿色食品标准要宽。

无公害食品的标志（图9－3）是由农业农村部和国家认监委联合制定并发布，由农业农村部农产品质量安全中心监制，是加施于获得全国统一无公害农产品认证产品或产品包装上的重要证明性标识。该标志的使用涉及政府对无公害农产品质量的保证和对生产者、经营者及消费者合法权益的维护，是国家有关部门对无公害农产品进行有效监督和管理的重要手段。

图9－3　无公害食品认证标志图

标志图案由麦穗、对号和无公害农产品字样组成，麦穗代表农产品，对勾表示合格，金色的麦穗寓意成熟和丰收，底色为绿色象征环保和安全。

无公害农产是保证人们对食品质量安全最基本的需要，是最基本的市场准入条件，普通食品都应达到这一要求。无公害农产品认证分为产地认定和产品认证，由农业部门认证，其标志的使用期为3年。

（六）绿色食品认证标志

绿色食品是遵循可持续发展原则，按照特定生产方式生产，经专门机构认定，许可使用绿色食品标志商标无污染的安全、优质、营养类食品。

我国的绿色食品分为A级和AA级2种，其中A级绿色食品生产中允许限量使用化学合成生产资料，AA级绿色食品则较为严格地要求在生产过程中不使用化学合成的肥料、农药、兽药、饲料添加剂、食品添加剂和其他有害于环境和健康的物质。按照农业农村部发布的行业标准，AA 级绿色食品等同于有机食品。从本质上讲，绿色食品是从普通食品向有机食品发展的一种过渡性产品。(图 9 -2)

绿色食品标志由 3 部分构成（图 9 -4）：上方的太阳、下方的叶片和中心的蓓蕾。标志图形为正圆形，意思为保护、安全。此外，该标志还提醒人们要保护环境和防止污染，通过改善人与环境的关系，创造自然界新的和谐。绿色食品标志、文字和使用标志的企业信息码，组成整体的绿色食品标志系列图形。企业信息码应以该企业获得的标志许可使用证书为准，其后附“经中国绿色食品发展中心许可使用绿色食品标志”的说明，并须与标志图形出现在同一视野。A 级标志为绿底白字，AA 级标志为白底绿字。消费者在选购此类食品时，应认清标志。

图 9 -4　绿色食品认证标志图

（七）有机食品认证标志

有机食品（Organic Food）是指来自有机农业生产体系，根据有机农业生产规范生产加工，并经过独立的认证机构认证的农产品及其加工产品。这里所说的“有机”不是化学上的概念——分子中含碳元素——而是指采取一种有机的耕作和加工方式。与传统农业生产方式相比，有机农业在生产中不采用基因工程获得的生物及其产物，不使用化学合成的化肥、农药、饲料添加剂等物质，遵循自然规律，调节种植业和养殖业平衡的一种可持续农业生产方式。因此，有机食品是一类真正源于自然、富营养、高品质的环保型安全食品。

中国有机产品标志主要图案由3部分组成，即外围的圆形、中间的种子图形及其周围的环形线条。标志外围的圆形形似地球，象征和谐、安全，圆形中的“中国有机产品”字样为中英文结合方式，既表示中国有机产品与世界同行，也有利于国内外消费者识别。

有机食品与其他食品主要有3方面区别。

（1）有机食品在生产加工过程中绝对禁止使用农药、化肥、激素等人工合成物质，并且不允许使用基因工程技术，其他食品则允许有限使用这些物质，并且不禁止使用基因工程技术，如绿色食品对基因工程技术和辐射技术的使用就未作规定；

（2）有机食品在土地生产转型方面有严格规定。考虑到某些物质在环境中会残留相当一段时间，土地从生产其他食品到生产有机食品和无公害食品需要2～3年的转换期，而生产绿色食品和无公害食品则没有转换期的要求；

（3）生产食品在数量上进行严格控制，要求定地块、定产量，生产其他食品没有如此严格的要求。

四、运动员避免误服含有兴奋剂的食物或保健品

兴奋剂，是指用来提高运动成绩的物质（禁止服用的药物）和方法（各种兴奋剂手段的应用），它“像奥运会一样古老，像因特网一样新潮”，包括蛋白同化制剂、肽类激素和相关物质、β2-激动剂、麻醉剂、基因兴奋剂等。近年来，运动员食用污染食品或运动补剂、保健品等而导致兴奋剂检测阳性的事件时有发生。这不仅严重地影响运动员的健康和合理的膳食营养保障，给运动员带来了巨大的伤痛，影响运动员声誉，停赛甚至禁赛，并且极大地威胁了公平竞争的竞技体育。

目前，世界反兴奋剂机构并不会就兴奋剂检测阳性事件来区分运动员是故意使用兴奋剂还是无意中食用了掺杂兴奋剂的食品或饮料。因此对于运动员自身要增强食品安全知识，谨慎对待自己的食品、饮料以及运动补剂和保健品，防止误吃或误服含有兴奋剂的食品或饮料。

运动员要遵守纪律，随队集中食宿，提高警惕，谨慎对待自己摄入的食品和饮料，尽量杜绝接触可能污染了违禁物质的食物，警惕他人陷害，不要让自己的食物或者饮料离开自己的视线。建议运动员随队集中就餐，不要随便外出就餐以及摄入来路不明或可能污染了禁用物质的食物；如需外出就餐应当选择正规的餐饮店，不在路边摊就餐。还应该尽量少吃动物肝脏，肝脏是动物机体的主要代谢器官，“瘦肉精”等禁用药物在肝脏的积蓄量高于其他组织。

另外，不要随意使用运动补剂或保健品。这些本应该有利于运动员身体健康或用于提高成绩的有益产品中可能会带有大量的违禁物质比如合成类固酮等。目前，我国约有一半的保健品质量抽检不合格，尤以针对运动员开发的抗疲劳、减肥产品问题最多。我国兴奋剂检测实验室近年来检测了1 000多种营养品，含有违禁物质的占11%以上。一些生产商违规添加药物，例如肾上腺皮质激素、咖啡因、雄性激素、食欲抑制剂等，并且未在食品标签上标明。如遇到标签上全是外文的营养品，运动员和教练不要轻易认为国外的产品就一定很安全，随意服用，一定要通过正规检验，确定里面不含有违规药物，不会对运动员的健康产生副作用，方可适量使用，但最好在国家队集中采购营养品目录内选择使用营养品。曾风靡一时的英国“Body Building”运动补剂被检测出含有超过治疗剂量的去氢甲睾酮，在促进肌肉增长，增加肌肉力量的同时，还会增加患肝癌的风险。还有些药品中含有天然药物成分如麻黄素和士的宁等IOC禁用药物，误食或误服这些也有可能造成运动员兴奋剂检测呈阳性，非常典型的药物“新康泰克”，其中含有伪麻黄碱，违法分子一度购买新康泰克来进行制毒。因此运动员在就医时一定要和医生说明情况，避免误服这些含有天然兴奋剂成分的药物。

本章小结：

1. 食品安全指食品无毒、无害，符合应当有的营养要求，对人体健康不造成任何急性、亚急性或者慢性危害。影响食品安全的因素主要有生物性污染；农业种植和养殖业的源头污染；环境污染物；食品加工、包装、运输、贮藏及销售过程中的污染；食品企业违法生产、加工食品。

2. 食源性疾病是指通过摄入食物而进入人体的有毒有害物质（包括生物性病原体）等致病因子所造成的疾病，包括常见的食物中毒、经食物而感染的肠道传染病、人兽共患传染病、食物过敏、食源性寄生虫病等。

3. 发达国家的食品安全监管体制发展较早、较完善，而我国研究起步晚，目前处在建设初期，颁布了《食品安全法》，设立国家食品安全委员会，“全国统一领导，地方政府负责，部门指导协调，各方联合行动”，各省及地方政府也确定了关于食品质量安全的规章，已初步形成了一个由国家、部门、行业和地方制定颁发的食品安全法律法规及规章制度体系。但与发达国家相比，仍存在着一定的差距，继续完善健全的食品监管体制对我国的经济发展和保障社会稳定安全至关重要。

4. 食品生产企业作为食品安全中非常重要的一环，应当建立健全本单位的食品安全管理制度，建立和不断完善能够有效保证食品安全质量的管理体系，如GMP，HCCPT 体系，实施有效的食品安全质量管理，生产安全食品，提高国际贸易竞争力。

5. 个人要注意保障自身食品安全，注意讲求科学的膳食结构和饮食方式；学会正确制备食物，遵守 WHO 提出的食品安全五大点；学会使用食品标签，包括营养标签和一些食品认证标签等；运动员要特别注意自己的食物、饮料以及运动营养品等，防止误服含有兴奋剂的食品或保健品。

思考题：

1. 影响食品安全的因素有哪些？
2. 什么是食源性疾病？主要分哪几类？
3. 食物中毒分为哪几类？
4. 《中华人民共和国食品安全法》的适用范围和实施意义？
5. 食品安全质量管理体系有哪些？
6. HCCP 体系的原理是什么？
7. 运动员如何避免食品安全事故？
8. 拿起身边的食物，查看上面相关的食品标签。

参考文献：

[1]孙长颢．营养与食品卫生学[M]．北京：人民卫生出版社，2012.

[2]中国工程院医药卫生部. 中国食品安全:挑战、问题、认识和办法[M]. 北京:中国协和医科大学出版社,2008,1.

[3]金征宇,彭池方. 食品安全[M]. 杭州:浙江大学出版社,2008.

[4]左群,于新凯. 影响运动员食品安全问题的因素及对策[J]. 中国体育教练员,2006(2):42-43.

[5]栾兆倩,张亦农. 瘦肉精与运动员食品安全[J]. 中国体育教练员,2012(2):38-39.

[6]丁晓雯,沈立荣. 中国林业出版社[M]. 北京:中国林业出版社,2008,6.

[7]彭吾训. 食品安全与食物中毒急救常识[M]. 贵州:贵州科技出版社,2013,2.

[8]曾庆孝. 食品安全基础知识[M]. 北京:中国商业出版社,2008,5.

[9]白新鹏. 食品安全危害及控制措施[M]. 北京:中国计量出版社,2010,1.

[10]陈宗道,刘金福,陈绍军. 食品质量与安全管理[M]. 北京:中国农业大学出版社,2011,3.

[11]世界反兴奋剂中心 www.wada-ama.org.

[12]中国反兴奋剂中心 www.chinada.cn.

[13]中华人民共和国. 中华人民共和国食品安全法,2009.

（郑晟琳　袁海平）

第十章 运动员的合理营养

提 要 平衡膳食和膳食多样化是合理营养的保证，也是人体健康的物质基础。运动员合理营养不但有利于促进健康，而且有利于提高训练质量和竞技的能力。本章主要介绍平衡膳食中各种营养素和食物的构成，指出运动员膳食的特点，提出合理的膳食制度。同时，从社会营养学的角度分析我国食物结构的现状和弊端，介绍我国的膳食指南，在此基础上介绍运动员的合理营养和膳食指南，并介绍食谱制定的基本原则和方法，使合理营养的实施具体化。

第一节 膳食结构与平衡膳食

人类生活环境与生理状况复杂多变，外界环境的污染、食物质量的低劣、性别的差异，运动强度的高低，都会影响着膳食的平衡。而自然界中也没有任何一种食物能满足人体的全部营养需要，因此必需食用多种食物，合理搭配，才能满足人体需要的营养成分。

一、膳食结构

膳食结构或膳食模式（dietary pattern）是指居民消费的食物种类及其数量的相对构成，是膳食质量与营养水平的物质基础，也是合理膳食的核心问题。膳食结构主要取决于人体对营养的生理需求和生产供应条件决定的提供食物资源的可能，也受经济、生活习惯、文化和科学技术的发展水平的影响。

（一）膳食结构类型

1. 动物性食物为主型

也称为经济发达国家模式，这种膳食结构主要分布在北美及欧洲等发达国家。其特点是“三高一低型”，即高蛋白、高脂肪、高热能的营养过剩类型，且低膳食纤维。优点是膳食质量好，某些矿物质和维生素，如钙、维生素 A 丰富，最大缺点是易诱发肥胖症、高脂血症、冠心病、糖尿病等。因而这些国家政府和地区的营养机构提出调整膳食构成，其方向为：增加谷类食物摄入量；减少脂肪的摄入量，其提供的能量减至总能量的 30% 以下，同时减少饱和脂肪酸、增加不饱和脂肪酸比例；胆固醇摄入量每日小于 300 mg。

2. 植物性食物为主型

也称为东方型膳食模式。多见于东方发展中国家，属于植物性食物为主、动物性食物为辅的膳食类型。膳食结构的特点是热能基本满足需要，主要以植物性食物为主，尤其是谷类和薯类为主，食物质量不高，动物食品不足。有的国家年人均消费谷类与薯类达 200 kg，而肉蛋鱼不过 5 kg，优质蛋白仅占蛋白总量的 1/5 左右。居民存在营养不良、贫血或多种营养素缺乏症，主要是蛋白质不足，以致健康状况较差、体质低下和劳动力降低等。

3. 动植物食物平衡型

也称日本模式。主要分布在以日本为代表的一些国家和地区。这种膳食结构继承了以粮谷为主食的东方膳食传统，又吸取了欧美国家膳食注重动物性食物的长处。其特点是膳食中植物性食物占较大比重，动物性食物保持适当数量，膳食结构合理。

（二）我国的膳食结构和膳食指南

1. 我国膳食结构的现状

近年来随着我国经济的发展，人们的生活水平不断提高，膳食结构也在发生变化。就全国范围来讲，热能已达到供给量标准，但膳食结构中仍以谷类为主，占 60% ~80%，蔬菜占 20% ~30%，动物性食物的肉类每人全年平均 10 ~ 30 kg，蛋类 5 ~ 10 kg，鱼类极不平衡，养鱼地区每人年供给量 10 ~ 20 kg。奶类仍较紧张，豆类生产虽有较大增长，但加工及供应较差，城乡食物消费有很大差别。纵观以上食物结构，在营养素供给方面，存在以下特点和缺陷。

碳水化合物的摄入量偏高，其供给热能占总热量的 80%。蛋白质摄入量平均为 70 g，其中 85% ~ 90% 为植物蛋白质。由于动物性食物少，食用油供应量低，一些地区脂肪摄入量偏低。维生素 A 仍主要依靠绿叶蔬菜中的胡萝卜素来转化。维生素 B_2 摄入量仅达供给量标准的一半，维生素 C 也有季节性缺乏。缺钙和维生素 D 引起的佝偻病和缺铁性贫血的发病率仍较高。碘、锌、硒等微量元素也存在摄入不足的情况。另一方面，在某些城市居民中热能所形成的与营养失调有关的疾病，如心脑血管疾病和恶性肿瘤已上升为死因的前 3 位；而体重超重或肥胖，无论在儿童或成年人，也已成为我国经济发达地区的现实营养问题。所以应在全社会普及营养知识，加强合理营养的指导工作。

2. 膳食指南

膳食指南，又称为膳食指导方针或膳食目标，是各国营养机构针对本国存在的营养问题而提出的一个通俗易懂、简明扼要的合理膳食基本要求。它的形成是以调查研究和科学实验为基础的，所以具有针对性、现实性、预见性和科学性。通过膳食指南，可以正确引导人们的食物消费，养成良好的饮食习惯，从而达到提高营养和增进健康水平的目的。

2006 年中国营养学会组织修订《中国居民膳食指南》专家委员会，对中国营养学会 1997 年发布的《中国居民膳食指南》进行修订，于 2007 年 9 月发布。2007 年的膳食指南依然强调合理营养、平衡膳食和促进健康，其主要有 10 个条目。

（1）食物多样，谷类为主，粗细搭配。

（2）多吃蔬菜水果和薯类。

（3）每天吃奶类、大豆或其制品。

（4）常吃适量的鱼、禽、蛋和瘦肉。

（5）减少烹调油用量，吃清淡少盐膳食。

（6）食不过量，天天运动，保持健康体重。

（7）三餐分配要合理，零食要适当。

（8）每天足量饮水，合理选择饮料。

(9) 如饮酒应限量。

(10) 吃新鲜卫生的食物。

膳食指南中的原则如能在日常生活中遵守，则居民的营养状况可得到预期的效果。希望广大营养专业工作者全力投入，希望社会各界广泛参与，共同努力掀起宣传膳食指南、推广膳食指南和实践膳食指南的新高潮。达到改善全民营养与健康状况，控制和减少慢性疾病的目的，为全面建成小康社会奠定坚实的人口素质基础。

二、平衡膳食

平衡膳食（balance diet）一般指膳食中所含有的营养素数量充足、种类齐全，比例适当。膳食中的营养与机体消耗的需要，两者之间能保持平衡。

（一）平衡膳食中各营养素的合理构成

平衡膳食是运动员合理营养的基本要求，就热能平衡而言，至少又包括热能摄入和消耗量之间，3 种生热营养素之间以及三餐热量分配比例之间的平衡关系；以及充分的无机盐和微量元素、适量的膳食纤维和充足的水分，同时还要具备下列条件。

1. 三大热能营养素平衡

碳水化合物、脂肪和蛋白质是人体的三大能源物质，在膳食中含量最多，它们在人体的代谢过程中关系也最为密切。足够的糖和脂肪可减少蛋白质作为能源而消耗的部分。但如果膳食中蛋白质供应量不足，单纯提高碳水化合物和脂肪的供应量，也不能维持正常的氮平衡。所以，只有蛋白质的供给量达到最低需要量，提高碳水化合物和脂肪的供应量，才能发挥它们对蛋白质的节约作用；同样，也只有在碳水化合物和脂肪的供应量达到最低需要量时，蛋白质才能充分发挥作用。

一般人的膳食中，它们在总热量中的百分比为：蛋白质 10% ~15%，脂肪 20% ~30%，碳水化合物 55% ~65%。范围较大，可根据具体情况适当调整，特殊情况者可超过此范围，如降体重膳食中蛋白质的比例可达 18% 以上，低脂膳食的脂肪可在10%以下。

2. 蛋白质中氨基酸的平衡

8种必需氨基酸齐全（儿童为9种），各种氨基酸比值符合氨基酸模式，能提高蛋白质的生物价。膳食中除含必需氨基酸外，还需有一定量的非必需氨基酸，二者的比例为必需氨基酸40%，非必需氨基酸占60%。

3. 不饱和脂肪酸与饱和脂肪酸的平衡

人体的必需脂肪酸都是不饱和脂肪酸，在植物油中含量较高，所以平衡膳食除了维持脂肪供能的比例，还应增加不饱和脂肪酸。通常认为必需脂肪酸应占总热量的2%，每日脂肪摄入量中植物性脂肪应占40%，而且植物油的摄入量要大于10 g才能维持不饱和脂肪酸和饱和脂肪酸的平衡。

4. 矿物质之间的平衡

钙、磷两类矿物质对人体的生长发育和体质健康影响较大，膳食中的钙、磷比例恰当才利于二者的吸收和利用。一般成年人膳食中钙磷比例为1∶1.5，儿童为1∶1。过量的铜、钙和亚铁离子可抑制锌的吸收。铁与铜在造血过程中起协同作用，缺铜时，铁不能进入血红蛋白分子，因而即使铁量充足也会发生贫血。此外，脂肪过多可影响钙和铁的吸收等。

5. 维生素和其他营养素之间的平衡

硫胺素作为辅酶参与体内的糖代谢，故当膳食热能摄入量较高时，维生素B_1的摄入量也要相应增加，反之则减少。核黄素和尼克酸在生物氧化过程中具有递氢作用，供应量也应随热能需要量的不同而变化。维生素D可促进钙、磷的吸收代谢和利用。维生素C能促进铁的吸收和利用等。动物实验还表明，维生素E能促进维生素C在肝内的储存，维生素B_1、维生素B_2能促进维生素C的合成等。一种维生素的不足可影响其他维生素的代谢。如缺乏生物素，会引起泛酸缺乏；缺乏维生素B_1影响维生素B_2体内的利用等。

此外，缺乏膳食纤维会使生理失调，并成为导致一些疾病的原因，但膳食纤维过多则会影响其他营养素的吸收，故也要适量。因此，要注意各营养素之间的平衡，具体供给量可参照有关的营养素供给量标准。

（二）平衡膳食的食物构成

根据目前我国一般人的膳食情况，平衡膳食包括的食物种类及分配比例为：粮谷类30%～40%，蔬菜水果30%～40%，动物性食品及豆类25%，油脂3%。

1. 粮谷类

粮谷类是热能、B族维生素的主要来源。因此我国人民以粮谷类主食，所以它也是蛋白质的重要来源。在膳食中一般每天应提供粮谷类3个品种，占进食量的30%～40%。不要长期食用过于精细的大米、白面，应间以食用杂粮，如糙米、小麦麸皮等。薯类食物的产热量与谷类相近，不宜作为主食。

2. 蔬菜水果类

蔬菜水果的品种多，是维生素、无机盐和膳食纤维的主要来源，也是日常膳食中主要的副食品。水果还能提供一些果胶和有机酸，利于食物消化。同时因粮谷类和动物类食物都是酸性食物，应该补充足够的蔬菜和水果类碱性食物才能保持饮食的酸碱平衡，防止发生饮食性酸中毒。蔬菜和水果在膳食中应占膳食总量的30%～40%，一般成年人每天应摄入500 g左右的蔬菜和200 g左右的水果。且品种要多样化，有色蔬菜和叶菜类应占50%左右。

3. 动物性食物和豆类

这类食物包括肉类、蛋类、奶类、鱼类、大豆及其制品等，是优质蛋白质的主要来源，可与粮谷类蛋白质发生互补作用，提高混合膳食中蛋白质的生理价值。同时它们也是许多维生素和无机盐的重要来源。在一般人膳食中，占膳食总量的25%～30%为宜。在动物性食物中，应多选择蛋白质含量较高、脂肪含量较低且耗粮较少的禽、蛋、奶、鱼类及食草动物，而蛋白质含量较低、脂肪含量较高且耗粮较多的猪肉类比重应相对减少。

4. 油脂类

油脂类主要提供热能和必需脂肪酸，且能促进脂溶性维生素的吸收，在膳食中应占3%左右。每天应摄入15 g以上的优质植物油，要严格控制动物性脂肪的摄入量，过多的饱和脂肪酸，将导致心血管系统的疾病。

除了各类食物的比例要协调外，不同类的食物搭配也很重要，如主副食的搭配、粗细粮的搭配、荤素的搭配等，总之，全面、均衡的食物才能为人体提供必需的营养素。

第二节　运动员的合理营养

运动员的合理营养是指运动员在维持健康的基础上，摄入的营养物质能够满足运动训练或比赛的需求。合理营养可以提供全面而均衡的营养素，使体内有充足的营养储备，维持良好的运动能力。

一、运动员合理营养的重要性

（一）有助于提供充足的能量，维持适宜的体重和体脂比例

运动训练增加能量的消耗，而体内可快速动用的能源储备有限，如果无充足的能源补充，即体内糖原水平降低时，就不能维持高效的 ATP 合成速率。因此运动员在训练或比赛前应摄取充足的含碳水化合物的食物，保证体内有充足的肌糖原和肝糖原储备。适宜的体重和体脂比例也是运动员良好运动能力的保障，而能量的平衡是维持健康体重和体脂的关键。

（二）有助于延缓疲劳和加速运动后的恢复

机体能源物质的大量消耗和代谢产物的堆积是引起疲劳的主要原因。运动前、中、后合理的补糖、补液，可以预防运动中脱水、纠正电解质紊乱和防止低血糖的发生，从而有助于延缓运动性疲劳的发生。代谢能力的恢复主要靠合理营养措施才能实现，运动后及时的营养物质补充有助于能源物质的快速恢复和储备。

（三）有利于免疫机能和提高运动能力

大负荷运动训练、不合理的膳食营养可抑制机体的免疫机能，增加感染的危险性。通过合理的膳食营养，尤其大负荷训练期特殊营养的营养补充能够调节机体的免疫功能。

（四）有助于克服特殊的运动医学问题

按体重级别进行比赛的运动项目，减、控体重是运动训练的重要内容，而由此引起的营养不良、脱水、电解质紊乱、低血糖等医学问题；特殊环境训练的医学问题，如高原训练、热环境及冷环境条件下训练的医学问题，需要特殊的营养监控，保证运动训练和良好的健康水平。

二、运动员合理营养的要求

由于运动员性别、年龄的差异，以及从事运动项目的不同，其营养需求必然存在差异。且运动项目要求复杂，活动强度大，能量消耗高，与一般体力劳动者不同。因此，制定一个通用的营养标准较为困难。但对于运动员的营养我们可以给出建议，以达到合理膳食营养的要求。

（一）合理膳食营养的基本要求

（1）食物的数量和质量应满足需要，对于不同的运动项目，尤其要考虑三大能源物质的比例及供给量。对运动员提倡高碳水化合物的饮食。

（2）食物应当营养平衡和多样化，且易于消化吸收。

（3）食物应当是浓缩的，营养密度高、体积重量小等。

（4）一日三餐食物的能量分配应根据运动训练或比赛的任务来安排。

（5）食物要具有良好的感官性状，色、香、味俱全，能够引起食用者的食欲。

对运动员做到平衡膳食，高碳水化合物、中蛋白质、低脂肪的饮食标准能满足维生素和矿物质的摄取。因此，制订饮食建议，需要对每一个运动员进行详细的营养状况评定，包括运动员的最佳体重、体成分、饮食和生活方式、健康状况、心理和生理评定等，要参照运动的专项训练目标及运动强度和持续时间等。

（二）膳食制度的要求

1. 进餐时间

运动员应养成良好的进餐习惯：定时进餐，饮食有节。运动员进食的时间和餐次应有规律，定时进餐可使大脑皮层的兴奋性有规律性升高，促进食物的消化吸收。一般食物在进食后 3 ~ 4 h 可从胃排空，含脂肪少的食物如植物性食物停留较短，而脂肪多的食物停留时间较长。一般进餐后 2 ~ 2.5 h 再进行运动为宜，这是因为：进餐后的一段时间内，胃的充盈抑制了膈肌的活动，影响呼吸，不利于运动；另外，若进餐后立即运动，由于血液的重新分配，导致消化系统的血流量减少，致使消化吸收能力下降，影响运动能力的发挥。

运动结束后的一段时间内，胃肠道的血液分布才会逐步恢复正常，运动后最好休息 30 min 以上再进餐，大运动量后要休息 45 min 以上。

另外对于能量消耗的运动员和青少年运动员，在训练或比赛间歇可安排加餐，加餐的食物要易于消化吸收，不增加消化器官的负担为前提。

2. 进餐方式和分配

运动前一餐的食物要求体积不能过大，能量密度高，且易于消化吸收，应该以谷类为主，动物性食物为辅。运动后的食物选择可以适当增加蔬菜水果的摄取，满足维生素、矿物质和膳食纤维的需要。

一日三餐的能量分配，应根据运动员一天的训练或比赛情况来安排，原则是运动前的一餐应注重碳水化合物能量的摄取。对于三餐的要求，一般早餐摄入充足的蛋白质和维生素，有利于整个上午的生理机能保持较高的水平。晚餐量不宜大，尤其脂肪和蛋白质不宜多，也不宜有难消化和刺激性的食物，以免影响睡眠和次日的食欲。

三、运动员的膳食指南

在较长一段时间内我国运动员膳食结构一直存在动物性食物较多，而谷类和蔬菜等植物性食物较少的不合理现象，导致动物性脂肪摄入偏高，碳水化合物摄取不足，钙、铁、锌等矿物质和 B_1、维生素 B_2、维生素 A 等摄取不足。根据我国运动员膳食营养的特点和存在的主要问题，我国运动营养学家于2001年提出了《推荐的中国运动员膳食营养素和食物适宜摄入量（AI）》，并提出运动员的膳食指南。

（1）食物多样，谷类为主，营养平衡。

（2）食量和运动量平衡，保持适宜的体重和体脂。

（3）多吃蔬菜、水果、薯类、豆类及其制品。

（4）每天喝牛奶或酸奶。

（5）肉类食物要适量，多吃水产品。

（6）注重早餐和必要的加餐。

（7）重视补液补糖。

（8）在医学指导下合理使用营养素补充品。

四、不良的饮食习惯及其对平衡膳食的影响

所谓不良饮食惯，通常指偏食（只吃少数几种食物）、挑食（单纯按个人的口味喜好择食）、暴饮暴食等有悖于合理营养要求的、经常性的膳食行为倾向。运动员中存在的不良饮食习惯，从运动营养学的观点看，主要反映在以下几个方面。

（1）谷类主食吃得少，有的运动员甚至根本不吃主食，单纯吃菜肴类食品。

（2）菜肴类食品中偏食肉类等高蛋白食品，各种蔬菜的摄食量不足。这种偏食习惯危害有以下方面：（1）大量高蛋白食品的摄入增加胃肠消化负担，使食物在消化道中充盈停留时间长，影响运动员及时进入最佳训练状态。（2）大量的蛋白代谢产物会增加血液酸性。（3）易缺乏维生素类营养素。

（3）用餐只重口味而不顾合理搭配膳食。多数运动员往往不能结合自己的运动项目和训练情况有目的地选择食物，而是凭食物的感官性状和自己的口味喜好随意挑吃4~5种食品，有时少至两三种，达不到吃多样化食物要求，难以实现全面合理营养。

（4）饮食无节，吃得过多。

（5）早餐重视程度不够，或不能按时就餐，或草草填饱肚子了事。

第三节 食谱的制定原则和步骤

将每日各餐主、副食的品种、数量、烹调方法、用餐时间排列成表，称为食谱。食谱通常有2种含义：一是泛指食物调配与烹调方法的汇总，如有关烹调书中介绍的菜品制作方法（也称菜谱）；另一种专指膳食调配计划，内容主要包括时间、餐次、主副食名称、原料用量。食谱有一日食谱和一周食谱之分。食谱是平衡膳食和合理营养的具体体现和应用，食谱编制是社会营养的重要工作内容。对于正常人来说是保证其合理营养的具体措施，对营养性疾病患者来说是一种基本的治疗措施。同时，食谱也是炊事人员配餐的依据，可提高其工作效率，保证工作质量。

食谱是将“中国居民膳食指南”和“推荐的每日膳食中营养素供给量”，具体落实到用膳者的每餐膳食中，使其按照人体生理需要摄入足够的热能和各种营养素，以达到合理营养、促进健康的目的。

根据人体对各种营养素的需要，结合当地食物的品种、生产情况、经济条件和个人饮食习惯合理选择各类食物，遵循营养平衡、食物多样和经济合理的原则。无论何种食谱，需要考虑的基本原则。

一、食谱制定的原则

（一）充足的营养和平衡的膳食

必须供给充足能量及各种营养素，选定食物合乎营养与食品卫生学要求，每天饮食在各餐中分配要适当，烹调方法应合理。首先要满足人体能量需求，三大能源物质在供能方面可以在一定程度上相互代替，但在营养功能方面却不能相互取代。因此，膳食中所含的产能物质应符合比例要求，以满足人体的生理需要。

根据季节、年龄和劳动强度，结合个体的体重变化和机体的营养状况等信息评价和调整营养需求。

（二）食物多样和比例适当

营养配餐的重要原则就是食物多样化。我国食物资源丰富，食物多种多样，各种食物营养特点或所含有的营养成分不完全相同，但没有任何一种食物可以提供我们所需要的全部营养物质，因此需要摄取多种食物，并合理搭配才能完成营养需要。

1. 食物多样，粗细搭配

食物多样即合理的、平衡的膳食必须由多种食物组成，才能满足人体能量和各种营养素要求，达到营养充足、促进健康的目的。同类食物有着相近的营养特点，可以按照类别选择和搭配食物。主食如米、面、杂粮等是每日食物提供能量最多的部分，谷类食物中碳水化合物一般占70%～80%，蛋白质含量占6%～10%，脂肪占1%左右，还含有矿物质、B族维生素和膳食纤维，通过多样化食物，尤其是种类多样化，不仅提供多种营养素之外，不同种类的粮食及其制品的合理搭配，还可以提高其营养利用价值，特别是增强蛋白质互补作用。对于谷类食物加工要尽量保持天然、低精度、粗制一些为好。相对于大米白面来说，粗加工使得谷类中膳食纤维、B族维生素和矿物质的含量损失大大减少。粗加工使得谷物粒度保留原始状态，并且其中的膳食纤维含量提高，使得总膳食引起血糖变化缩小，谷类“食物血糖生成指数”降低，对人群有着短期和长期健康效应。

“中国居民平衡膳食宝塔”中将食物分成谷薯、蔬菜、水果、豆类、奶、肉(含鱼虾)、蛋、油脂等8类，每天应从这8类食物中选用1～3种适量食物，组成平衡膳食。对同一类食物可更换品种和烹调方法。尽量做到主食有米、面、杂粮，副食有荤、素、汤，注意菜肴的色、香、味、形。

2. 动物性食物选择应适当

动物性食物包括畜、禽、蛋、鱼、虾、贝和蟹等，是人类优质蛋白、脂类、脂溶性维生素、B族维生素和矿物质的良好来源。动物性食物通常蛋白质含量高，而且氨基酸组成更适合人体需要，尤其富含赖氨酸和蛋氨酸，与谷类或豆类食物搭配食用，可明显发挥蛋白质互补作用。但是动物性食品中一般都含有一定量的饱和脂肪酸，摄取过多可能增加代谢性疾病的危险性。蛋类富含优质蛋白质，各种营养成分比较齐全，是优质蛋白质来源。畜肉类含脂肪高，能量密度大，不宜多吃。鱼类的脂肪含量低，且多是不饱和脂肪酸。禽类脂肪含量低，且脂肪酸组成优于畜类脂肪。

3. 充足的蔬菜和水果

新鲜的蔬菜和水果富含丰富的水分、维生素、膳食纤维和植物化学物质。蔬菜的品种繁多，如叶菜类、块茎类、瓜果类含营养素的种类各有特点。薯类含有丰富的淀粉、膳食纤维以及多种维生素和矿物质。食谱制定应选择新鲜和时令蔬菜瓜果，以免储存时间过长，造成一些营养物质的丢失。在条件许可的情况下，尽可能选择多种蔬菜，鉴于深色蔬菜富含胡萝卜素尤其β－胡萝卜素，是维生素A的主要来源，也是其他多种色素物质如叶绿素、番茄红素、花青素等的来源，所以应特别注意选择深色蔬菜，使其占到蔬菜总量的一半左右；同时还要注意增加十字花科蔬菜、菌藻类食物的选择。

维生素与无机盐的供给量可按照相应的供给量标准直接确定，注意某些维生素应因热能摄入增加而增加（如维生素C、维生素B_1、维生素B_2等），可作相应调整。

碳水化合物主要由淀粉类提供，控制饮酒、食糖及其制品；维生素与矿物质应尽可能满足需要。

4. 油脂类

食用油有花生油、豆油、芝麻油、菜籽油、核桃油、葵花籽油、茶油、橄榄油等。油脂种类不同脂肪酸组成也有差别，选择多种油，减少动物脂肪。饱和、单不饱和与多不饱和脂肪酸各占33%，更有利于脂肪酸的平衡。

（三）合理烹调与加工

选择食物烹调方法时，要尽量减少营养素的损失。考虑用膳者饮食习惯、进餐环境、用膳目的和经济能力，结合当时气候情况、食物供应情况、食堂的设备条件和厨师的烹调技术等因素，编制切实可行的食谱。同时也要及时更换调整食谱，尽量避免单调。食谱执行一段时间后应对其效果进行评价，不断调整食谱。在不违反原则时，灵活掌握食物的可替代性，如肉类可用鱼类、蛋类、豆类及其制品替换。

其他方面，食品应当安全无害，食物要新鲜卫生，符合国家卫生标准，防止食物污染。

（四）合理分配三餐、保持能量均衡

根据季节、年龄和劳动强度，结合个体具体的健康情况，先确定总热能及生热营养素的分配比例。考虑日常生活习惯和消化系统生理特点，一日三餐的食量、能量及时间应相对规律。一日三餐常以能量作为进食量的标准，通常早餐提供的能量占总能量的30%，午餐占40%，晚餐占30%。这个比例根据职业、劳动强度和生活习惯进行适当调整。

早餐作为一天的第一餐，应保证其营养质量，因为早餐质量有助于保证上午的工作或学习效率。不吃早餐，容易引起能量及其他营养素的不足，降低学习和工作的效率。

午餐和晚餐。午餐要吃好，晚餐要适量。午餐是一天中重要的一餐，承担着补充上午的不足和下午工作消耗的重任，午餐能量应占总能量的40%，应安排丰富合理的饮食。晚餐所提供能量应能满足晚间活动和夜间睡眠的基本能量需要，一般人晚饭后无体力活动，说以晚餐应适量。

二、食谱制订

制订食谱可以每天制订，或是提前按周制订，或是利用营养软件制订。不管用何种方式制订，要保证食物丰富，能量充足，遵循合理营养，平衡饮食的原则。

根据不同个体确定食谱制定的目标，如健康个体，一般需要按 RNI 或 AI 的数值确定营养素需要量。特殊个体，需考虑营养需求的特点和膳食目标确定。

（一）营养素摄入量的确定

1. 能量摄入量确定

能量摄入量的确定主要有 2 种方法：查表法和计算法。能量分配应为：蛋白质占 10% ~15% 、脂肪占 20% ~30% 、碳水化合物占 55% ~65% 。任何一种营养素过高或偏低，会使比例失调。

(1) 查表法

使用《中国居民膳食营养素参考摄入量》标准，确定就餐者能量供给量。从《中国居民膳食营养素参考摄入量》标准，可以直接查出各个年龄段不同人群的能量供给量。如：中等体力劳动女性每日需要2 300 kcal（9.62 MJ）的能量。

例1：请查表计算21岁大学生的日能量供给量。

解：大学男生、女生的劳动强度可参照轻体力劳动。

查表得：21岁大学男生的日能量供给量2 400 kcal，21岁大学女生的日能量供给量2 100 kcal。

(2) 计算法

人群所需能量的计算方法和步骤。

①根据成人的身高，计算其标准体重。公式为：

标准体重（kg）＝身高（cm）－105

②根据成人的体重指数（BMI），判断其属于正常、肥胖还是消瘦。公式为：

体重指数（kg/m^2）＝实际体重（kg）/身高的平方（m^2）

中国人的体重指数在18.5～23.9为正常，低于18.5为消瘦，24～27.9为超重，≥28为肥胖。

③了解就餐对象体力活动情况，根据其胖瘦确定能量供给量。公式为：

全日能量供给量（kcal）＝标准体重（kg）×单位标准体重能量需要量（kcal/kg）

成年人单位标准体重能量需要量见表10－1。

表10－1　成年人每日能量供给量　　kcal/kg标准体重

体形	体力活动量			
	极轻体力劳动	轻体力劳动	中体力劳动	重体力劳动
消瘦	30	35	40	40～45
正常	20～25	30	35	40
肥胖	15～20	20～25	30	35

注：年龄超过50岁者，每增加10岁，比规定值酌减10%左右。

2. 主要营养素供给量的确定

（1）计算每餐能量供给量

例1：查表得知大学男生轻体力劳动者每日需要2 400 kcal（10.04 MJ）的能量，设定三餐能量分配比例为：早餐30%，午餐40%，晚餐30%。求其早、午、晚三餐各需要摄入多少能量？

解：早餐2 400 kcal（10.04MJ）×30%＝720 kcal（3.012 MJ）

午餐2 400 kcal（10.04MJ）×40%＝960 kcal（4.016 MJ）

晚餐2 400 kcal（10.04MJ）×30%＝720 kcal（3.012 MJ）

（2）计算3类产能营养素每餐应提供的能量

3类产能营养素占总能量的比例为：蛋白质占10%～15%，脂肪占20%～30%，碳水化合物占60%～65%，据此可求得3类产能营养素在各餐中的能量供给量。

在实际工作中要根据本地生活水平，调整确定上述3类产能营养素占总能量的比例。

例2：已知某人早餐摄入能量720 kcal，午餐960 kcal，晚餐720 kcal，若确定蛋白质占15%、脂肪占25%、碳水化合物占60%，求3类产能营养素每餐各提供多少能量？

解：早餐	蛋白质	720 kcal×15%＝108 kcal
	脂肪	720 kcal×25%＝180 kcal
	碳水化合物	720 kcal×60%＝432 kcal
午餐	蛋白质	960 kcal×15%＝144 kcal
	脂肪	960 kcal×25%＝240 kcal
	碳水化合物	960 kcal×60%＝576 kcal
晚餐	蛋白质	720 kcal×15%＝108 kcal
	脂肪	720 kcal×25%＝180 kcal
	碳水化合物	720 kcal×60%＝432 kcal

（3）计算3类产能营养素每餐供给量

根据3类产能营养素的能量供给量及其能量系数，可求出三餐中蛋白质、脂肪、碳水化合物的供给量。

例3：已知蛋白质的产热系数为4 kcal/g（约16.7 kJ/g），脂肪的产热系数为9 kcal/g（约37.6 kJ/g），碳水化合物的产热系数为4 kcal/g（约16.7 kJ/g），求3类产能营养素每餐需要量。

解：早餐	蛋白质	108 kcal ÷ 4 kcal/g = 27.0 g
	脂肪	180 kcal ÷ 9 kcal/g = 20.0 g
	碳水化合物	432 kcal ÷ 4 kcal/g = 108.0 g
午餐	蛋白质	144 kcal ÷ 4 kcal/g = 36.0 g
	脂肪	240 kcal ÷ 9 kcal/g = 26.67 g
	碳水化合物	576 kcal ÷ 4 kcal/g = 144.0 g
晚餐	蛋白质	108 kcal ÷ 4 kcal/g = 27.0 g
	脂肪	180 kcal ÷ 9 kcal/g = 20.0 g
	碳水化合物	432 kcal ÷ 4 kcal/g = 108.0 g

(4) 其　他

其他营养素参照《中国居民膳食营养素参考摄入量》标准，查表确定。

（二）配餐食物品种和数量的确定

1. 主食品种、数量的确定

主食的品种、数量主要根据各类主食中碳水化合物含量确定。举例如下：

例1：已知某中等体力劳动者的早餐中应含有碳水化合物108.2 g，如果本餐只吃面包一种主食，试确定面包的质量？

解：查食物成分表得知，面包中碳水化合物含量为53.2%

所需面包质量 = 108.2 g ÷ 53.2% = 203.4 g

例2：午餐应含碳水化合物144.31 g，主要以米饭、馒头（富强粉）为主食，并分别提供50%的碳水化合物，试确定米饭、富强粉的质量？

解：查食物成分表得知，大米含碳水化合物77.6%，富强粉含碳水化合物75.8%

所需大米质量 = 144.31 g × 50% ÷ 77.6% = 93.00 g

所需富强粉质量 = 144.31 × 50% ÷ 75.8% = 95.20 g

2. 副食品种、数量的确定步骤

（1）计算主食中已含有的蛋白质量。

（2）用应摄入蛋白质量减去主食中已含蛋白质量，即为副食应提供的蛋白质量。

（3）副食中2/3的蛋白质由动物性食物供给，1/3由豆制品供给，据此可求出各自的蛋白质供给量。

（4）查食物成分表并计算各类动物性食物及豆制品的供给量。

（5）设计蔬菜的品种和数量。

例：已知午餐食物应含蛋白质36.05 g，猪肉（里脊）中蛋白质的含量为20.15%、牛肉（前腱）为20.25%、鸡腿肉为16.20%、鸡胸脯为19.44%；豆腐（南）为6.00%、豆腐（北）为12.00%、豆腐干（熏）为15.80%、素虾（炸）为27.60%。假设以馒头（富强粉）、米饭（大米）为主食，所需质量分别为90 g、100 g。若只选择一种动物性食物和一种豆制品，请分别计算各自的质量。

解：①查食物成分表得知，富强粉含蛋白质10.00%，大米含蛋白质8.00%。

主食中蛋白质含量＝90 g×10%＋100 g×8.00%＝17 g

②副食中蛋白质量＝36.05 g－17 g＝19.05 g

③副食中2/3的蛋白质应由动物性食物供给，1/3应由豆制品供给，因此，动物性蛋白质量＝19.05 g×66.70%＝12.70 g，豆制品蛋白质量＝19.05 g×33.3%＝6.30 g

④猪肉（里脊）、牛肉（前腱）、鸡腿肉、鸡胸脯质量分别为：

猪肉（里脊）质量＝12.70 g÷20.15%＝63.00 g

牛肉（前腱）质量＝12.70 g÷20.25%＝62.70 g

鸡腿肉质量＝12.70 g÷16.20%＝78.40 g

鸡胸脯质量＝12.70 g÷19.44%＝65.30 g

⑤豆腐（南）、豆腐（北）、豆腐干（熏）、素虾（炸）质量分别为：

豆腐（南）质量＝6.30 g÷6.00%＝105 g

豆腐（北）质量＝6.30 g÷120%＝52.5 g

豆腐干（熏）质量＝6.30 g÷15.80%＝40 g

素虾（炸）质量＝6.30 g÷27.60%＝23 g

以上是计算过程，再配以适量的蔬菜即可设计食谱。

（三）食谱的评价和调整

计算该食谱提供的能量和各种营养素的量，与 DRIs 比较，相差在 10% 上下。一般情况下，每天的能量、蛋白质、脂肪和碳水化合物的量出入不大，其他营养素可 1 周为单位计算、评价。

1. 7 大类食物是否齐全，如是否提供谷薯类；肉类及其制品；奶类；蛋类及蛋类；蔬菜水果；纯热能食品等。能否做到食物多样化？

2. 食物量是否充足？参照膳食宝塔和膳食推荐量评价。

3. 能量和营养素的摄入量是否适宜？

4. 三餐能量分配是否合理，早餐是否合理？

5. 优质蛋白质是否占 1/3 以上？

6. 三大产热营养素供能比例是否合适？

考虑以上问题，通过分析，根据食谱中各种食物及其用量，通过查阅食物成分表，计算该食谱所提供的各种营养素的量，并与食用者的营养推荐摄入量标准进行比较，如果某种或某些营养素的量与 RNI 偏离（不足或超过）较大，则应进行调整，直至基本符合要求。

本章小结：

运动员合理营养不但有利于促进健康和提高训练质量，而且能提高训练和比赛的能力。由于运动员性别、年龄的差异，以及从事运动项目的不同，其营养需求必然存在差异。且运动项目要求复杂，活动强度大，能量消耗高，与一般体力劳动者不同。运动员应积极做到合理营养平衡膳食，摒弃不良的饮食习惯。

膳食结构是合理膳食的核心问题。它是指居民消费的食物种类及其数量的相对构成。目前存在的膳食结构类型主要有动物性食物为主型、植物性食物为主型和动植物食物平衡类型。平衡膳食宝塔给中国居民提出了一个营养上比较理想的膳食模式，也是合理饮食的目标。其目的是让膳食的指南图形化，有利于向广大群众进行科学普及和宣传工作，便于群众理解和在日常生活中实行。

思考题：

1. 简述合理营养的基本条件。

2. 简述平衡膳食中各营养素的合理构成。

3. 简述食物结构的类型。

4. 试述我国居民的膳食指南和膳食宝塔。

5. 简述食谱制定的原则和步骤。

6. 某男性大学生（轻体力劳动），年龄22岁，身高175 cm，体重70 kg。给其制定一日食谱，确定全日能量和能量营养素供给量，并确定全天主食数量和种类并进行餐次食物分配。

（史仍飞）

第十一章　运动员在比赛期的营养

提　要　本章主要阐述运动员比赛期，包括赛前、赛中、赛后所要注意的营养问题，为运动员在比赛时发挥出正常水平起一定的保障作用。

比赛是检验运动员平时训练的主要手段，运动员在临近比赛时往往心理压力比较大，机体处于高度应激状态，需要有合理的营养补充作为良好体能的保证，否则运动员易出现赛前机能状况不佳，免疫力下降等现象，很容易影响比赛成绩。如果比赛周期比较长，赛期更要注意营养问题，以保存体力，防止运动员在比赛的后一阶段出现疲劳，影响水平的发挥。同时赛后合理营养对运动员尽快消除疲劳，促进体力的尽早恢复也是非常重要的。因此运动员在比赛期的营养要从赛前、赛中和赛后三个方面予以加强。同时，不同运动项目在营养方面具有各自的特点，这些都要予以考虑。

第一节　运动员的赛前营养

比赛前的20～30天左右，运动员通常处于比赛前的调整期，往往会在运动负荷上有所调整，与之对应的是运动员的营养也要加强。运动员赛前的营养原则就是利用有效的营养手段提高机体能源物质储备，使运动员的机能状况达到最佳，为运动员比赛时发挥出最高水平做准备。由于运动项目种类不同，比赛持续时间长短不一，赛前调整的要求不同，因此运动员赛前营养各有特色。运动员可从本运动项目的特点与要求出发，有所选择地从普通膳食和特殊营养2个方面予以着手，提供较为全面的营养素，使赛前机能状况达到最佳状态。

一、赛前总的营养原则

比赛前期由于运动量下降，机体能量消耗相对少，运动员膳食中的总能量要加以调整，目的是保持能量平衡，维持适宜体重。所摄食物要满足其能量的需要，食物体积与重量要小，同时易于消化和吸收。饮食应具备高糖、低脂肪、适量蛋白质的特征，同时要有充足的水分，适量的无机盐和维生素。避免摄入高脂肪、易产气的食物以及难以消化的食物，如含纤维较多的粗杂粮。

运动员赛前一餐应在比赛开始前 3 ~4 h 之前完成，赛前 30 min 禁食。比赛当日不应更换新的食物，不要改变运动员饮食习惯和时间。比赛中易大量出汗的运动项目或在高温环境下的比赛项目，运动员赛前应补液 500 ~700 mL 以防机体脱水。赛前不宜饮用浓茶和咖啡，以免引起利尿作用，同时易使兴奋剂检测出现阳性结果。

二、赛前糖的饮食原则

糖是运动时机体可动用的重要能源物质，具有耗氧量少、高功率输出的特点，是长时间大强度运动和高强度间歇性运动过程中重要的供能物质。由于糖在体内的储存量有限，机体糖储备的多少直接影响运动员的运动能力，因此运动员赛前应注意调整饮食结构，提高体内糖原储备，以利于比赛时运动能力的发挥。糖在体内主要以肝糖原和肌糖原形式储存，同时血糖的浓度随时会影响运动能力。因此，赛前糖的补充要有针对性，以达到最佳补充效果。

（一）赛前1周糖的补充

赛前1 周提高机体糖原储备主要是针对肌糖原而言，可以采用糖原负荷法来实现。在静息状态下，葡萄糖进入骨骼肌用于肌糖原合成有限，因此，大量补充糖只会导致脂肪合成增加，肌糖原储备增加有限。由于运动能使葡萄糖载体转运葡萄糖进入骨骼肌的能力提高，同时能使糖原合成酶活性增加，故糖原负荷法系指采用糖饮食与运动相结合，使肌糖原储备大大增加的方法。

糖原负荷法有2种：·种是经典的糖原负荷法，还有一种是改良的糖原负荷法。由于经典的糖原负荷法副作用较大，现在多用后者。

1. 经典的糖原负荷法

经典的糖原负荷法指在赛前1周进行1次力竭性运动（85%最大摄氧量运动1 h以上），如马拉松跑15～20 km或亚极量强度自行车运动、游泳90 min等，其后3天继续中等强度运动，膳食中糖量减至每日250～350 g，同时食用高蛋白和高脂肪饮食，机体由于运动和低糖膳食会尽可能耗尽体内糖原储备。赛前3天减少运动负荷，同时使用高糖饮食（500～600 g糖/d），其他营养素作为高糖饮食的一部分予以保留，经过这种措施机体肌糖原储备可以增加2～4倍。

经典的糖原负荷法有一定的副作用，肌糖原储量过多时会引起肌肉僵硬，出现肌肉疼痛的现象。这是因为糖原储备时以水合形式存在，每1 g肌糖原储存时要结合2.7 g水。肌糖原储备过高会导致肌肉水潴留过多，由此降低肌肉的弹性，增加体重。同时高蛋白和高脂肪饮食可引起高血脂和高胆固醇，另外运动员突然改变饮食习惯会引起心理不适。因此对传统的糖原负荷法进行了改良，采用改良的糖原负荷法。

2. 改良的糖原负荷法

改良的糖原负荷法取消力竭性运动和3天高蛋白和高脂肪膳食，采用赛前一周逐步减小运动量，赛前1天休息，直接在赛前3天吃高糖膳食（每日525 g或8～10 g/kg体重）或逐步增加膳食糖至总热量的60%～70%，并注意全面营养。由于淀粉引起的胰岛素效应优于葡萄糖，故多采用淀粉类食物予以补充，比如谷类和根茎类，但要避免食用含纤维较多的粗杂粮，不易消化以及易产气的食物。通过这种方法肌糖原储备可达到经典糖原负荷法所达到的数值，肌糖原储备可增加20%～40%以上。这种方法与经典糖原负荷法一样有效，同时避免了经典糖原负荷法的副作用。

糖原负荷法主要在耐力性、大量消耗肌糖原的运动项目中使用较多，如超过1 h的亚极量强度运动项目。马拉松运动员和长距离竞走运动员由于运动时间比较长，机体能源物质消耗大，尤其要加强糖的储备。目前研究发现，运动前高糖饮食对短时间的力量或速度型项目运动而言同样意义重大，虽然这些项目在比赛时肌糖原不会耗竭，这也许和糖储备提高有利于糖酵解供能有关。对于降体重和速度项目运动员而言，肌糖原储备过多会导致肌肉僵硬和体重增加，反而会影响运动成绩，因此运动员在赛前要注意正确使用。图 11 -1 改良与经典糖原负荷法的比较。

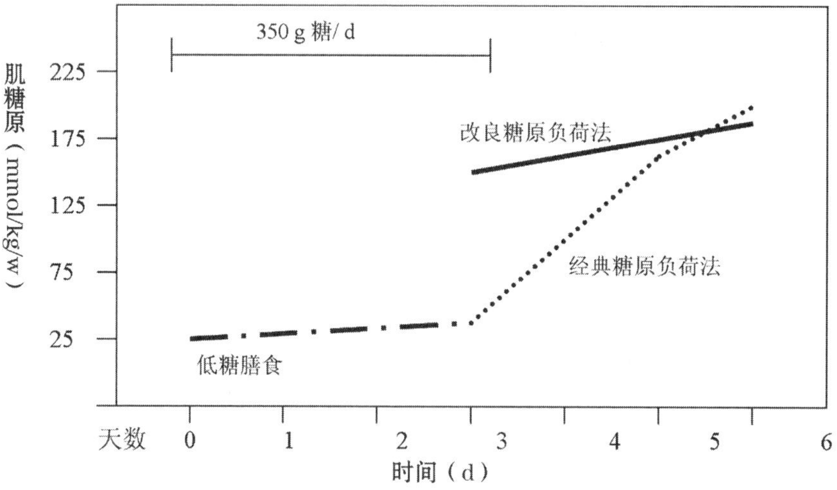

图 11 -1　改良与经典糖原负荷法的比较

（改良法：Sherman 等 1981；经典法；Bergstrom 等 1966）

（二）赛前当天糖的补充

比赛当天运动员的饮食要注意摄入体积小，热量高的食物，同时仍然要注意糖的补充。即使运动员已经应用了糖原负荷法，也要注意比赛当天糖的补充。因为赛前饥饿会使运动员肝糖原储备低下，出现低血糖症，影响比赛成绩。赛前 2 ~ 4 h 补充含糖丰富的膳食可显著提高肝糖原储备，保持血糖浓度。因此运动员不可空腹参加比赛。另外，还要适当摄入一定的脂肪，因为含糖食物胃排空快，容易产生空腹感。

研究发现运动员比赛前即刻补糖有利于提高血糖浓度，以赛前 30 min 内补充为宜，且以补充易吸收的糖饮料为主。饮料浓度不超过 8%，建议采用 5% ~7%，以低渗或等渗饮料为主，如每 100 mL 水中含葡萄糖 2 ~2.5 g 对运动有利。糖浓度太高会影响胃肠道吸收，糖浓度太低起不到补糖的效果。糖的种类以多种糖的混合物为好，由于不同种类的糖在小肠内具有不同的转运机制，多种糖的转运有利于溶质的吸收。建议糖饮料中含有一定比例的低聚糖，研究表明低聚糖是一类 3 ~8 个单糖聚合的小分子化合物，其分解吸收的速率比单糖和双糖慢，在提供等量葡萄糖的条件下，其渗透压低，仅为葡萄糖的 1/4，较低的渗透压有助于水的快速吸收，以保证运动中水的补充。同时低聚糖引起的胰岛素效应小，可使血糖维持在较高水平，另外甜度小、口感好，有利于糖的转运和吸收。

三、赛前蛋白质和氨基酸的饮食原则

蛋白质和氨基酸在机体具有重要的生理作用，运动员赛前由于处于高应激状态，机体蛋白质的消耗增加。因此赛前适量补充蛋白质和氨基酸，对运动员保持良好的机能状态有利，同时对运动员在比赛时发挥出高水平有促进作用。

（一）蛋白质的补充

运动员赛前蛋白摄入不足会使机体处于持续消耗状态，运动员容易出现负氮平衡，导致运动能力降低，同时免疫力也会下降。过多摄入蛋白会加大肝脏、肾脏负担，导致机体脱水，同时蛋白质的代谢产物呈酸性，易造成运动员提前出现疲劳。因此运动员赛前蛋白质的补充应适量，以占膳食总热能的 12% ~15% 为宜，同时以摄入优质蛋白为主，以提高蛋白质的利用率。由于蛋白质在动物性食物中含量较高，故在增加蛋白质摄入的同时不可避免地会有脂肪摄入的增加，因此膳食中注意选择含脂肪量低的高蛋白食物。

在日常膳食摄入的同时适量补充蛋白质营养品也是有效的，研究发现乳清蛋白是含必需氨基酸种类齐全、比例适当的蛋白质。与其他蛋白质相比，乳清蛋白易吸收，利用率高，必需氨基酸和非必需氨基酸之间比例平衡，生物利用价值比其他高质量的膳食蛋白还要高。乳清蛋白同时具有抗氧化和提高机体免疫力的作用，还能刺激合成代谢激素或肌肉生长刺激因子的分泌和释放。因此，乳清蛋白是一个优质高效的蛋白，可以为大多数运动员所选用，既包括力量型项目，如举重、柔道、摔跤等项目运动员，也包括耐力型项目如马拉松、长跑等，同时足球、游泳、自行车等体能型项目运动员都可选用。

（二）氨基酸的补充

氨基酸在运动中具有抗中枢疲劳，节省肌糖原，减少运动中乳酸的生成的作用，在赛前补充氨基酸对运动员提高运动能力有帮助。

可供选择补充的氨基酸中，支链氨基酸的作用较为显著。支链氨基酸包括亮氨酸、异亮氨酸和缬氨酸，主要表现为可以避免疲劳过早出现，包括有效降低脑中5－羟色胺（5－HT）含量的增加，起抗中枢疲劳的作用，同时可参与骨骼肌氧化供能，减少乳酸生成。其中又以亮氨酸的作用较为明显，因为亮氨酸脱氨后转变为酮异己酸，除了可用作氨的清除剂外，还可刺激胰岛素的分泌，促生长激素的释放，促进蛋白质的合成。亮氨酸的另一中间产物β－羟基－β－甲基丁酸盐（HMβ）可抑制蛋白水解酶的活性，抑制蛋白质分解，有利于肌肉蛋白合成增加，增加瘦体重。

对于蛋白质合成而言，仅有合成的原料不够，还需要有多种激素和生长因子的参与，包括生长激素（GH）、胰岛素、胰岛素样生长因子（IGF），睾酮等，补充促上述激素或生长因子分泌的营养物质是另一良好选择。精氨酸和鸟氨酸作为非必需氨基酸，可促进机体GH的分泌，提高IGF－I的水平，促进肌肉生长。

谷氨酰胺是一种非必需氨基酸，在机体游离氨基酸库中占50%～60%以上。谷氨酰胺是机体强有力的胰岛素分泌刺激剂，能最大限度地促进肌肉增长。同时谷氨酰胺是免疫系统必需的代谢基质，是淋巴细胞和巨噬细胞在免疫反应过程中的重要底物，针对运动员赛前高应激状况，谷氨酰胺作为免疫细胞合成的原料，可以促进白细胞的生成，增强免疫力。同时作为谷胱甘肽的前体物质，补充谷氨酰胺对提高机体抗氧化能力有利。

对于氨基酸的补充多采用小剂量补充，如0.5 g/h，大剂量补充会带来一些副作用，如使血氨浓度升高等。在补充氨基酸类物质时一般宜口服且单独服用，如果和其他的氨基酸或蛋白质类物质同时服用会出现相互竞争，影响服用效果。

四、赛前补充肌酸

作为短时间高强度运动的能源物质，磷酸肌酸的含量一直备受关注。人体可以自身合成肌酸，同时从肉类食物中获得，但这些对运动员可能还不够。因此赛前补充肌酸，对高强度重复性、短距离以及间歇性运动项目有支持作用。外源性补充肌酸可提高机体肌酸储备量，提高运动员大强度运动能力。但肌酸的服用并不是对所有的运动员都有效，如果运动员机体原有肌酸水平较高，补充肌酸效果会不明显；而原有肌酸水平较低者补充肌酸效果较好，在补充肌酸的同时结合运动则效果会更好。补充肌酸对提高短时间、高强度运动项目运动能力有利，对耐力项目运动能力的作用目前尚未见权威性报道，因此肌酸的补充目前主要是在短时间、高强度项目运动员中使用。

肌酸的补充要注意服用的时间和剂量，不能在整个训练阶段都大量服用。运动员口服肌酸常采用以下方法：以0.2~0.3 g/kg体重的剂量作为肌酸负荷阶段补充5天，然后以0.02~0.03 g/kg体重的维持剂量保持1个月，肌肉中肌酸会在数周保持较高水平。在口服肌酸的同时补充蛋白质、氨基酸、糖等，比单独补充肌酸效果要好，因为胰岛素的分泌可以促进肌肉从血液中吸收肌酸，可以更好地促进肌肉蛋白合成，有利于运动员速度和力量的提高。补充肌酸也会有副作用，常见的是肌肉酸胀，体重增加，这和水潴留以及蛋白合成增加有关。长期大量补充肌酸会使内源性肌酸合成受到抑制。同时，肌酸的补充并不是越多越好，超过机体最大吸收能力，多余的肌酸会从尿液中排出。

五、赛前水的摄入

对于不同项目运动员而言，赛前机体水平衡状况对运动能力有影响。有研究发现，运动前就失水的运动员运动能力不如那些运动前保持体液平衡的运动员，同时赛前补水可提高运动员对缺水和高温的耐受能力。因此运动员赛前要注意补水，不论是极量强度运动项目，还是比赛时间长达数小时的运动项目，运动员赛前补水都是必需的，尤其在高温或湿热环境中进行比赛时，更要注意赛前补水。

研究发现运动前30～120 min补液300～500 mL，能促进机体排汗，减少体温上升幅度，延缓机体脱水的发生。在特别炎热的天气，还应额外补液250～500mL。由于胃排空的最大速度是600～800 mL/h，同时冷水或温水在胃内排空速率高于体温水，以及纯水或低渗、等渗水胃排空速率高于高渗水，故摄入水时水温和渗透压不可过高。同时不可一次大量饮水，以免增加心脏和胃肠负担。

运动前补液的方法主要为：（1）运动前15～20 min补水或饮料400～700 mL，可分次饮用；（2）运动前5 min补水100～200 mL左右。水中含有适量糖、无机盐和维生素，总浓度不超过8%。不要饮用含碳酸气或甜度过高的饮料，以免机体产生不适。

六、赛前补充碱性物质

对于速度耐力项目运动员或间歇性项目运动员而言，运动中乳酸的生成是导致机体疲劳的主要因素之一，赛前增加碱储备可以提高机体缓冲酸的能力，有利于延缓疲劳的出现。其机制是碱性物质能促进 H^+ 转运出细胞，减少肌肉pH值的下降，对维持肌细胞的正常代谢有利。

运动员可在队医的指导下直接摄入适量的碳酸氢钠或磷酸盐，通常在赛前的1～3 h服用，以0.15～0.40 g/kg体重的剂量服用，通常采用0.30 g/kg体重，也有用到0.5 g/kg体重，摄入的剂量要因人而异，服用时间过早或剂量过小无用。大剂量服用会使胃肠道出现不适，甚至导致碱中毒。因此最为简单和安全的方法就是摄入新鲜蔬菜和水果，因为它们的代谢终产物呈碱性，对机体不会造成不利影响。

七、赛前补充无机盐和维生素

维生素参与机体各种代谢，赛前维生素缺乏或不足对运动员的运动能力会产生不利影响。因此运动员在赛前要注意维生素的补充。当然维生素的补充注意不要过量，否则对机体会产生副作用。

运动员赛前对维生素E、维生素C、β-胡萝卜素的摄入可予以加强，因为它们具有抗氧化作用。维生素 E 属于脂溶性维生素，是公认的具有抗氧化作用的维生素，可通过直接作用于各种氧自由基如单态氧、超氧自由基和脂质过氧化物，中断脂质过氧化的链式反应，保护生物膜免遭脂质过氧化物的侵害，因此，补充维生素 E 可减少机体受氧自由基的损伤。维生素 C 具有多种抗氧化活性，参与机体羟化反应，可清除超氧阴离子自由基、羟自由基及其活性衍生物等活性基团，同时还可使维生素 E 再生，对维持维生素 E 含量起重要作用。β－胡萝卜素是自由基作用的良好底物，能防止脂蛋白氧化，增加膜磷脂对氧化损伤的抗性，使膜磷脂更稳定，提高机体抗氧化作用。某些微量元素也具有此作用，硒是谷胱甘肽过氧化物酶的辅助因子，能消除脂质过氧化物，保护细胞膜免遭过氧化物的损伤。同时，硒还可增强维生素 E 的抗氧化作用，与其他抗氧化剂协同发挥作用。锌是一种重要的微量元素，研究表明，锌缺乏可导致体内自由基产生增加，脂质过氧化反应加强，而补锌则能抑制自由基产生，防止脂质过氧化程度的增加。补锌要适量，只有适宜的补锌量才能对体内自由基防御体系产生有益影响，过量补锌会抑制体内对铜的吸收和利用，以致影响自由基代谢。

运动员赛前大多比较紧张，适当补充锌、磷、维生素 B_1 和维生素 C 有利于神经系统维持正常机能，缓解心理压力，提高机体免疫力。有些维生素要在机体通过生物合成予以转变后才能起作用，因此补充维生素的时间各有不同。B 族维生素至少要在赛前 2～3 周予以补充才能发挥它的作用，维生素 C 在赛前数日或赛前 40 min 补充即可发挥作用。由于能量代谢消耗增加时维生素 B_1、维生素 B_2 和烟酸的消耗也要增加，因此赛前运动员要加强对维生素 B_1、维生素 B_2 和烟酸的补充。

运动员赛前通常要进行大强度训练，为防止机体出现运动性贫血，运动员除了要加强蛋白质的摄入，还要注意铁的摄入。铁在植物性食物中的吸收率较低，运动员应多摄入含血红素铁丰富的肉、禽、鱼等食物，以提高铁的吸收利用率。

第二节　运动员的赛中营养

运动员赛中营养的目的就是要尽量减少疲劳发生的可能性、降低疲劳发生的程度，把影响运动能力的限制因素降到最低，使运动员的运动能力得到最大程度的发挥，使在比赛时比出好成绩。

运动员在比赛中通常会大量出汗导致机体水和无机盐的丢失，体液处于相对高渗状态，出现不同程度的脱水，使心脏负担加大，体温调节受影响，肾脏功能受损，严重的将出现昏厥、死亡。因此，运动员赛中要注意加强对水、无机盐、维生素和糖的补充。

一、赛中水和无机盐的补充

对机体来说水能起到调节体温、输送营养物质和氧气并运走代谢废物，维持正常的水平衡和电解质平衡的作用。运动员赛中由于出汗将丢失大量的水分、无机盐和维生素，使体液处于相对高渗状态，对机体体温调节、电解质平衡等有破坏作用，因此运动员赛中要注意补水。补水时不要等机体出现口渴时再补，因为当出现口渴时机体已经脱水达3%，这时补水已经很难补足。因此要在机体出现口渴之前就补水，或者说要尽量避免口渴的出现。

饮水时间和方式要符合比赛项目的特点，对长时间耐力运动如马拉松、铁人三项、长距离自行车赛、超长距离竞走等项目中，运动时间较长，运动员刚开始常常忽略水的摄入。由于运动过程中水由肠胃进入体内的时间延长，补液时间应提前在运动前期就开始，而且要定时补水，把补液行为由被动转为主动。对于一些间歇性比赛项目如体操、羽毛球、网球、足球等项目，比赛中有不同间隔的休息，运动员应充分利用起来，根据自身水丢失情况予以补充。

水的补充应该选择低张或低渗溶液，同时水溶液中含有适量的无机盐和维生素为好，如含有钠、钾等电解质等，钠的浓度可为18～25 mmol/L。同时水的补充采用少量多次的原则，每15～20 min补充100～300 mL，每小时不超过800 mL。运动员要避免一次性补充大量的水，导致血钠浓度下降，同时增加胃肠道和心脏的负担。

二、赛中糖的补充

长距离项目运动员在运动中补糖是必要的，由于长时间运动时，机体肌糖原和肝糖原大量消耗，肌肉将更多地依赖血糖供能。血糖是中枢神经系统的主要能量来源，肌肉大量摄取血糖会导致血糖浓度持续下降，出现低血糖，由此导致中枢疲劳。运动中补糖，可有效地保持血糖浓度，延缓中枢疲劳的发生。近几年的研究证实，运动员赛中补糖也有益于高强度、间歇性项目运动员运动能力的发挥。因此比赛中补糖有利于运动员保持较好的运动能力。

运动员途中补糖以摄取糖饮料为好，宜选用葡萄糖、果糖、低聚糖的复合糖饮料，糖的浓度不超过8%。糖浓度与胃排空和小肠吸收有关，糖浓度太高胃排空速度将减慢，小肠吸收也受影响，糖浓度太低则不能满足机体对外源性能源物质的需求。糖浓度以5% ~7%，渗透压为250 ~370 mOsmol/kg为宜。每隔20 min补充1次，补充量可以为20 ~60 g/h，或1 ~2 g/kg体重。

第三节 运动员的赛后营养

运动员赛后会出现不同程度的疲劳，包括中枢疲劳和外周疲劳。同时，机体的疲劳受许多因素的影响，其中肌糖原耗竭、乳酸堆积、自由基损伤等是导致运动性疲劳的重要原因。因此，运动员赛后进行合理营养对其尽快消除疲劳，保持运动能力是必要的，尤其是对那些次日仍要比赛或比赛持续数日的运动员，以及随着很多运动项目有新赛制，比赛越来越密集、周期间隔越来越短的这种情况，赛后合理的营养补充就显得更为重要。因此运动员要重视和加强赛后营养，以期维持良好的体力。

运动员赛后一方面要消除疲劳，另一方面要尽快让体能恢复，包括机体燃能源物质的恢复、蛋白质合成和骨骼肌功能的修复、免疫系统功能的恢复、机体消除自由基抗氧化能力提高、生长激素、睾酮合成增加等。因此运动员赛后营养要围绕上述2个方面，采取膳食、基础营养品与特殊营养品相结合的方式，以使运动员疲劳尽快消除，体能尽早恢复。

一、赛后膳食营养原则

运动员赛后首先要重视普通膳食的摄取，基本营养素的摄取是体能恢复的根本，如果运动员只注意特殊营养物质的摄取，忽略对普通膳食的摄入，将是本末倒置，运动员要予以注意。

（一）赛后水的补充

大多数运动员在比赛中会大量出汗，导致机体丢失大量的水、矿物质和维生素，因此赛后要及时补充水和电解质，以维护机体正常的水平衡和电解质平衡状态。补液的量不能仅以使体重达到赛前水平的要求，必须补充超过丢水量的150%才能完全复水。补液的时间越早越好，运动后即刻即应补水。仍以少量多次为原则，不可一次大量饮水，一次大量饮水只会暂时抑制口渴的感觉，但会增加机体心脏和肾脏的负担，增加血浆容量，促进排尿，反而增加机体脱水程度。运动后以摄取含糖—电解质饮料为好，饮料的糖含量为5%～7%，钠盐含量为30～40 mg当量，以获得快速复水。同时也可饮用果汁，以获取维生素和矿物质。

（二）赛后糖的补充

由于人体最大肌糖原合成速率仅为最大肌糖原分解速率的1%，因此运动后肌糖原的恢复相应需要较长的时间。运动后影响机体糖原恢复的因素主要有：（1）外源性糖摄入的速率；（2）外源性糖摄入的时间；（3）外源性糖摄入的种类；（4）运动过程中糖消耗的程度。

1. 运动后糖摄入的速率

运动后每小时至少摄入50 g葡萄糖，才可使肌糖原的合成达到最佳的速率（每小时5～7 mmol/kg体重），此外要使膳食中摄入的糖所提供的能量占总能量的70%。以1名每天消耗3 000～4 000 kcal能量的运动员为例，每天应该摄入565～700 g的糖，即每千克体重8～10 g的糖。

2. 运动后糖摄入的时间

运动后糖的补充越早越好，因为运动后6 h内糖原合成酶活性都较高，运动后

2 h 内肌糖原的合成速率为 7 ~ 8 mmol/kg 体重/h，较一般的速率 5 ~ 6 mmol/kg 体重/h 要快，随后降低为 4.1 mmol/kg 体重/h。如果运动后数小时不补糖或补糖量较少的话，肌糖原的合成速率将减为 2.5 mmol/kg 体重/h 左右。因此尽早补糖有利于肌糖原和肝糖原的恢复，保证运动员有足够的体力进行下次比赛。研究发现只要补糖的时间和量适宜，糖原在 24 h 内就可以基本恢复。

运动后补糖的理想时间是运动后即刻、运动后 2 h 以及每隔 1 ~ 2 h 连续补糖，6 h 内补糖效果好。运动后 2 h 补糖量为 1.2 ~ 2.0 g/kg 体重，24 h 内补糖量可达到 9 ~ 16 g/kg 体重。只要总糖摄入充足，肌糖原合成就不受食物摄入次数的影响。即刻以补充糖饮料为好，因为这时运动员的食欲较低，食用固体物质不利于运动员的消化和吸收。休息 1 h 左右可以摄入含糖丰富的膳食。

3. 运动后糖摄入的种类

不同类型的糖胃排空的速率不同，在肠道的吸收速率各异。葡萄糖的胃排空时间比混合糖的时间长，小肠吸收葡萄糖速率最快，果糖的吸收速率也快，但容易引起胃肠道不适。研究发现葡萄糖有利于肌糖原的恢复，果糖有利于肝糖原的恢复，因此将葡萄糖和果糖联合使用更有利于糖的吸收。

（三）赛后无机盐、维生素的补充

运动员运动过程中机体代谢旺盛，其中无机盐和维生素的消耗量会增加，运动后适量补充无机盐和维生素有利于机体尽快消除疲劳，早日恢复。

1. 赛后无机盐的补充

钠和钾的丢失易造成机体出现肌肉无力、血压下降、恶心呕吐等现象，运动中大量出汗往往会导致钠和钾的丢失，因此运动后应补充适量钾、钠以满足机体所需，尤其是钾。通常运动饮料中含有一定量的钠盐和钾盐，通过运动饮料的补充可以获得部分所需，另外新鲜的蔬菜和水果中也含有大量的无机盐可作为良好选择，比单纯性摄入钾盐或钠盐要好。汗液中同时有铁和镁的丢失，长时间大强度项目运动员血红蛋白的破坏会造成铁的丢失，因此运动员在膳食中要注意摄取含铁丰富的食物。镁与人体运动能力密切相关，参与体内生长过程、蛋白质的合成、肌肉的收缩和体温调节，影响血管的张力并与神经肌肉和心脏功能密切相关。镁的丢失可导致神经紧张、情绪不稳、肌肉乏力、耐久力下降等，运动员在运动中易发生腿部抽筋、痉挛现象。膳食中含镁丰富的食物有谷类、豆类、紫菜、花生、核桃仁等，运动员均可选择。研究发现硼和锌能影响体内睾酮的产生，睾丸间质细胞产生睾酮需要锌，补充锌可以维持它们的功能。锌还参与血液睾酮运输，适量补充硼和锌能促进机体睾酮的分泌，有利于运动员赛后体能的尽快恢复。

2. 赛后维生素的补充

维生素 B_1 在糖与蛋白质的代谢中起着重要作用，运动员大量出汗导致水溶性维生素丢失，同时比赛期间神经活动较紧张，都会导致机体维生素 B_1 大量消耗，因此运动员赛后要注意维生素 B_1 的补充。可多摄入主食以获取足量的维生素 B_1，或服用复合维生素片剂来获得。维生素 C 可以从新鲜的蔬菜和水果中获得补充。运动员运动过程中会产生大量的自由基，而自由基的产生是导致运动员疲劳的主要因素之一。赛后适量补充维生素 E、β－类胡萝卜素和硒有助于自由基的清除，尽快消除疲劳，有助于体力的恢复。

（四）赛后蛋白质、氨基酸的补充

运动员比赛中蛋白质以消耗为主，同时长距离项目运动过程中蛋白质还参与供能，加上运动时出汗使汗氮丢失增加，因此运动时机体蛋白质净消耗增加。运动后机体红细胞的合成，运动中消耗的组织蛋白的恢复，损伤组织的修复，肌肉蛋白的合成等都需要蛋白质作为原料，因此运动员赛后补充蛋白质和氨基酸，对加速机体的恢复有着至关重要的意义。

赛后蛋白质的补充量视运动项目而定，一般耐力项目运动员蛋白质需要量为 1.0～1.8 g/kg 体重，力量项目运动员需要 3.0 g/kg 体重。赛后蛋白质的补充以摄取优质蛋白为主，如鸡蛋、牛奶、牛肉、大豆蛋白等。游离氨基酸是较好的蛋白质补充形式，不受蛋白质中氨基酸成分限制，可根据需要随时补充。

运动后适量补充谷氨酰胺对防止运动员免疫力下降有作用，同时谷氨酰胺具有促胰岛素分泌的作用，能促进肌肉蛋白合成，对运动员保持和增加肌力有利。补充牛磺酸同时结合多种矿物质可促肌肉合成。甘氨酸、精氨酸、鸟氨酸等能促进生长激素的分泌，运动员赛后补充对尽快恢复体力有益。

（五）赛后碱性物质的补充

运动员在比赛中往往会有酸性代谢产物的生成，其中又以乳酸的生成为主。赛后酸性物质的消除对运动员恢复体液酸碱平衡、消除疲劳、促进恢复非常重要。

根据酸碱中和的原则，赛后适当摄入一些碱性食物有利于体内酸性物质的消除。大多数水果、蔬菜、菌藻等富含钙、镁、钾等碱性元素，它们在人体内代谢终产物为碱性。而肉、米面、蛋主要提供脂肪、糖类、蛋白质，氯、硫、磷含量较多，在体内代谢物呈酸性，是酸性食物。故机体可通过摄入足量碱性食物，以缓冲酸性代谢物，促进疲劳的尽快消除。另外运动员在高温环境下训练时，体内电解质随汗液丢失过多，如钠、钾、氯等，往往引起脱水和电解质紊乱。及时补充碱性饮料，可以促进体内电解质的平衡。

二、特殊营养物质的补充

当今竞技体育对运动员的体能要求越来越高，除了在普通膳食中获得相应的营养物质外，研究发现运动员摄入一些特殊营养物质，以对机体尽快消除疲劳，促进体能的恢复有利。

（一）螺旋藻

螺旋藻（spirulina）是地球上最古老的生物之一，其总蛋白含量在60%以上，比鸡肉、鱼肉、牛肉、鸡蛋、黄豆等优质蛋白的含量还要高，是天然食物中蛋白含量最丰富的。螺旋藻不仅蛋白质含量最高，同时其营养价值也很高，所含8种必需氨基酸俱全，相互比例合理，比值接近人体组织蛋白的模式，极易被人体消化吸收。

螺旋藻含有丰富的矿物质，包括钙、镁、钾、磷、硫、铁、锌、锰等矿物质，含铁量高出一般含铁丰富的食物20倍。螺旋藻中的铁属绿色素，藻兰蛋白在消化过程中可形成铁的可溶性化合物，很容易被人体吸收，另一方面螺旋藻色素的化学结构为卟啉环，与人体血色素形态基本相同。因此螺旋藻所含丰富的铁质、卟啉环结构的色素和优质高蛋白，符合血红蛋白合成的三大要素，经吸收后能迅速地合成血红蛋白，具有造血功能，在预防和治疗缺铁性贫血上功效非常明显。

螺旋藻能提高巨噬细胞的吞噬功能，促进淋巴细胞的转化，增加淋巴细胞的数目，增强其活性，这和螺旋藻中的藻兰蛋白和海藻多糖硫酸酯能提高淋巴细胞的活性，提高机体免疫功能有关。同时螺旋藻含有丰富的β-胡萝卜素，是有效的自由基清除剂之一，通过粹灭单线态氧和其活性氧形式，能保护吞噬细胞免受自身的氧化损伤，促进T、B淋巴细胞的增殖，增强T细胞的功能，促进某些白介素的产生，促进免疫功能的增强。同时藻兰蛋白对机体超氧化物歧化酶活性有提高作用，对机体的谷胱甘肽过氧化物酶（GSH-Px）活性都有显著提高，特别是对肝脏GSP-Px具有明显的保护作用，对保护细胞膜、防止氧化有很好的保护作用。因此螺旋藻在体内具有明显的抗氧化和提高机体免疫力的作用。

螺旋藻中的脂肪含量很低，多为人体必需的脂肪酸，包括亚油酸和亚麻酸，因此对控体重运动员有帮助。同时研究发现螺旋藻所含碳水化合物为13%~16%，包含机体运动所需的多种糖类，这些糖类易于消化吸收，且只需极少量胰岛素参与，所以使用螺旋藻可迅速地为人体提供能量需要，具有提高体能、抗疲劳作用。螺旋藻作为一种碱性食品，能加速机体清除乳酸，中和疲劳状态下的酸性物质，从而达到抗疲劳的目的。

（二）活性肽

近年来，功能活性肽（active peptide）的研究已成为营养学界研究的热点，其产品的研究与开发备受人们重视。所谓活性肽指蛋白质的结构片段，是数个氨基酸通过肽键相连而成的功能片段，具有重要的生物活性。

活性肽的分子量比蛋白质小得多，但生物活性非常高，少量的肽就能发挥非常重要的作用。作为蛋白质的主要消化产物，能以完整肽段的形式被机体直接吸收，是机体氮源的快速补充形式。活性肽的摄入可减少肌肉蛋白质降解，促进肌肉快速修复，有利于运动疲劳的消除。同时活性肽具有其他许多生物学性质，可参与调节机体的生理活动，影响运动机体糖和蛋白质等物质代谢。同时活性肽可清除体内氧自由基，提高红细胞载氧能力，对运动员疲劳的消除有利。

（三）磷　脂

磷脂（phospholipid）是含磷酸根的类脂化合物，普遍存在于动植物细胞的生物膜中，对机体的正常代谢起着非常重要的调节作用。磷脂是人体细胞膜的重要组成成分，在细胞膜的流动性、通透性和完整性方面起重要作用。研究发现补充磷脂对机体维持细胞结构的完整性，改善细胞膜结构功能，抗膜脂质过氧化起重要作用。同时磷脂具有良好的乳化作用，能降低血液黏度，促进血液循环，改善机体供氧能力。磷脂对改善脂肪的吸收和利用，对机体脂肪代谢有调节作用。运动员赛后普遍氧自由基生成增加，适当补充磷脂有利于维持细胞膜结构的完整性，有利于消除疲劳。

（四）苹果酸

苹果酸（malic acid）是生物体代谢三羧酸循环的中间产物，是天冬氨酸—苹果酸穿梭的组成部分，直接参与有氧代谢。外源性补充苹果酸，可促进线粒体呼吸，加强三羧酸循环，产生更多的 ATP，以缓解肌肉酸痛无力。同时可以提高心肌缺血时线粒体酶系的活性和冠状动脉血流量，加强心肌收缩力，改善心肌的能量代谢过程。同时苹果酸能促进氨在肝脏中的代谢，促进肾脏重碳酸盐的再吸收，帮助机体对抗酸中毒和氨毒性，因而具有抗疲劳作用。研究发现口服苹果酸钾、苹果酸镁可以提高运动耐力，减轻肌肉疼痛。作为谷氨酸脱羧酶抑制剂，苹果酸可抑制 γ－氨基丁酸的生成，防止运动员中枢疲劳的出现，对提高运动员的运动能力有帮助。

（五）牛磺酸

牛磺酸（taurine）广泛分布于动物组织细胞内，在鱼贝类中含量十分丰富。人体含牛磺酸总量约 12 ~ 18 g，75% 以上存在于骨骼肌内，人体需要从膳食中摄取以维持体内牛磺酸整体水平。许多研究表明，牛磺酸具有明显的抗脂质过氧化作用。研究发现，生物膜系统含丰富的不饱和脂肪酸，在自由基与其他氧引发剂作用下生成丙二醛（MDA），MDA 能使膜蛋白结构与功能受损。补充牛磺酸能使机体 MDA 含量显著降低，阻止 SOD、GSH 的下降，有效地抑制脂质过氧化，保护细胞膜，提高机体抗氧化能力。除了对细胞膜具有保护作用外，牛磺酸还能维持调节渗透压，能双向调节 Ca^{2+} 的跨膜转运，是一种良好的内源性钙稳态调节剂。因此，补充牛磺酸对机体尽快消除疲劳是非常有利的。

（六）1，6－二磷酸果糖

1，6－二磷酸果糖（1，6 fructose diphosphate）是一种多功能的运动营养品，国际上公认的细胞强壮剂。作为细胞内糖酵解的中间产物，能调节某些代谢或作为底物直接参与供能，改善和增强糖无氧代谢的调节能力，加速糖酵解合成 ATP。1，6－二磷酸果糖具有改善缺氧环境下运动机能，提高抗疲劳能力的功能。1，6－二磷酸果糖能促进红细胞向组织释放更多的氧，增加心肌供血，改善微循环，促进心肌细胞能量代谢。同时，1，6－二磷酸果糖具有抗氧化作用，能够抑制肌细胞产生自由基，维持细胞的完整性，恢复和改善细胞膜功能。因此，赛后或训练后补充1，6－二磷酸果糖有利于运动员疲劳的消除。

本章小结：

合理营养对保证运动员在比赛期发挥出正常的水平至关重要，运动员应根据运动项目特征和比赛要求进行安排。

1. 赛前运动员的营养主要是加强能源物质的储备，尤其是糖的储备，可以采用糖原负荷法进行。赛前补充蛋白质和氨基酸有利于维持肌力，防止免疫力的下降。摄取碱性食物可提高机体缓冲酸的能力，维生素和矿物质的补充对提高机体抗氧化能力有利。

2. 赛中运动员要注意水、矿物质、维生素和糖的补充，补充的形式为运动饮料。

3. 赛后运动员应注意尽快补糖，同时注意补糖的种类、用量、速率和时间。水的补充应及时，以尽快消除机体脱水的状况。同时加强其他营养物质的摄入，以尽快消除疲劳，恢复体力。

思考题:

1. 试述长距离项目运动员赛前营养中补糖要注意哪些问题?
2. 运动员赛中营养可采取的措施都有哪些?
3. 力量型项目运动员赛后营养要注意哪些问题?
4. 运动员赛后消除疲劳的主要营养措施都有哪些?

参考文献:

[1]陈吉棣,主编. 运动营养学[M]. 北京:北京大学医学出版社,2002.
[2]张均,张蕴琨,主编. 运动营养学[M]. 北京:高等教育出版社,2010.

(左 群)

第十二章　运动员控体重的科学方法及营养措施

提　要　对许多项目运动员来说，保持最佳体重，才能不断提高自己的运动成绩。本章主要介绍：体重的组成及评价标准；运动员减、增体重的科学方法；控体重对健康及运动能力的影响；运动员控体重期的饮食和营养措施。

对于运动医学专业人员来说运动员超体重面临许多问题。首先，在竞技体育中，有许多对抗性和非对抗性项目对体重要求十分严格，同时它对运动员的体能要求也较高。为了保持良好的竞技能力以进行比赛，往往人为地采用某些手段对体重加以控制，其方法包括减体重、保持体重以及增加体重，运动员的体重是影响运动成绩和运动寿命的重要因素之一，从需要瘦体形项目的运动员（体操、田径、花样滑冰等），到力量型项目的大块头运动员（举重、拳击、摔跤等）以及那些对力量、速度、灵敏等要求很高的运动项目。有些运动的体脂或体重属于正常范围，但对它们所从事的项目或比赛级别来说属于超范围，而且某些项目的运动员所取得的成绩依赖于其自身重量，所以，运动员在赛前会根据实际需要来调节体重，以保证良好的体态或参加较低体重级别的比赛，以利于提高运动成绩。往往这些都会增加运动员减重时的压力，使得降体重复杂化。其次，降体重同时还要提供适当的能量以保证运动训练的正常进行，为了避免运动员受伤、肌肉质量丢失、运动能力下降、情绪低落和被淘汰的危险，不能过分限制膳食的能量。最后，减重计划的实施还需要强化的教育和指导，专业人员要教会运动员长期控重期间的营养平衡、运动和行为干预技术。如果没有专业的指导，运动员极易受到消费市场中减肥产品或药物影响。

目前，有关减轻体重的方法众说纷纭，但总体上分为快速减体重法和缓慢减体重法。在1周内迅速将体重减少到某一既定目标，为快速减体重；而减体重超过1周为缓慢减体重。这2种方法对机体代谢产生的影响程度有些不同，但都会给运动员的身体健康和运动成绩造成一定的伤害。美国医学教授柯尔提出除去医学需要配合治疗性的减轻体重外，任何方式控制体重，从某种意义上都对健康有不良的影响。因此，要使减控体重给运动员训练量和强度的保持以及比赛中运动成绩的最佳发挥所带来的影响减少到最低，教练员、运动员及体育科学工作者必须了解2个问题：一是找出理想的体重；二是考虑如何减轻体重。

第一节　体重的组成及评价标准

一、体重的组成

人体体重由2部分组成：脂肪体重和去脂肪体重（瘦体重）。去脂肪体重主要由肌肉、骨骼、软组织和水分及其他非脂肪组织组成，它与体力、有氧能力以及最大摄氧量成正相关。运动员为比赛减轻体重的理想方法是尽可能减去多余脂肪组织而保留瘦体重和糖原储备。因此，在运动员减控体重时期，要定期检测运动员身体成分的变化。

影响体重的2个基本要素是热能摄入量和消耗量。成年人能量收支平衡时，体重保持不变，当热能消耗量大于摄入量时，体重减轻，反之，则体重增加。现为世界公认的体重科研计算常用公式为：

总体重 = 脂肪体重 + 去脂肪体重

体脂% = （脂肪体重/总体重） ×100%

去脂体重 = 总体重 − 体脂% ×总体重

体重受遗传、环境、饮食和运动等因素影响。

二、身体成分中体脂的评定

一般认为正常男、女成人的平均体脂分别是14% ~16%和20% ~22%。也有专家将成年人体脂水平进行分级。(表12 -1)

表12 -1　成年人体脂分级参考标准

体脂水平分级	男%	女%
极好状态	6 ~ 10	10 ~ 15
良好	11 ~ 14	16 ~ 19
可接受	15 ~ 17	20 ~ 24
脂肪过多	18 ~ 19V	
肥胖	>20	>30

摘自：Williams，M. H.，1985年。表中数据为近似值，极好状态用于竞技运动员如体操、芭蕾舞和长跑等。

运动可使瘦体重增加，体脂减少，一般说来，运动员的体脂百分比较非运动员少，而不同训练水平、不同项目运动员的体脂百分比又存在差异。大量的研究资料表明，运动项目各异会影响体成分，马拉松、长跑、体操、跳高运动员的体脂较低，男性1.4% ~9.9%，女性8.4% ~16.8%；其次为短跑、足球、游泳、划船、垒球等，男性8.2% ~15.4%，女性12.4% ~16.6%；而投掷运动员的体脂较高，男性29.4 ~30.9%，女性27.0 ~33.8%。另外运动员在外伤或停训时体脂会增加，瘦体重减少。此外，还有一些国外研究的结果见表12 -2。

表 12－2　不同运动项目男女运动员的相对体脂范围（摘自 Wilmore1992b）　%

运动项目	男性	女性
棒球、垒球	8～14	12～18
篮球	6～12	10～16
健美	5～8	6～12
赛艇和皮艇	6～12	10～16
自行车	5～11	8～15
击剑	8～12	10～16
美式橄榄球	6～18	–
高尔夫	10～16	12～20
体操	5～12	8～16
赛马	6～12	10～16
冰球和曲棍球	8～16	12～18
定向赛跑	5～12	8～16
五项全能	–	8～15
持球拍球类项目	6～14	10～18
划船	6～14	8～16
英式橄榄球	6～16	–
滑冰	5～12	8～16
跳台滑雪	7～15	10～18
滑雪	7～15	10～18
足球	6～14	10～18
游泳	6～12	10～18
花样游泳	–	10～18
网球	6～14	10～20

续表

运动项目	男性	女性
田径		
田赛	8 ~ 18	12 ~ 20
竞赛	5 ~ 12	8 ~ 15
铁人三项	5 ~ 12	8 ~ 15
排球	7 ~ 15	10 ~ 18
举重	5 ~ 12	10 ~ 18
摔跤	5 ~ 16	-

注：引自丹顿（Sharron Dalton）. 减肥与体重控制（第 11 版）［M］. 范志红，译. 北京：中国轻工业出版社，2005。

三、体重的评价标准

体重组成中，去脂体重受蛋白质和力量训练影响较大，是控制体重中必须保持的部分，而脂肪体重受饮食和有氧运动量的影响较大，是控制体重的重点部分，因此，控制体重主要是控制体脂，体内多余的脂肪会影响人的力量、速度和耐力的发展，增加运动中耗氧量和能量的消耗。Lamb 建议可通过确定“理想”的体脂百分比方法确定“理想”体重，而“理想”体脂也是通过对优秀运动员测试或反复观察而取得的。其计算式如下：

“理想”的体重 = 100 × 瘦 kg 体重/（100 - “理想”体脂百分数的分子）

例如，90 kg 重的运动员，当时测量实际体脂为 20%，即体脂重 18 kg，由此知道他的瘦体重为 90 - 18 = 72 kg。其愿望达到的理想体脂为 13%，代入公式分子 100 × 72 kg/（100 - 13）等于 82.8 kg，即为他的理想体重，与 90 kg 体重的差值 7.2 kg 是他应该减去的体重数。

我国学者研究了国防优秀运动员的身高和体重指出：身高（cm）- 体重（kg）>100 时的体重为适宜体重。还有研究者提出用腰腹指数作为评价指标：腰

腹指数 = 腰围（cm） - ［身高（cm） - 100］，腰腹指数的最佳范围：男子： - 7 ～ - 4；女子：0 ~ 4。

大量的研究表明，短期内所减体重在原体重的 5% 以内，对运动员的健康和运动成绩的影响尚可接受。但在实际竞技比赛中并非都按照理想百分比减体重，尤其以中小体重级别参赛的运动员所需减轻的体重常大于体重的 5%，往往减体脂肪时伴有瘦体重和水分的丢失。总之，科学评定运动员的标准体重，不仅要测量运动员的皮脂厚度，分析脂肪分布情况，计算“理想”体脂百分数，还要测定运动员肌肉力量的大小，观察训练状态和评定运动成绩。如体重增加是由于肌肉增长所致，无须减重；但体重超重，体脂百分比过高时，则应控制体重。有学者提出，运动员的体脂率，最低限水平为男子为 5% ~7%，女子为 6% ~10%，降重一般不宜超过此限度。另外，在指导 18 岁以下的儿童少年运动员进行减重时，除进行各项常用指标的评估外，还要考虑儿童少年运动员的生长发育。体重的评价因人而异，要取得运动员的适宜体重，发挥最佳竞技能力，需靠教练员和运动员双方的共同努力。

四、每日能量总能耗

每日能量总能耗（Total Daily Energy Expenditure，TDEE）包括基础代谢率（Basal Metabolic Rate，BMR）、食物特殊动力效应（Thermic Effect Of Food，TEF）和每日身体活动所需的能量（Energy Expenditure for Physical Activity，EEACT）3 部分。一般情况下，总热能需要中所占的比例为：基础代谢率为 60% ~70%，食物特殊动力效应约为 10%，身体活动为 20% ~30%。（图 12 - 1）

每日能量消耗可分为 3 个主要成分：（1）基础代谢率（BMR）为睡眠代谢率（SMR）和清醒之后能量消耗的总和，占每日能量消耗的 50% ~70%；（2）食物的热效应大约占每日能量消耗的 10%；（3）身体活动的能量消耗为自发性身体活动（SPA）和自由的/主动的身体活动之和，占每日能量消耗的 20% ~40%。图 12 - 1 中所示为不同能量消耗组成部分的主要决定因素以及测量他们的方法。SNS（sympathetic nervous system）为交感神经系统。（引自 Ravussin 和 Swinburn）

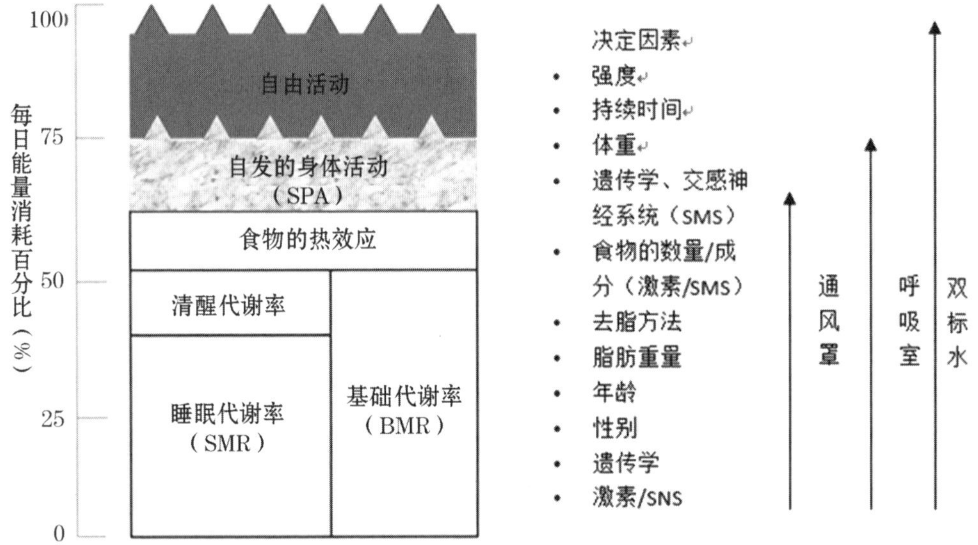

图 12－1　人体每日能量消耗的构成

注：引自丹顿（Sharron Dalton）．减肥与体重控制：第 1 版［M］．范志红，译．北京：中国轻工业出版社，2005。

（一）基础代谢率（BMR）

基础代谢率是指机体在静息状态下为维持基本生活所消耗的热量。BMR 受性别、年龄和体形，以及去脂体重和脂肪量的影响，这 4 种因素大体决定了 BMR 差别的 80%。RER 一般通过间接的热量测定。为了结果的准确，对测量过程有很多特殊的要求。例如，受试者必须在测量前数小时禁食、12 h 内禁止剧烈运动，静卧休息 30 min 以上等。由于这些原因，BMR 的测量并不经常进行。往往是通过一些公式来推算。BMR 的推算公式基于以下原理。

（1）BMR 与身体体积成正比例关系。

（2）BMR 随年龄的增加而减小。

（3）肌肉比脂肪的新陈代谢更活跃。

Harris－Benedict 公式是一种较为简单常用的估算基础代谢率的公式：

男子：

BMR = 88.362 + (4.799 × 身高) + (13.397 × 体重) - (5.677 × 年龄)

女子：

BMR = 44.7593 + (3.098 × 身高) + (9.247 × 体重) - (4.33 × 年龄)

BMR 单位：kcal/d，身高单位：cm，体重单位：kg，年龄单位：岁。

如果已经测得个体的瘦体重，那么就可以用下述公式推算 BMR。因为肌肉的新陈代谢率在男女之间并不差异，因此用该公式不需要考虑性别。

BMR（kcal/d）= 370 + (21.6 × 瘦体重的千克数)

（二）身体活动消耗（EEACT）

每日所需热量的另一个组成部分是身体活动消耗量。对于运动员来说包括日常训练和日常活动。既可以通过查对活动的能量消耗来评估每日活动的热量能耗，也可以下面提供的方法进行热量消耗的评估。

（三）食物特殊动力效应（TEF）

食物特殊动力效应是每日所需热量的另一组成部分。这是用于消化、吸收、转运、储存、摄入的食物所消耗的热量。TEF 在一餐后可以持续数小时，并取决于膳食的构成和能量摄入的量。总的来讲，一个混合餐的热效应估计占每日总能量摄入的 6% ~ 10%；然而，总的 TEF 也取决于膳食中的常量营养素的构成。碳水化合物和脂肪的产热效应较蛋白质低是因为它们在代谢转运和转化为各自储存形式的过程中消耗的能量比较少。相反，蛋白质合成和代谢需要更多的能量。因此，蛋白质的合成和代谢要更多的能量。因此，较多脂肪含量的膳食较碳水化合物和蛋白质较多的膳食 TEF 低些。另外，高能量的膳食较低能量的膳食 TEF 要高些，这是因为有更多的事务需要消化、转运和储存。

（四）估算每日热量需要的指导原则

在基础代谢率算出后，用以下标准估算每日活动所需热量。计算所得的值为维持当前体重所需热量的粗略计算。

1. 低强度

对一个只需要很少的身体活动进行工作或者休闲的人，将 BMR 乘 1.4。

2. 中低强度

对需要中等程度的身体活动进行工作或从事有规律的中低强度的体育活动的人，将 BMR 乘 1.6。

3. 中高强度

对于需要高强度体力活动，或从事有规律的中高强度的体育活动的人，将 BMR 乘 1.8。

第二节　运动员快速减体重期对健康和运动能力的影响

按不同体重级别进行比赛的项目有：举重、摔跤、拳击、柔道、跆拳道、散打、划船、赛马等。这些项目的运动员在赛前往往采用传统的快速减体重措施，以达到参加低于其本人正常体重级别比赛的目的。这种做法是否真有利于比赛，尚缺乏科学的依据，而这些减体重的方法，多数对健康和运动能力是不利的。

一、运动员采用的减体重措施

运动员减体重的措施归纳起来可有 2 类：节食（限制部分饮食或半饥饿，或全饥饿）并限制摄水量（部分或全部限制）；增加运动量以加大能量消耗。此外，运动员还采用脱水（包括穿不透气的尼龙服装运动达到大量出汗、服用利尿药以大量排尿来减少体内水分），甚至服用泻药、自我催吐以及服用食欲抑制剂等。

由于运动项目及习惯的不同，具有代表性的减体重措施大致可分为以下 2 类。

（1）举重竞赛中，运动员只进行 1 次性比赛。一般要在赛前 1 ~3 天进行快速减体重，以保证运动员在训练期的训练强度和量。所采用的方法主要是限制饮食、饮水量，并结合发汗和服用利尿药等。几年来利尿剂全部被列入禁用兴奋剂范围内，因此运动员已经不用该种方法减体重。

（2）摔跤比赛要进行几天，因此需要在几天内都维持低于其正常时的“低”体重，并往往在脱水状态进行比赛，难度较大。运动员在1～1.5个月前开始限制饮食和饮水，但大部分体重是在赛前的最后几天内减掉的，体重减轻量为原来体重的3%～20%。

二、快速控体重对健康的影响

快速减体重最早出现的健康问题是脱水，减重速度愈快，则体内水分的丢失愈多。

（一）脱　水

脱水是快速减体重最早出现的医学问题，减体重速度越快体内水分损失越多。当饮食的控制量不变，摄入水分减少会增加体内水分的丢失，此时人体组成成分将发生变化；当使用高温环境下脱水或运动，体内水分丢失会更加严重，同时体内电解质也随汗液损失。有研究表明，在快速减体重期内的运动员多数均有脱水体征：如口干、眩晕、不安、容易激怒和压抑感等。

（二）心血管系统功能下降

脱水可引起血液渗透压升高，血液浓缩导致心血管系统的负荷增加，体液的丢失，使血浆容量减少引起心输出量、每搏量的减少，并使收缩压降低、心率增加及心功能下降等。

（三）体温调节过程受到损害

减体重引起体液的丢失大部分来自血浆和肌细胞内液，脱水会给人体的冷却系统带来问题。处于脱水状态的运动员在热环境中运动时体温很容易升高。

（四）快速减体重使肾脏负荷加大

脱水会引起肾血流量及肾小球滤过率的减少，并伴有尿电解质组成成分的改变。有资料报道：摔跤运动员在减体重期的尿液有比重大、克分子渗透压浓度高、

pH 值低、钠浓度减少及钾浓度增高等特征。比赛后，尿变化有所恢复。这些一时性的改变是否会影响机体，尚无定论。

（五）快速减体重还会造成机体蛋白质及无机盐的丢失，使肝、肌糖原储备损耗

当体重减轻量为原体重的 8% 时，肌糖原量减少 48%。在快速减体重的 1 ~ 2 天，由于糖原储备损耗，蛋白质和脂肪的分解以及无机盐的丢失等联合效应，可出现低血糖症。除此之外，采用低热饮食减体重，除了热能和蛋白质缺失外，无机盐和维生素也显著减少，约为正常膳食的 1/3 或更少，且无机盐继续排出。

快速减体重造成的脱水，是不可能在几小时内通过补液纠正的。因此，必须控制减体重的速度在每周 1 kg 以下，这样基本不会影响到体液和糖原储备。运动员至少应在赛前 2 ~ 3 天（理想的应为 3 ~ 5 天），达到比赛体重。需要减轻体重 5 kg 以上时，应重新考虑比赛级别。

三、快速降体重对运动能力的影响

快速降体重对有氧运动能力的不良影响已经得到证实。快速降体重，引起能源物质供应不足，储存于体内的脂肪作为主要的能源物质，氧化分解时消耗的氧较多，影响了氧的充足供应，会使线粒体摄氧不足，从而使肌内氧化酶活性下降，细胞色素 C 释放减少，线粒体呼吸功能下降，ATP 生成不足。有资料报道：当体重减轻量为 3% 时，即会影响运动能力，如在亚极限强度下运动，可出现心率加快、心输出量及心搏量减少等改变。极低热量膳食可导致有氧运动耐力、速度、协调、判断和肌力的降低。但快速减体重对无氧运动能力的影响多年来意见一直有分歧。减体重对最大摄氧量以及氧债的影响则取决于减体重的程度和持续时间。Strauss 观察到减体重会使运动员体内睾酮水平降低。快速减体重引起的一系列负面效应对运动员的健康和运动能力有一定影响，表 12 - 3 表示机体的生理功能和运动能力的变化取决于快速脱水的程度。

表 12－3　脱水对机体各种生理机能和运动能力的影响。

变化	快速脱水	再水合
一、生理功能		
心血管		
血容积/血清容积	↓	↓
心输出量	↓	?
每搏量	↓	?
心率	↓	?
脉压	↓	↔
代谢		
有氧能力（最大吸氧量）	↔，↓	↔
无氧功率（无氧功实验）	↔，↓	↔，↓
无氧能力（无氧功实验）	↔，↓	↔，↓
乳酸（峰值）	↓	↓
无氧阈	↓	?
血碱储备	↓	?
肌肉和肝糖原	↓	↓
运动中血糖	可能↓	?
随运动蛋白质降解	可能↓	?
温度调节和液体平衡	紊乱	紊乱
运动中心温度	↑	?
出汗率	↓	?
皮肤血液量	↓	?
二、运动能力	↔，↓	↔，↓
肌肉力量	↔，↓	↔，↓
肌肉耐力	?	↓

续表

变化	快速脱水	再水合
移动速度	?	?
奔跑衰竭时间	↓	?
总功	↓	↓
技术测验	↓	↔，↓

表中记号所示：↑上升，↓下降，⟷ 回到正常值，不清楚。

Fogelholm（1994），Horswill（1994），Oppliger（1996）。

第三节　运动员长期控体重对健康和运动能力的影响

体操、跳水、花样游泳、花样滑冰、舞蹈、长跑等项目以及特殊情况（如缺乏全身性耐力训练的项目射击运动员、哺乳期女运动员等）需要运动员长期控制体重。最佳的体重应该可以促进健康和改善运动能力，并能够达到和保持。如果一名运动员根本不能达到或保持他或她的体重，那会是一个不切实际的体重，并且将运动员至于不必要的心理压力之下。推测一名运动员的最佳体重一定要考虑遗传背景、年龄、性别、运动项目、健康及过去的体重史。对于女性运动员来说，了解其月经周期对制定减重和膳食目标也是十分需要的。

一、长期控体重的一般方法

运动员主要采用长期食用低能量膳食控制体重，有时也间歇采用脱水措施，少数运动员还采用服泻药、催吐或食欲抑制剂以期达到不切实际的低体重目标。但科学的方法是适当控制饮食＋有氧耐力运动，有氧耐力运动减体重是通过提高脂肪代谢酶活性，促进脂肪分解与利用，抑制脂肪合成来实现的，因此减掉的主要是脂肪。要对体成分进行测量并将减重目标的重心放在减脂而不仅仅是减体重上。

二、长期控体重对健康的影响

长期控体重也会对运动员的身体健康造成损害，通过对女子体操运动员控体重情况下的体成分和营养的研究发现，过度控制饮食会造成以下影响：生长发育迟缓，女子体操运动员的身高和体重均显著小于同龄人或其他项目女运动员。这一方面是由于选材时的偏向，另一方面也与长期控制体重有关。女运动员月经初潮推迟，月经紊乱，甚至闭经。由于限制饮食，造成热量不足，蛋白质及无机盐营养不足，出现血红蛋白水平低下、维生素和微量元素缺乏等营养不良症。长期采用限制饮食措施控体重还会造成运动员骨密度减低和钙丢失，这些因素会使运动员自觉无力，运动能力受到不同程度的影响。

三、长期控体重对运动能力的影响

长期控体重对运动能力下降的影响，取决于运动员限制饮食的程度，减体重是否造成瘦体重丢失、脱水和营养缺乏等情况。不少教练员认为低体重是取得良好运动成绩或训练效果所不可缺少的条件之一。但在控体重时首先遇到的问题是“什么是适宜的体重标准”。不少教练员主要凭经验来掌握运动员的饮食和体重，测定第20届奥运会女子体操前18名选手的身高和体重数据显示，身高（cm）减体重（kg）均大于110，故认为如果身高减体重的值小于110，就让运动员减体重。目前公认，瘦体重与运动能力呈正相关，优秀运动员的体脂比一般运动员少，研究运动员适宜体重与运动能力时，监测运动员的体成分势在必行。

有研究表明，当运动员体脂百分比相似时运动成绩优秀者的体重、瘦体重、瘦体重/身高和身高（cm）减体重（kg）数均高于成绩较差的。因此，过度强调小体重和低身高是良好成绩的必备条件这一观点并不全面。至于运动员的适宜体重标准，尚需作进一步的研究。

第四节　运动员控体重期的饮食营养措施及综合控制

运动员在控体重过程中必须注意合理的营养，否则会对运动员的健康造成损害。如在快速减体重时期，由于减去的体重主要是体液和瘦体重组织的丢失，极易造成脱水。而在运动员增体重时期，所要求的是增加肌肉而不是脂肪。因此，对营养也有特殊要求。

一、减体重的营养要求及措施

（一）提供安全的热能营养

一般运动员每日的热能供给至少应不低于 1 500 kcal，具体视运动员的体重和运动量而定；体重大及运动量大的运动员由于基础代谢及运动所需能耗高，每日供应量也应当较高。

（二）摄取低能但营养平衡的膳食

采取高蛋白（18%或 2 g/kg 体重）、低脂肪（1.4 g/kg 体重）中糖膳食，保证一定的饮水量。提供充足的矿物质、维生素和微量元素，必要时可采用一些专门为运动员研制的减体重期强化食物。研究表明，在补充强化食品后，脱水程度显著减轻，心血管系统负担减轻，运动员体力改善，肌肉抽搐率降低。

（三）禁止使用利尿剂或药物减体重

此外，还要注意运动员体脂的最低水平为男 5% ~7%，女 6% ~10%，低于此水平时，不宜再减体重。运动员适宜的减重速度是每周 1 kg，不可超过每周 1.5 ~2 kg。

二、科学减重的注意事项

从目前看来，无论是哪种方法控体重，都或多或少地对机体产生不利的影响，因此，合理减控体重的关键问题是减体重的速度和安全平衡的营养。

（1）在减控体重前应首先在专家的指导下对运动员进行体成分分析，看是否需要减控体重，如果需要，也应在营养专家和队医及主教练的正确指导下进行。尽量避免在赛季减体重，应在非赛季进行。

（2）运动员适宜的减体重速度是每周 1 kg，一般做法是，每周热量负平衡 3 500 ~7 000 kcal（500 ~1 000 kcal），这样理论讲每周减少 0. 5 ~1 kg 脂肪。成年人每日摄入热量 1 000 ~1 500 kcal 为不至于出现不良后果。若每日摄入量严格控制在 800 kcal 或以下，就必须处于医务监督之下进行。但对于特殊需要人群，如运动员、老年人、某些代谢失常患者，他们的热量需求更为特殊。在限制饮食的情况下，会出现 RMR 和瘦体重的下降。

（3）减体重期内不能过分限制水的摄入，发汗方式也仅在赛前最后 1 ~2 天结合使用以减掉剩余的体重使之达到减重目标，而且要适当补充营养强化剂以补充丢失的蛋白质、矿物质及维生素。一日三餐要平衡饮食，饮食中应含有丰富的碳水化合物（蔬菜及各类水果），少吃高盐、高脂和高糖食物。

（4）降体重期运动员照常训练，并可增加运动负荷。为减体脂还可进行耐力运力，每次运动消耗能量 300 kcal（相当于中等强度跑、游泳和骑自行车 20 min 以上），每周 3 ~4 次。为保持肌肉力量不下降，可以 8 ~10 RM 强度，每周进行 3 ~4 次力量训练。

（5）快速减体重时个体差异较大，必须做出每一个人的减体重速度和详细的饮食计划。不要因体重而批评运动员，过激的语言刺激和羞辱会导致饮食紊乱，以致造成更不利的影响。

三、减体重的综合控制

（一）在体重之外，还要强调个体健康、自我感觉、身体素质和运动能力的目标

树立现实的体重目标，少注重具体的数值，多种注意体成分和生活方式的改变，譬如对压力的控制力，合理的食物选择。根据你的训练计划选取适当的减重方法。减重应该是一个渐进的过程，大约0.5～1.0 kg/周。通过测量身体素质水平和运动能力水平的变化来标记进度，以及综合的一般自我感觉。

（二）膳食和饮食行为的转变

不要禁食或太过严格地控制饮食。每天摄入能量女性不低于5～6.4 MJ（1 200～1 500 kcal），男性不低于6.4～7.6 MJ（1 500～1 800 kcal）。不要不断地限制自己喜爱的食物或指定不切实际的饮食原则。饮食上要做根本的改变，能量摄入适中，符合训练情况且可以实现。减少脂肪的摄入，但是要记住：如果没有达到负能量平衡即使再低的膳食脂肪摄入也不能保证体重减少。多吃一些全麦、谷类食物、水果和蔬菜即使当地摄入膳食纤维（25 g/d），保证膳食平衡，免去零食、不吃或少吃含脂肪或高糖的食物，停用点心、加餐以及含糖量高的饮食。

第五节　运动员体重回升和增加体重期的营养措施

减轻体重取决于战胜调节食物摄入量的自然倾向，而要维持体重必须在某种程度上依赖于对食物摄入的主动控制。因而一个需要认识的重要问题是：在体重维持期间和体重下降期间，营养素选择的不同。如果看不到两者的不同，很可能导致减肥后体重回升失控。

人体可以通过增加脂肪或肌肉组织使体重增加，但运动员长体重的要求是增

加肌肉而不是增加脂肪。但膳食中含有大量脂肪，而生活方式又缺乏运动的时候，脂肪就容易堆积。如果不控制脂肪的摄入量，或不能达到足够的运动量以增加肌肉中脂肪的氧化，脂肪组织就会膨胀。因此增加体内脂肪量比较容易；而增加肌肉体重必须通过一段时间内有相当强度的连续性的力量训练，并且对体力应激获得适应后才能使肌肉增长。肌肉增加借蛋白质合成实现，因此蛋白质的需要量应达到总热量的10%～15%，即1.5 g/kg体重。单纯多吃蛋白质或氨基酸对肌肉、肌力或体力能力的增加是无效的，多余的蛋白质会在体内变成脂肪，而且过多的蛋白质营养对健康和运动能力有害。高蛋白饮食包括大量的肉、奶、蛋可能会增加在中老年期患冠心病的危险，而且在高蛋白饮食后，摄取碳水化合物的食欲减小，从而影响适宜的糖原储备，训练中潜力的发挥和体能也将减低，运动员常感疲劳。

运动员体重的增长率及肌肉增长的部位取决于训练的质量和数量，与运动员的性别、体形以及遗传因素有关。

运动员参加适当的力量训练计划时，一定要摄取充足的热量和全面营养的膳食，比平时应适当增加一些食量。定期监测体重和体脂，不宜过食，尤其当食物体积增加时，可引起胃肠道不适。因此，可采用一些浓缩食品及加餐措施。每周增长体重量不宜超过1 kg。实践中要求增长的体重单纯是肌肉组织有一定困难，可能会有少量脂肪伴随肌肉增长。可在肌肉增长后再减去这些脂肪。限制脂肪体重过多增长的办法是控制增体重的速度每周不超过1 kg。

本章小结：

1. 运动员的体重是影响某些项目运动成绩和运动寿命的重要因素之一，运动员控体重的方法包括减体重、保持体重以及增加体重。

2. 减体重分为快速减体重法和缓慢减体重法，在一周内迅速将体重减少到某一既定目标，为快速减体重。而减体重超过一周为缓慢减体重。

3. 体重由2部分组成：脂肪体重和去脂肪体重（瘦体重）。脂肪占体重的百分比则为体脂百分比。正常男、女成人的体脂百分比分别为14%～16%和20%～22%，理想体重＝100×瘦体重（kg）/100－理想体脂。

4. 快速减体重对机体造成十分显著的影响，具体表现为：（1）脱水；（2）心血管功能下降；(3) 肾脏功能改变；(4) 体脂、体蛋白质、矿物质及维生素丢失；(5) 体温调节过程受到损害；(6) 肌肉和肝糖原储备耗损；(7) 运动能力下降。

5. 长期控体重运动员过度限制饮食，会导致生长发育迟缓、月经紊乱、贫血、营养不良、神经性厌食、肌肉无力、钙丢失和骨密度下降，并且损害运动能力。

6. 减体重的速度很重要，不要过分地限制能量摄入和禁食。运动员适宜的减体重速度是每周 1 kg。减重期要注意平衡膳食，每日的热能供给至少应为 1 500 ~2 400 kcal，不能过分限制水分的摄入，适当补充营养强化剂以补充丢失的蛋白质、矿物质及维生素，少吃高盐、高脂和高糖食物。

7. 膳食结构很重要，尤其对于保持体重来说。碳水化合物、蛋白质、酒精的氧化速率与它们的摄入量有关，但脂肪却不是这样。

8. 运动员增体重的要求是增加肌肉而不是增加脂肪。在平衡膳食的基础上，蛋白质的供给量应达总热量的 10% ~15%，即 1.5 g/kg 体重，同时还必须有相当强度的连续性的力量训练。

9. 运动员增体重时，限制脂肪体重过多增长的办法是控制增体重的速度，每周不超过 1 kg。

思考题：

1. 运动员为什么要控体重？哪些项目的运动员需要控体重？
2. 何谓“快速减体重”和“慢速减体重”？
3. 简述体重的组成及评价标准。
4. 运动员快速减体重对健康和运动能力有何影响？
5. 如何科学安排运动员控体重期的营养与饮食？

（庄　洁）

第十三章　特殊环境下运动时的营养

提　要　本章针对运动员在高温环境、低温环境和高原环境等特殊环境下进行训练时，所要注意的营养问题予以阐述，为运动员在特殊环境下通过营养手段保持运动能力起一定的指导作用。

运动员的运动训练或比赛，不可避免地会在不同的环境下予以展开，其中高温、低温、高原缺氧由于其环境的特殊性，给运动员的比赛或训练会带来影响。对于运动员在特殊环境下进行训练，在营养上尤其要予以加强。

第一节　高温环境下运动时的营养

根据环境温度及其和人体热平衡之间的关系，通常把35℃以上的生活环境和32℃以上的生产劳动环境作为高温环境。高温环境包括干热气候环境和湿热气候环境2种，干热环境指气温在28℃以上，相对湿度为60%左右的环境，湿热环境指空气湿度超过60%的高温环境，包括运动员在运动中穿着较厚的运动服所造成的微小气候环境。

一、高温环境对机体的影响

（一）高温环境对机体热代谢和体温调节的影响

机体体温在一定范围内保持相对恒定，是维持机体各种生命活动的基本条件。体温的恒定靠产热和散热 2 种生理过程的调节来实现。机体散热部位主要是皮肤，散热方式主要有传导、对流、辐射和蒸发。机体产热部位安静时主要依靠内脏器官，运动时主要依靠肌肉。

人体处于 28℃以下环境时，皮温高于气温，机体以蒸发方式散热，体内一般不会出现热蓄积。但当机体从事运动时，机体有可能出现热蓄积。处于湿热气候环境下，由于空气湿度大，机体汗液蒸发更为困难，更容易造成热蓄积。

机体处于高温环境时，体温调节机制将发生很大变化。37℃左右为体温的调定点，如果偏离此定点，体温调节中枢将予以相应调控。由于机体体温调节能力有限，当产热和接受外界热量超过人体体温调节的生理极限时，就会导致热蓄积，出现体温失调。

（二）高温环境对机体能量代谢的影响

安静状态下，人体在 28℃环境中产热量就开始提高，随着气温的升高，产热量逐步提高。加上运动时骨骼肌大量产热，更增加了机体的热负荷。环境温度越高，运动强度越大，机体的热负荷也越大。热负荷可导致机体能量代谢增加，用于汗腺活动的加强，以实现体表散热。

引起高温环境下机体能量代谢增强的原因有：（1）输送大量血液到体表散热时，循环系统的负荷增加；（2）汗腺活动加强，使大量出汗蒸发散热，增加了能量消耗。

（三）高温环境对机体心血管系统的影响

处于高温环境下，机体的心血管系统将发生明显的变化。体热的增加使体表血管扩张，皮肤血流量增加，而胃肠道、肾脏等内脏血流量相应减少。由于外周血流量加剧增加，导致回心血流量减少。心率明显增加，心脏泵血功能减弱，每搏输出量减少，血压显著下降。当环境温度过高时将导致心血管功能紊乱。

（四）高温环境对机体神经—内分泌系统的影响

高温环境将使机体神经内分泌系统产生一系列变化，交感神经系统在高温环境下能被激活。但机体过热时将损伤神经元的正常功能，出现神经系统功能紊乱。在高温和热辐射作用下，大脑皮层调节中枢的兴奋性增加，由于负诱导，使中枢神经系统运动功能受抑制，肌肉工作能力、动作的准确性、协调性、反应速度及注意力均降低，运动员训练时容易受伤。

高温环境同时加强了下丘脑、垂体、肾上腺的功能，加速机体应激激素的分泌，且使机体抗利尿激素和醛固酮分泌增加，有效地增加了肾小管对水分的重吸收，减少了尿量，起到了机体保钠排钾的作用，维持机体的渗透压。

（五）高温环境对机体呼吸系统的影响

高温环境通过对下丘脑体温调节中枢和外周化学感受器的刺激，激活呼吸中枢，反射性地加强呼吸运动，使呼吸频率和深度增加。通过呼吸道蒸发的途径使机体散热量增加。肺通气量的增加，有利于机体对流散热，但当机体过热时会使组织细胞缺血缺氧。体温增加时，人体的耗氧量和换气增加，使二氧化碳的丢失增加，碱贮备降低。

（六）高温环境对机体消化系统的影响

在高温环境中机体交感神经的兴奋性提高，使胃肠活动受到抑制，同时机体为了维持热平衡，大量血液流向体表，内脏血流量减少。因此高温环境下机体消化腺功能会受到抑制，唾液、胃液分泌减少，小肠吸收功能减弱。同时强化的体温调节中枢对摄食中枢产生抑制，出现食欲减退、消化不良。

（七）高温环境对机体水盐代谢的影响

机体处于高温环境下，为了维持热平衡，汗液蒸发成为主要的散热方式。环境温度越高，劳动强度越大，汗液的丢失越明显。在高温季节，正常人每天出汗量为1 L，而在高温下从事体力劳动，排汗量会大大增加，每天平均出汗量达3～8 L。

汗液中99%以上为水分，大量水分的丢失将引起血液循环总量减少，血浆渗透压升高，血液浓缩，出现脱水的现象。汗液的分泌不仅使机体丢失大量的水分，同时还有电解质的丢失。汗液中丢失的无机盐主要有氯、钠、钾，其次为钙、镁、铁等。钠离子的流失，容易引起细胞外液渗透压下降，使神经肌肉兴奋性提高，出现肌肉痉挛。同时钠离子的丢失使碳酸氢根离子含量相对减少，使血液pH值下降，出现酸中毒。钾的丢失使机体易出现低血钾，引起心律和酸碱平衡紊乱。钙的丢失使机体出现血钙下降，影响运动员神经传导和肌肉活动。

二、高温环境下运动员的合理营养

处于高温环境，运动员一方面要适应外界热环境，另一方面，由于进行运动，机体产生大量热量。为了维持热平衡，运动员的能量消耗很大，营养代谢也产生很大变化。因此对其要进行合理营养，以便更快地适应这种特殊环境。

（一）能量需要量

高温环境下能量消耗增加，高温环境下运动，运动员受到高温和运动的双重影响，能量消耗增加更加明显。因此，膳食中对热能的需要量也增加。一般在30～40℃环境中，温度每升高1℃，能量消耗增加0.5%。高温条件下进行运动训练，能量需要量可增加10%～40%。但由于高温环境下机体的消化系统功能减弱，故以增加10%左右为宜。出现热适应后可逐步增加能量的摄入，以满足机体在热环境下运动训练的需求。食物以高碳水化合物为主，可占总能量的60%左右。减少高脂肪食物的摄入，脂肪提供的能量占总能量的比例不超过30%，以防高温环境下出现消化不良和厌食。

（二）蛋白质

高温环境下进行运动会加大蛋白质的分解，同时汗液中有大量含氮物质排出。研究发现汗液中1/3为必需氨基酸，其中以赖氨酸含量最高，肌酸、肌酐、尿素、尿酸等含量也升高，因此机体要加大对蛋白质的摄入。但由于蛋白质的食物特殊动力作用较强，过多蛋白质的摄入会加大机体热量的释放，同时还会增加对水的需求，因此蛋白质的供给以占总能量的12% ~15%为宜，可在14%左右。膳食中蛋白质以优质蛋白为主，其中动物性及豆类等优质蛋白质占到蛋白质总量的50%左右，以加大机体对蛋白质的利用率。

此外，高温环境下机体对化学物质毒性作用的耐受度下降，机体的免疫力也降低，抗体形成受到抑制，抗病能力下降。因此适当增加蛋白质的摄入对提高机体抗病能力有利。

（三）维生素

高温环境下大量出汗使机体水溶性维生素的排出量增加，其中维生素 C 的排出量最高，可达10 μg/mL，维生素 B_1 的量为0.14 μg/mL，其丢失可占每天供给量的1/3 ~1/2，这和高温环境下机体能量代谢增加有关。同时热应激可引起机体抗氧化功能降低，体内自由基增多，加重热应激损伤作用。因此热环境下机体应加大对维生素 C、维生素 B_1、维生素 B_2、维生素 E、烟酸等的供给。每日维生素 C 的供给量在150 ~200 mg，维生素 B_1 为5 mg，维生素 B_2 为3 ~5 mg，烟酸30 ~50 mg，才能满足机体的需要。

（四）水和无机盐

高温环境下运动时，汗液蒸发成为机体唯一散热方式，汗液的丢失可达5 L/h。大量出汗使机体水分和无机盐出现不同程度的丢失。无机盐中以氯化钠为主，可达20 ~25 g/d，同时还有钾、钙、镁、铁等的丢失。由于高温下因出汗致使钾丢失较多，所以除必要时直接口服氯化钾外，平时膳食中应增加含钾高的食物，如豆类及其制品，各种蔬菜瓜果及鱼类；也可补充含钾的复合无机盐片，使钾的供给达到每日3 200 mg，可防止钾的缺乏。除钠和钾外，对于钙、镁和铁也应注意。经汗液由体内损失钙和镁的量分别可达0.33 和0.13 mmol/L，或0.42 mmol/h 和0.6 mmol/h。随同汗液还有一定量铁损失，每天由汗液损失可过0.3 mg，相当于通过食物所吸收铁量的1/3。因此，高温下生活或作业人员的饮食应特别注意补充铁，如动物肝脏、蛋黄等食物。

高温环境下运动员要加强水的补充，以少量多次为宜，同时应注意不能单纯补水，要同时补充一些矿物质。通常在运动前20 min可补充300～500 mL冷或温水；运动中每隔20 min左右少量多次补液100～300 mL左右，每小时补液的总量不超过800 mL为宜；运动后补液也应少量多次，不可一次大量饮水。饮料以低渗和低糖为主，浓度为5%～8%，钠盐含量为30～40 mg当量，同时含有适量的其他无机盐。多吃蔬菜和水果，以及富含钾和铁的食物，以获得足量的无机盐和维生素，恢复机体水和电解质平衡。

三、高温环境下运动员的饮食营养措施

（1）用餐时间应选在早晚较为凉爽的时间。可采取一日多餐制。用餐环境洁净凉爽。

（2）饮食宜多样化，清淡可口，多摄入清凉降火的食物或饮料，如苦瓜、百合、银杏或绿豆汤等。

（3）在饮食卫生的前提下，可多食用生冷蔬菜和新鲜水果，如生拌西红柿、黄瓜、小萝卜，多用绿叶蔬菜。

（4）为提高食欲可适量摄入葱、蒜、姜开胃，同时可杀菌，保障高温时的饮食卫生。

第二节　低温环境下运动时的营养

低温环境指环境温度低于10℃以下的外界环境，运动员在低温环境下运动主要是冬季项目运动员的训练，以及其他项目运动员进行冬训等。由于寒冷环境对运动员机体会产生影响，因此要通过营养措施以提高运动员的适应能力。

一、低温环境对机体的影响

我国的寒冷地区通常指东北、华北、西北和青藏高原等地，大多气温低、寒

期长，风速大，空气干燥。处于这种环境，机体各器官系统会产生相应变化，以适应这种特殊环境。

（一）低温环境对机体热平衡和体温调节的影响

处于寒冷环境，机体皮肤毛细血管产生收缩，使皮肤血流量减少，以减少散热。皮肤温度随环境温度会发生变化，环境温度越低，皮肤温度下降越多。持续的皮肤温度下降将导致皮下组织和肌肉温度降低，最终导致体温降低。处于寒冷环境，机体会通过寒颤产热，但产热量有限，不能维持体温。寒冷环境机体仍可通过对流、蒸发带走热量。风速越大，散热越多。在低温的水中，通过传导散热更多。机体通过呼吸也可带走大量热量，同时丢失一部分水分。由于体温高于周围环境，因此通过辐射机体也会散热。同时低温下出汗也是机体失水的途径之一。

（二）低温环境对机体循环和呼吸系统的影响

处于寒冷环境，机体交感神经系统产生兴奋，皮肤血管收缩，心率加快，心输出量增加，血压上升。同时血液黏度上升，使红细胞比容增加，血流阻力增大，心脏负担加重。冷空气使气管和支气管分泌物增加，支气管狭窄，气道阻力增加。

（三）低温环境对内分泌系统的影响

在冷环境中机体甲状腺素分泌增加，肾上腺皮质活动加强，血液中儿茶酚胺水平升高，可促进机体脂肪组织分解产热。

（四）低温环境对机体泌尿系统的影响

由于外周皮肤血管收缩，体内血流量增多，使抗利尿激素分泌减少，容易产生多尿。尿量的增加使从尿液中排出的水、钠离子、氯离子及磷酸盐等含量增加。

（五）低温环境对神经肌肉系统的影响

寒冷环境可影响机体外周神经系统，影响肌肉关节的功能，使肌肉的收缩力、协调性和灵活性减弱，容易受伤。中枢神经系统在寒冷环境下，易发生注意力不集中，反应时延长，视觉灵敏度减弱，判断力下降等。因此运动员在低温环境下运动时容易受伤。

二、低温环境下运动员的合理营养

（一）能量需要量

低温环境人体总热能需要量较高，这和机体基础代谢升高、机体散热增加导致产热增加等有关。寒冷环境下机体基础代谢可增加10%～15%，因此每日摄取能量应增加10%～15%。加上运动训练，运动员总能量的需求可增加20%左右。在机体尚未适应低温环境时，碳水化合物仍然是热能的主要来源。但是，随着在低温环境下运动时间的延长，体内热能代谢的方式也逐步发生改变，机体由以碳水化合物为主的热能来源转变为以脂肪和蛋白质供给能量为主。因此在膳食供给方面，也应作相应的调整，增加脂肪热能来源，一般脂肪供能应占35%～40%。当然碳水化合物在膳食中的比例仍要保持在较高的水平，以保证机体的运动能力。在寒冷环境下蛋白质的代谢会增加，因此蛋白质的供给量应占总能量的15%左右，其中优质蛋白应占总蛋白摄入的1/3。同时保证必需氨基酸摄入的合理比例。其中蛋氨酸对提高耐寒能力十分重要。因此在提供的蛋白质中，应有1/2以上的动物蛋白，以保证充足的必需氨基酸的供给。

（二）维生素

低温环境中，机体对维生素的需要量比常温下显著增加，这是由于低温环境使热能消耗增加，与能量代谢密切相关的维生素 B_1、维生素 B_2 和尼克酸的需要量也随之增加。近年来，人们对维生素 E 的耐寒能力及其机制研究很多。认为维生素 E 能改善由于低温而引起的线粒体功能降低，提高线粒体代谢功能。除维生素 E 以外，在低温环境中，补充一定量的维生素 B_2，可促进体内氧化磷酸化过程，增加产能，有利于增加机体的耐寒能力。此外，维生素 A、维生素 B_6、维生素 C 与泛酸，均具有对寒冷环境下机体的保护作用和缓解应激作用。维生素 C 及维生素 B_1 的供给量应在一般运动员供给量的基础上增加30%～50%，维生素 B_2 的供给量可增加为每日5 mg。

低温环境下由于日照减少及食物来源受限，机体往往出现维生素 D 不足，因此运动员要加强富含维生素 D 食物的摄取，必要情况下可供给复合的维生素制剂，以保证机体需要。

（三）水和矿物质

低温环境下尿量排出增多，从尿中排出大量水分，加上运动训练机体出汗，机体容易出现轻度的脱水和失盐。因此低温环境下要注意水和无机盐的补充。低温环境下机体易缺乏钙和钠，钙的缺乏主要由于膳食来源缺乏、日照时间短，致使维生素 D 不足，因此应增加富含钙的食物。低温环境下食盐的需要量升高，可使机体产热功能加强，推荐量为 15 ~ 20 g/d。同时，食物中要增加锌的摄入，因适量补锌可提高人体的耐寒能力。对于钠、钙、钾、镁等无机盐同样要注意加强摄取。因此在膳食调配时应注意选择含上述营养素较多的食物供给，以维持机体的生理功能，增强运动员对低温环境的适应能力，提高低温环境下机体的适应能力。

三、低温环境下运动员的饮食营养措施

（1）食物应注意多样化、营养平衡并引起食欲，可采用一日四餐制或五餐制。

（2）提供充足的热能，适当增加脂肪及蛋白质含量丰富的肉类成分及能量密度高的食物，如羊肉、核桃、花生等食物。

（3）运动前后与运动中应注意补液，预防脱水。

（4）食物应注意保温。

第三节　高原环境下运动时的营养

在地理学上将略高于海平面的大面积平地称为平原，而对数百米高，起伏较小的完整高地称为高原。高原环境总的自然特点是气压低、低氧、昼夜温差大、寒冷、风沙大、日照时间长、辐射强。运动员处于这种恶劣的环境下进行训练，对于营养的需求不同于在平原地段。

一、高原环境的特点

高原环境的自然特点不同于平原环境，在气压、气温、辐射等方面有自身特点。

（一）高原气压特点

随着海拔高度的上升，空气逐渐稀薄，气压也逐渐递减，空气中氧分压随之下降。在海拔 1 000 m 高度时氧分压为 140 mmHg，2 000 m 高度时下降为 125 mmH，在 3 000 m 高度，氧分压降为 110 mmHg。气压的持续下降将使机体血氧饱和度降低，当下降到一定程度时对运动员机体会有重大影响，易出现缺氧症状。

（二）高原气温、湿度特点

在对流层下部的气温，每当高度增加 150 m，气温下降约 1℃，同时绝对湿度也随海拔高度的增加而降低。因此高原气候较干燥，机体水分散发较快，机体易出现口渴、黏膜干燥等现象，脱水、冻伤等现象也容易发生。

（三）高原气流的特点

高原环境随着海拔高度的增加，空气流动的速度也增加。过大的风速易使人体体温下降，体热散发增加，故运动员要注意保暖防寒。

（四）高原辐射的特点

高原地区空气稀薄，日照时间长，太阳辐射和紫外线照射量较高，人体易受到较强辐射，易引起皮炎、雪盲等症状。

二、高原环境对运动员机体的影响

运动员进入高原缺氧、寒冷的环境，机体在生理、生化上会产生一系列影响，主要表现在以下方面。

为了在低氧环境下获得更多的氧气，机体通常通过心率加快、血液循环加速、肺通气量增加来保证机体的正常需氧量，因此机体代谢加快，能量消耗增加。同时高原寒冷环境会导致机体散热量明显增多，机体往往通过提高代谢率，增加产热量来维持体温，这是机体能量消耗增加的又一原因。

中枢神经系统对高原缺氧最为敏感，海拔 2 000 m 左右的高度对机体是一种轻度缺氧，可引起大脑皮层兴奋性增高。因此运动员易出现睡眠不好，失眠、多梦，少数人会出现头痛、头晕等现象。

高原缺氧，气温低，机体即使处于安静状态下呼吸，也会使耗氧量增加。为了适应缺氧环境，机体往往会呼吸加快、加深，因此使机体通过呼吸道排出水分和二氧化碳含量增加。肺通气量的过度增加，可使血浆 $NaHCO_3/H_2CO_3$ 比值升高，引起呼吸性碱中毒。

处于高原缺氧环境，机体为确保心、脑、肺等重要器官的供氧，会减少消化系统的供氧，使机体胃肠道功能受到抑制，消化吸收能力下降。运动员容易出现食欲不振，因此使营养摄入受到影响，体重出现下降。体重的减少最初是由于体液的丢失，如果继续能量摄入不足会出现蛋白质和脂肪组织的丢失。

初上高原运动员会加大糖酵解反应来获取能量，致使血乳酸浓度增加。经过一段时间的适应，产生习服后，机体有氧代谢能力提高，血乳酸浓度可降低。缺氧对机体脂肪代谢影响较大，在缺氧情况下脂肪氧化不完全，会使酮体生成增加。酮体是酸性物质，在体内蓄积过多会使机体出现不适。蛋白质虽不能作为运动时的主要能源，但在高原缺氧环境中，体内蛋白质和氨基酸分解会增强，合成减弱，致使机体出现负氮平衡。当机体出现习服后，蛋白质合成可逐步加强。

高原环境下机体能量消耗增加导致维生素的需求量增加，尤其是维生素 B_1、维生素 B_2、维生素 PP、维生素 C 等。维生素 B_1 在体内主要参与碳水化合物的代谢，维生素 B_2 作为辅酶参与机体的能量代谢和生物氧化。当维生素 B_1 严重不足时，会使体内 ATP 生成发生障碍，丙酮酸和乳酸在体内聚集，同时会影响某些神经递质的合成与代谢，使神经传导受阻。

缺氧条件下机体脂质过氧化增强，自由基产生较多，导致机体对 VC 和 VE 的消耗量增加。VE 具有消除自由基和脂质过氧化物的功能，保护组织细胞免受脂质过氧化物的损害。另外在高原由于红细胞生成增多，引起血液黏稠度增加，不利于血液循环。维生素 E 具有降低血小板的聚集作用，可缓解血液黏稠现象。

高原缺氧时，体内 Zn 和 Fe 水平下降较为显著。Zn 对运动员的机能状态和运动能力有着多方面的影响，机体缺氧时组织的脂质过氧化作用增强，促使 Zn 从血液向组织转移，加强对自由基的清除。Fe 水平的降低可能是：（1）缺氧导致血红蛋白（Hb）代偿性的合成增强，需要大量的 Fe 供给，（2）一些与能量代谢密切相关的酶代偿性的活性增高，而这些酶的成分含有 Fe，如细胞色素氧化酶和琥珀酸脱氢酶。

三、高原环境的合理营养

处于高原这种特殊环境，合理的营养可以帮助运动员加速习服过程，尽快适应高原环境，有利于运动员尽快地投入运动训练中，减少高原环境的负面效应。在高原环境除了在普通膳食中获得营养，还可补充特殊营养品，利用某些营养强力物质对运动机体的特殊作用，提高高原训练的效果。

（一）总的膳食原则

在高原训练过程中，膳食中热量和各种营养素的供给必须满足运动员的运动需要，同时还要保证各种营养素数量充足，比例合理，避免机体出现营养缺乏或营养过剩。

在高原训练中，可以一日多餐（四餐或五餐）代替平原训练时的一日三餐。早餐占 30% 的比例，晚餐的摄入量不宜过多，以免增加机体肠胃功能负担，影响睡眠。同时过多的血液分布在消化系统，也不利于疲劳的消除和体能的恢复。高原训练期间，应禁止空腹和饱腹后立即运动。运动后至少休息 50 min 再用餐，用餐后至少休息 2 h 再训练。

高原训练过程中，少摄入一些难以消化、产气性食物。膳食纤维对人体健康具有一定的生理意义，但在高原训练期间，摄入的膳食纤维不宜太粗、太多，它会影响营养素的吸收利用，引起胀气和腹部不适等，如甘蔗、萝卜、韭菜等。

在高原训练中，运动员膳食中脂肪摄入量不宜过多，尤其是动物性脂肪要少吃，碳水化合物的食物要丰富，提高对优质蛋白的摄入。膳食中蛋白质、脂肪、碳水化合物应分别占能量供给量的12% ~15%、20% ~30%和60% ~70%，即高糖、低脂肪、适量蛋白质。

（二）碳水化合物

运动员高原训练时，既有环境的缺氧，又有训练造成的缺氧。由于脂肪分解产生能量比糖分解释能需要消耗更多的氧气，并且在缺氧环境下会出现不完全氧化，因此机体在消耗等量的糖与脂肪时会优先选择消耗糖。另外中枢神经系统和红细胞的能量必须由葡萄糖来提供，因此机体糖利用率出现增加。碳水化合物食物具有易消化吸收，供能速率快，耗氧量低的特点，因此运动员应注意高碳水化合物食物的摄取，减少高脂肪食物的摄入。同时高糖膳食的摄入有利于运动员加强免疫力，提高运动员适应高原环境的能力。因此在膳食中要注意加大糖的摄入，糖在总能量摄入中应占60% ~70%。

（三）脂 肪

初上高原，食物中脂肪的含量应适当减少，在总能量的摄入中占15% ~20%，以防脂肪在高原缺氧环境下不完全氧化产生酮体，对机体产生负面影响。脂肪的摄入中应适当增加不饱和脂肪酸的摄入，减少饱和脂肪酸的摄入。

（四）蛋白质和氨基酸

高原环境中蛋白质的摄入应占总能量摄入的12% ~15%，尤其要加大优质蛋白质的摄取，提高蛋白质的利用率。如乳清蛋白富含各种游离氨基酸且易于吸收，对增加肌肉蛋白质的合成、消除运动疲劳，具有非常重要的作用。因此，在高原训练期间，适量补充乳清蛋白是较好的选择。但蛋白摄入不应过高，因为蛋白质的食物生热效应最高，过多摄入蛋白质会加大机体消耗能量，同时易加大机体缺氧程度。

在高原环境可直接摄入氨基酸以促进吸收，如补充支链氨基酸可以防止中枢疲劳的出现，摄入色氨酸含量丰富的食物可以改善运动员睡眠障碍。精氨酸、甘氨酸、牛磺酸、鸟氨酸等能促进生长激素、睾酮、胰岛素及相关激素的分泌，有利于肌肉蛋白的合成，在高原训练时都可加以摄取。

（五）维生素

高原训练时，机体承受高原缺氧和运动缺氧双重刺激，新陈代谢加剧，因此高原环境下机体对维生素的需求增加，比在平原环境需要量增加 2 ~ 4 倍，尤其是在高原训练的前期，因此机体可加强对维生素的补充。有研究表明，3 倍需要量的维生素 B_1、维生素 B_2 和维生素 PP 能有效地提高动物的能量代谢，维生素 C、维生素 E、β－胡萝卜素具有较好的抗氧化能力，在高原训练时可多加摄取，维生素 E 的补充量可为每天 400 国际单位。

（六）矿物质

补锌可以抑制机体自由基的产生并加强自由基的清除，能部分恢复受损伤的免疫细胞功能。运动员补锌时，每天补充量不宜超过 15 mg。在高原训练期间，机体对铁的需求增加，故在膳食应增加对含铁丰富的食物如动物内脏、蛋黄、豆类和鱼类等的摄入。有些运动员除了通过膳食途径获得铁外，可能还要适量补充对胃肠刺激反应较小的铁制剂，每天的补铁量一般为 18 ~ 24 mg。女运动员在月经期及月经后 7 天内，每天服铁剂量应适当增加，同时辅以维生素 B、C。另外，中、长跑运动员高原训练时，补充适量的钾、钠和镁也是非常必要的。因钾、钠、镁等矿物质会随汗液流失，因此每升水中加入葡萄糖 3. 56 g、氯化钠 0. 47 g、氯化钾 0. 30 g、枸橼酸钠 0. 53 g 对于运动员维持电解质的平衡是必要的。

（七）水的补充

高原空气干燥，日照较强，人体运动时呼吸次数增加，通气量明显加大，因此机体容易脱水。一旦体液大量丢失，又不能及时补充，将严重影响人体的正常生理功能和运动能力。同时大量体液的丢失会导致血容量减少，血液浓缩，不利于氧和营养物质的运输及有害物质的清除，还会增加心脏负担。在高原训练时，除及时补充因运动出汗导致丢失的水分外，还应每天多补充 1 L 以上的水以满足机体的需要。补水时，应采取少量多次的原则，每次的补水量约为 200 ~ 300 mL。

（八）其他营养物质的摄入

1，6－二磷酸果糖（FDP）能够改善细胞缺氧后的生理机能和应激适应水平，是高原训练期间可选的特殊能量物质。红景天是生长在高寒地带的一种药用植物，含有16种游离氨基酸、11种微量元素及维生素C，具有抗缺氧、抗疲劳、抗寒冷、抗辐射的作用，可提高机体的免疫能力和工作效率。另外，黄酮类、皂甙类、多酚类物质对延缓机体疲劳的出现也具有明显的作用，高原训练期间都可考虑使用。

本章小结：

特殊环境下的营养对运动员保持运动能力非常重要，因此运动员要注意合理营养。

1. 高温环境下机体能量代谢加强，加上运动训练对能量的消耗，故运动员要注意能源物质的摄取，膳食中加大糖和蛋白质的摄入，减少脂肪物质的摄入。热环境下机体易出汗，导致水和无机盐的丢失，故要加大对水和矿物质的摄入。

2. 低温环境下机体能量消耗增加，运动员要加强碳水化合物和不饱和脂肪酸的摄入。对维生素B_1、维生素B_2、维生素A、维生素E、维生素D、尼克酸的补充也要加强。低温环境下同样要注意水的补充，以及富含钠、钙、钾、镁、锌等无机盐的摄入。

3. 高原环境下由于缺氧、寒冷，运动员能量消耗增加，机体要注意全面营养。膳食中蛋白质、脂肪、碳水化合物应分别占能量供给量的12%～15%、20%～30%和60%～70%，即高糖、低脂肪、适量蛋白质。加强抗氧化物质的摄入，增加铁的补充。同时可以考虑特殊营养物质的摄入。

思考题：

1. 高温环境下运动员水的补充要注意什么问题？为什么？
2. 高温、低温环境下机体能量代谢有什么特点？如何在营养上予以加强？

3. 高原环境下运动员总的膳食原则是什么？为什么？

4. 高原环境运动员对维生素的摄取有何要求？为什么？

参考文献：

[1]陈吉棣．运动营养学[M]．北京:北京大学医学出版社,2002.

（左　群）

第十四章　不同项群运动员的营养特点及需求

提　要　不同专项运动对人体要求不同，体内物质代谢过程也各有差异，因此在安排运动员营养问题时应考虑专项的特点。本章主要结合不同项群运动项目的特点，介绍其营养需求问题。以期对不同专项运动员的膳食营养有所指导。

合理营养是保持运动员健康和运动能力的物质基础，是影响身体素质和成分的先决条件，是提高运动员竞技能力和运动成绩的关键因素。不论从事什么专项的运动员均应遵循平衡膳食、合理营养的饮食原则。膳食能量应能够满足运动训练的需要，膳食的成分由高碳水化合物、低脂和适量蛋白质组成。且膳食中能量水平应使体重和体脂维持在适宜水平。对于不同项目运动员，由于专项供能特点不同，以及运动强度及持续时间的差异，导致运动员在营养需要方面存在一些专项的特点。

第一节　耐力项目运动员的膳食营养特点及需求

长跑、长距离自行车、马拉松、长距离游泳和滑雪等项目的特点是运动时间长、运动中无间歇；物质代谢主要是以糖和脂肪的有氧氧化供能为主，热能和各种营养素消耗大。运动中耗氧量均大于其他非耐力性项目，对各种营养素的需要量均较高。耐力运动后期，能源物质的亏空（肌糖原耗竭）、血糖降低、代谢废物积累、水及电解质丢失等，易出现中枢神经系统和肌肉疲劳。

一、耐力项目运动员的营养代谢特点

（一）能量消耗大

耐力项目运动员运动时一般持续时间较长，主要以糖和脂肪的有氧代谢提供能量，能量的消耗可达到150～1 800 kcal/h，每日能量的摄入范围约3 500～6 000 kcal。因此，耐力运动员膳食应首先满足能量的消耗，否则运动能力会下降。在膳食成分方面应注意碳水化合物的摄取，应占总能量的60%～70%以上，并且在运动过程注意糖的补充，维持血糖水平。当三餐摄入的能量不能满足需要时，可在三餐外安排1～2次加餐，如含糖饮料、点心、水果、蛋糕和巧克力等，但加餐的食物应考虑营养平衡和营养密度。

（二）蛋白质代谢的特点

耐力训练增加体内蛋白质的转换及更新，如提高运动员血红蛋白的储量和参与有氧代谢酶的活性。重复性、高冲击性的耐力运动容易引起损伤，也会导致机体蛋白质分解增加。另外，由于耐力运动员比赛和训练时需要消耗巨大的能量，所以一部分蛋白质也会参与机体能量的供应。但是，蛋白质并不是主要的能量来源，只有在机体消耗大量的能量时，才会将蛋白质分解作为能量来源。当运动员日常饮食中能量供应不能满足机体训练所消耗的能量时，这种情况还会加剧。

因此，耐力运动员膳食蛋白质的供给量应丰富，每千克体重约1.2～1.5 g，不宜超过2.0 g。

（三）脂肪代谢特点

耐力训练使运动员骨骼肌线粒体数目和体积增大，有氧代谢的酶活性增强，以及呼吸链中的细胞色素的含量增加，进而提高骨骼肌代谢利用氧的能力，增加脂肪酸分解的能力。如研究表明耐力项目运动员对脂肪的利用和转换率高，血浆中自由脂肪酸供能可占总能量的25%～50%，而且脂肪可缩小食物的体积，增加美味，并节约肌糖原。因此，耐力项目运动员膳食的脂肪可略高于其他项目运动员，达到总能量的30% ~35%。

（四）耐力运动员对维生素、矿物质的需求特点

耐力运动需要补充大量的营养物质，维生素和矿物质自然必不可少。部分维生素和矿物质对耐力运动显得更为重要：B 族维生素、维生素 C、维生素 E，以及 Na、Ca、K、Fe 等。

B 族维生素中 B_1、维生素 B_2 和烟酸等在能量产生过程中必不可少。维生素 B_1 在糖原的利用和支链氨基酸的转换中扮演着重要角色；维生素 B_2 在糖类、蛋白质和脂肪的产能过程至关重要；烟酸是辅酶 NAD 和 NADP 的重要组成部分，与能量生成有关。

维生素 C 和维生素 E 在氧化还原代谢反应中起调节作用，可以防止耐力运动会中自由基对人体的伤害。补充大量的维生素 C、维生素 E 可以使运动员尽快从大强度、长时间训练造成的疲劳中恢复过来。每日维生素 C 的补充量应在 250 ~500 mg 之间。这一范围既可以满足机体的需要，又可以修复运动对身体造成的氧化性损伤。大量补充维生素 E 具有一定的毒副作用。所以，运动员应该谨慎对待维生素 E 的补充。每日维生素 E 的补充量应在 100 ~270 mg 之间。

铁（Fe）是血红蛋白、肌红蛋白的重要组成物质，铁对耐力运动员来说非常重要。长时间大强度的训练易引起红细胞破坏增多，铁丢失增加。另外，铁也会随着汗液流失。所以，这些因素使耐力运动员普遍缺铁。需在饮食方面注意摄取含铁丰富的食物。

钙（Ca）对耐力运动也至关重要。钙是构成骨骼的主要成分；兴奋的传导、神经递质的释放需要钙的参与；肌肉的收缩与钙密切相关；钙可以激活与糖原分解与合成相关的酶；钙也参与体内凝血物质的合成。与 B 族维生素和铁类似，运动员只需在日常饮食中注意摄取含钙丰富的食物即可。

二、耐力运动员的营养需求

（一）补　糖

糖是耐力运动时最主要的能源物质，在体内主要以肌糖原的方式储存，而肌糖原的积累需要运动训练和饮食糖相结合。一般认为：按每公斤体重摄取5～6 g体重糖不能满足运动训练的需要，为提高运动能力和促进恢复，推荐摄取糖8～10 g/kg体重。因此，在平时的训练期间运动员应注意糖的摄取，从而进一步提高糖储备。

一般认为在运动训练中适量补糖有利于提高运动能力，但过量补糖却会延长胃的排空时间，影响运动能力。建议在长于1 h以上的运动过程中，适量补糖的意义更大，但补糖量不宜超过1 g/kg体重。而国际田径联合会（IAAF）提倡在超过10 km的比赛时，应采用含糖、电解质饮料，提供充足的液体、糖和电解质以补充运动中液体和能量的损失。

（二）蛋白质需求

耐力运动员为维持组织的更新和部分能量的消耗，需增加膳食蛋白质需要量，以优质蛋白质为主，同时发挥动植物蛋白质的互补效应。蛋白质的需要量也受如下因素影响。

1. 训练强度和持续时间

运动员每周训练的时间越长、强度越大，蛋白质的需要量也就越高。业余爱好者的蛋白质补充量可以在1.2～1.5 g/kg体重，而优秀运动员的蛋白质补充量可达到1.4～1.8 g。

2. 是否需增减体重

耐力运动员往往希望通过减重来提高自己的运动成绩。但是无论增还是减，耐力运动员的蛋白质需要量都应在1.2～1.5 g/kg体重左右。维持体重则可相应减少蛋白质的补充。

3. 是否过度训练

由于耐力运动本身特殊的性质，耐力运动员经常会出现过度训练的症状（疲劳、体重下降）。主要是因为运动员训练时肌肉组织受到一定损伤，所以蛋白质的补充就显得更为重要。应通过补充蛋白质以促进肌肉组织的修复。

4. 运动员糖补充是否充足

耐力运动员机体糖原储备充足时进行运动，蛋白质消耗量减少。而在相反情况下，蛋白质消耗量则增加。也就是说，糖的合理补充可以使运动时蛋白质的消耗量大大减少。

（三）液体的补充

耐力运动中出汗量大，容易发生脱水，运动前、中、后适量补液有利于维持机体内环境稳定。若运动在炎热环境下，补充含糖量较低的饮料有利于维持胃的排空和提高运动能力，大量出汗还会使体内电解质丢失，丢失电解质可通过含电解质运动饮料补充。运动员出汗率主要取决于代谢率和外界气温，在不同季节或气温条件下训练应注意液体的流失量。同时也要考虑汗液中无机盐和水溶性维生素的丢失，对于 B 族维生素和维生素 C 的需要量应随能量的增加相应提高。

（四）铁和钙的营养

耐力运动员尤其女性运动员体内的铁储备低，由于月经失血加上不良的饮食习惯，容易发生缺铁性贫血。为改善运动员铁的营养水平，应加强动物性食物中铁的营养，如瘦肉、猪肝、血豆腐等，有助于维持血红蛋白水平，预防缺铁性贫血，保证血液的输氧功能。当运动员血红蛋白水平正常时，不需要额外补充铁剂，以免铁蓄积引起中毒。为增加铁的吸收，应注意增加维生素 C（如橘子汁）的摄入量，必要时在医生指导下可采用铁补充剂，并注意避免过量补充。

耐力项目尤其女性及少年运动员，在大运动量训练期间，钙的需要量和流失量增加。应注意观察钙的水平，并养成良好的饮食习惯，避免运动性骨量减少的发生。同时也应注意补铁和钙的矛盾性，二者有一定的拮抗作用。

第二节 力量项目运动员的膳食营养特点及需求

力量项目运动员一般体重较大，肌肉发达，运动中要求具备较大的爆发力，较好的神经肌肉协调性，以及良好的心理素质等。在供能方面对磷酸原和糖无氧酵解的依赖性较大。总之，这类项目具有强度大、缺氧、氧债大、运动有间歇以及无氧供能等特点。一般短跑、有阻力的骑车、举重、投掷和摔跤、橄榄球、足球等属于力量项目。

一、能量代谢特点

力量型项目运动员的体重一般较大，肌肉粗壮，一日总热能消耗量较高，但由于实际运动时间不长，运动中间歇多，运动密度小，按单位体重计算的热能消耗量并不高，常低于足、篮、排球等运动员的消耗。

二、蛋白质代谢特点

一般力量项目运动员肌肉质量较大，代谢酶活性高和激素调节水平活跃，且运动训练期含氮物质流失多等特点，决定力量项目运动员在训练期机体蛋白质的合成和分解代谢旺盛。有些项目如摔跤、足球、橄榄球等在运动中可能发生外伤，高温条件下剧烈运动时皮肤出汗也可丢失大量的氮。而充足的蛋白质营养可补足运动中消耗，促进肌肉、血液等蛋白质的合成和组织的修复。对于力量项目，蛋白质营养有助于增加运动员神经系统的兴奋性，加强神经反射活动，提高激素效应，增加肌肉爆发力。

因此，对于力量项目运动员建议蛋白质营养要注意其质和量2个方面。在质方面，宜选择完全蛋白质及大豆等优质蛋白，其中优质蛋白质占总蛋白的一半为宜；在量方面，建议摄入量为2.0 g/kg体重，或占总能量的12% ~15%。但也要注意不宜超过3.0 g/kg体重，蛋白质摄入过多，会引起体液酸碱平衡紊乱，钙丢失增加、肝肾负担加重，以及水分丢失增加等，对运动不利。

三、其他营养素

力量项目运动员在平衡膳食的基础上，要求摄取充足的蔬菜、水果，以提供机体所需要的维生素和无机盐以调节细胞内代谢、生物合成及修复过程等。目前力量运动员饮食方面蛋白质和脂肪摄取量是充分的，而碳水化合物及某些维生素如维生素A、维生素B_1、维生素B_2等摄入不足，主要原因是运动员对肉类食物摄入过多，食物烹调用油量大和主食摄入过少所致。特别在补充蛋白质期间要注意维生素B_2、维生素B_6的营养需要。

为了减少体液酸度增加的趋向，体内应有充足的碱贮备。食物中应含有丰富的钾、钠、钙、镁等电解质，提供充足的蔬菜和水果。和其他项目一样，力量型项目运动员的膳食也应当是平衡的，含有丰富的碳水化物、维生素及无机盐。

四、营养补剂

1. 肌酸补充

肌酸是由精氨酸、甘氨酸和蛋氨酸为前体在肝脏、肾脏和胰脏内合成。正常人体肌肉肌酸含量为120～125 mmol/kg干重肌肉，肌酸和磷酸肌酸组成人体的肌酸池，大约96%的肌酸池存在于骨骼肌中，骨骼肌中磷酸肌酸占总肌酸池的2/3。肌酸和磷酸肌酸储量的增加有利于维持高强度运动时的ATP水平，并促进反复高强度运动的间歇期磷酸肌酸的再合成。短期肌酸补充可使最大做功和最大力量增加5%～15%。

肌酸的补充方法：应根据运动的实际体重严格掌握补充剂量，一般冲击剂量为每天20 g，服用5～7 d，维持剂量为每天2～5 g，最好肌酸与葡萄糖同时补充，可以刺激胰岛素的分泌，使肌肉摄取肌酸的效率增加。若补充过量，会引起体重增加或肌肉僵硬等副作用。

2. 氨基酸及蛋白质补充剂

支链氨基酸（亮氨酸、异亮氨酸、缬氨酸）。一般运动中给支链氨基酸混合液0.15 g/kg 体重 · h。支链氨基酸能竞争性抑制大脑内 5 - HT 的产生，具有抗中枢疲劳的作用；运动时支链氨基酸的供能，也可以节省肌糖原等内源性能源物质。

离子交换乳清蛋白水溶性好，生物价高，无乳糖，支链氨基酸含量高，有利于肌肉蛋白质的合成，有助于力量的增长。

第三节　灵敏、技巧项目运动员的膳食营养特点及需求

灵敏、技巧运动项目一般包括击剑、体操、跳水和跳高等。运动员在运动训练中神经活动紧张，动作为非周期性，难度大，并对协调、速率和技巧性要求较高。在训练中运动员神经活动紧张，对协调、速率和技巧性要求较高；为完成高难度动作经常要注意控制体重和体脂水平；在供能方面对无氧糖酵解的依赖性较大。

一、能　量

体操、跳水和跳高等项目运动员在运动训练中总能量消耗不高，为完成复杂的高难度动作，经常需要控制体重、体脂水平。因此，这一类型运动员的膳食摄入量较低，应限制脂肪类食物的摄入量，使体脂达到维持健康和机能要求的最低水平。这一类型运动员的热能供给量大致为 53 ~ 57 kcal/kg 体重。膳食能量的比例以碳水化合物占 60% ~65%，蛋白质占 15%，脂肪占 20% ~25% 为宜，也即采用高碳水化合物、中等量蛋白质、低脂肪膳食的成分。要求充足的蛋白质来保证紧张神经活动过程的需要，复合性糖类提供运动时的能量消耗，脂肪供应不宜过量，尤其要减少饱和脂肪酸的摄取。

二、提供充足的蛋白质

为保证神经活动紧张过程的需要，食物应提供充分的蛋白质，占总热量的12% ~15%，减体重期间应增加为总热量的18%左右（15% ~20%）。

三、维生素

灵敏、技巧项目运动员由于需要保持适宜的体重，一般采取限制饮食来控制体重，常因营养素搭配不合理导致维生素和无机盐的营养不平衡。故此，在平时的饮食中应注意选择含维生素和无机盐丰富的蔬菜、水果等食物。如维生素 B_1 的供应量应达到每日 4 mg，维生素 C 每日 140 mg，对于乒乓球、击剑等项目运动员训练期视力活动紧张，应保证充足的维生素 A 供给，每日应达到 1 800 μgRE（6 000 IU），除食用含维生素 A 或胡萝卜素丰富的食物外，必要时服用适量维生素 A 补充剂，如鱼肝油等。

四、钙的营养

灵敏、技巧类项目运动员由于对运动器官的刺激较大，对钙的需要量大，且饮食方面常出现摄取不充分等原因，导致钙的营养摄取不够，尤其对于女性体操、跳高运动员。良好的钙储备对维持骨骼发育和健康，以维持神经肌肉的兴奋性起着重要作用。近期我国推荐运动员适宜的钙摄入量为 1 000 ~ 1 500 mg/d，应高于普通成人每人摄入量。对于体操、舞蹈运动员由于控制体重引起月经紊乱、低雌激素水平，低钙摄入加上饮食紊乱等情况，有可能发展为女运动员骨质丢失，应注意综合预防。

第四节　球类项目运动员的膳食营养特点及需求

篮球、排球、足球和冰球等球类运动项目运动员具备力量、灵敏、速度、技巧等多方面的素质。一般运动强度较大，能量消耗高，能量转换率高且运动持续时间长等特点。

一、能　量

此类运动员在训练时能量消耗大，其膳食供给量应根据运动量的大小，保证充足的能量。膳食能量成分一般碳水化合物60%～65%，蛋白质10%～15%，脂肪20%～30%，应保证以高碳水化合物为中心，尤其在运动前的3～4 h采用高碳水化合物饮食。这类运动项目一般属于集体性运动，个体差异也较大，应根据运动员个体的运动强度和持续时间的长短来确定能量的消耗。如足球运动员的总能量的平均摄入水平为4 900 kcal，范围是2 500～6 400 kcal。我国对于篮球、足球和排球运动员建议的适宜能量摄入水平是4 200～4 700 kcal或更多。

二、蛋白质代谢的特点

由于球类运动大多数是在神经高度紧张的情况下训练或比赛，应注意蛋白质的营养需要。有研究表明蛋白质不但有供能的作用，还有调节人体生理功能，增强机体抵抗力，提高中枢神经系统的兴奋性，个别氨基酸如蛋氨酸及赖氨酸有助于条件反射的建立。建议球类运动员蛋白质的需要量应占总能量的12%～15%，或1.2～2.0 g/kg体重；在注意蛋白质量的同时，更应注意蛋白质的质，如选择含优质蛋白质食，注意必需氨基酸所占的比例等。

三、液体补充

脱水是间歇性运动引起疲劳和运动能力下降的主要原因。一场比赛可失水2 L左右，运动员应注意运动前、中、后及时补液。宜选用低糖、等渗的运动饮料。不要选用含咖啡因和乙醇的饮料。运动中不要使用含糖浓度高的饮料，以免引起胃不适和胃排空后延。赛前一天和比赛当日应充分补液，补液量应大于仅仅满足口渴感觉。运动中补液应积极主动，少量多次的原则。教会运动员自我检测尿液的颜色，预防脱水。

四、运动后补糖

球类运动一般训练比赛较为密集，运动中能量消耗和水的丢失较多。除了注意运动间隙补充部分碳水化合物和水分之外，为了加快糖原储备的恢复，应在运动结束后尽快补充50 g糖，之后每隔1 ~2 h重复补充，直至下一餐。恢复期的24 h内，补糖的总量应达到10 g/kg体重，并采用高糖指数的食物。为取得充分的水合平衡，可采用含电解质饮料，补充至运动员出现正常的尿液颜色和尿量为止。

本章小结：

不同运动项目的运动员，由于其训练时在力量、耐力、爆发力、协调性、反应性等诸方面各有不同侧重性，故此运动营养方面有些相应的不同特点与要求。

1. 耐力性项目对营养的要求：这类项目具有运动时间长，运动中无间歇而运动强度较小，以有氧供能为主要特点。运动员营养素消耗量大，特别在运动后期血糖降低、肌肉疲劳。故此，营养上注意摄取足够碳水化物，蛋白质及含甲硫氨酸丰富的食物如奶酪、牛羊肉等。同时及时补充水与电解质、维生素等。

2. 力量性项目如：举重、摔跤、投掷等项目，训练中要求运动员力量大，神经肌肉协调功能好，在一瞬间形成爆发力量，且心理素质好。其营养要求供应高蛋白质食物，丰富的碳水化物，增加蔬菜和水果，注意水、矿物质和维生素的补充。

3. 灵敏、技巧性项目对营养的要求：这类运动如跳水、跳高、体操，在训练中运动员神经活动紧张，对协调、速率和技巧性要求较高。为完成高难度动作经常要注意控制体重和体脂水平。营养应提供充足的蛋白质，B族维生素，钙、磷等。脂肪供应不宜过量。

4. 速度性项目对营养的要求：速度性项目运动员的代谢特点是体内高度缺氧，其能量来源主要由糖原无氧酵解供应，酸性代谢产物容易在体内堆积，对骨骼肌、血液循环和神经系统有不良影响。故此，其膳食供应中应有较多的易吸收的糖和维生素C、B_1以及蛋白质、磷等。同时应增加蔬菜、水果的供应量，以提高体内的碱储，维持酸碱平衡。

思考题：

1. 试述耐力运动员营养代谢的特点及需求。
2. 简述力量项目运动员的营养需求特点。
3. 简述力量训练项目运动员蛋白质营养的需求特征。
4. 对于一名篮球运动员，在营养方面应注意什么？

（史仍飞）

第十五章 特殊人群运动时的营养

提 要 本章主要针对女运动员和儿童、青少年运动员的生理特点，结合运动能力，介绍其营养问题，为女运动员和儿童、青少年运动员通过营养手段提高运动能力提供参考。同时介绍老年人的生理特点及运动时的营养需求，为老年人的运动提供营养指导和参考。

第一节 女运动员的营养及措施

目前女子参加运动的人数越来越多，女运动员的人数也越来越多，几乎所有的运动项目都设有女子项目。女运动员有自身的生理特点，在参加训练和比赛时其营养需求有别于男运动员，因此有必要对女运动员的营养问题予以关注。

一、女运动员的生理及运动能力特点

女运动员的生理特点不同于男运动员，在运动能力上也有别于男运动员。

女性的心血管功能低于男子，红细胞数目、血量以及血红蛋白数目都低于男子，血液携氧能力差，故女性在有氧代谢能力上较男子要差。女子碱储备和机体缓冲酸的能力弱于男子，导致女运动员在速度耐力项目上与男运动员有差距。女性肌肉量仅占男子肌肉重量的80% ~89%，故女性一般肌力较弱，速度、力量和爆发力不如男子。女性骨密度和强度均低于男子，且较早出现骨矿物质的丢失，

易出现骨质疏松。女性有月经期，在月经期有的女运动员会出现一些特殊的生理反应，如下腹部发胀、腰酸、头痛、全身乏力、情绪激动、食欲不振等现象。有的运动员月经周期紊乱或月经期经血量增多，或者出现月经量减少甚至闭经的现象。因此由生理上的差别导致女运动员在运动能力上与男运动员有较大差距。

二、女运动员要注意的营养问题及措施

（一）能　量

对于运动员来说，运动项目的要求不同，能量的摄入也有所差别。对于需要控制体重，尤其是长期控体重的运动项目运动员，如艺术体操、花样滑冰运动员，由于技术动作的要求，通常要求体重不能太高。为使机体保持适宜的体重，运动员通常采用限制能量的摄入来达到这个目的，比如减少高脂肪、高热量食物的摄入。但研究发现膳食中脂肪摄入过少，会使机体脂溶性维生素和必需脂肪酸的摄入不足，机体出现相应缺乏症状。而脂肪摄入过少，会引起体脂含量偏低，使女运动员生长发育延迟，月经周期紊乱甚至出现闭经等现象。有的出现骨质疏松，导致在运动训练中易受伤，发生骨折等现象。所以对脂肪的摄入不能一概拒绝，应尽量减少饱和脂肪酸的摄入，加强对不饱和脂肪酸的摄入。有时要适当补充维生素胶囊或片剂，减少摄入脂肪过少所导致的脂溶性维生素摄入不足。对于长距离项目女运动员，糖是运动时的主要能量来源，故应加强对富含碳水化合物食物的摄入，提高肌糖原的储备。对于力量项目女运动员而言，在保证能量充足的前提下，加强对高蛋白食物的摄入，促进肌肉蛋白合成。

（二）几种重要的矿物质

1. 铁

研究发现，女运动员铁缺乏的现象比较普遍，由此所造成的缺铁性贫血在女运动员中比例较高，铁营养在女运动员中成为一个需要关注的问题。

通常女运动员需铁量普遍高于常人，原因是：（1）汗液中有铁的丢失，丢失最多者可达摄入铁离子总量的50%；（2）红细胞生成和降解增加；（3）含铁组织

的合成；（4）饮食中铁的摄入不足，主要又是因为铁的吸收率较低；（5）铁通过月经血、尿液及胃肠道等途径丢失，成年女运动员从月经中丢失的铁量平均每天约为0.6 mg，最高者平均可达2.8 mg；（6）使用某些药物如阿司匹林等可增加肠道内红细胞的丢失。相比较而言尿液中丢失的铁较少。耐力项目女运动员，由于训练会导致血红蛋白大量破坏，加上月经期失血丢失铁，以及有些运动员偏食，常常使机体铁储备较低，导致铁缺乏，故更要加强铁的摄入。

通过膳食吸收是铁的主要来源，动物性食物中的铁如动物内脏、瘦肉和鸡蛋等大多为血红素铁，比植物性食物中的铁容易吸收。植物中的铁多为非血红素铁，不易吸收，故运动员应加强对动物性食物的摄入。也可将动物性食物和植物性食物同时摄入，以促进植物性食物中铁的吸收。膳食中要保证其他与铁吸收有关的营养素的摄入，如充足的蛋白质摄入、维生素C、维生素B_{12}及叶酸等，以促进铁的吸收。但植酸、多酚类物质抑制铁的吸收，所以运动员不宜饮用浓茶、咖啡等，以免影响铁的吸收。用餐时间也很重要，一般运动员在训练或比赛后不大有胃口，小肠的吸收功能也受影响，需要休息1 h左右才有食欲，因此应安排好进餐时间。

对于已经出现贫血的运动员，当单纯通过膳食很难治愈时，必须对运动员进行补铁治疗。但补铁要根据医生的指导，因为铁摄入过多会引起铁中毒，出现恶心、胃肠功能紊乱、肝硬化等症状，长期慢性铁超负荷会导致机体组织内铁沉积，导致铁血黄素沉着病，异常色素沉着。预防性补铁应采取小剂量措施，每日0.1~0.3 g，不可超过3个月。

2. 钙

钙是构成机体骨骼和牙齿的主要成分，是保证肌肉正常收缩的重要营养物质。研究发现，某些能量摄入不足的运动员，加上运动可增加钙的丢失，尤其是女运动员体内钙不足的现象比较普遍。钙缺乏容易引起肌肉抽搐，长期钙摄入不足可导致骨密度下降、骨质疏松和应激性骨折，因此女运动员尤其要加强钙的摄入。

钙的良好来源是奶及奶制品，牛奶中含钙丰富而且易吸收，乳糖不耐受者可选用酸奶及其他奶制品。海产品、豆制品同样是钙的较好食物来源，运动员应注意摄取。补钙的同时要注意维生素D的摄入，以促进钙的吸收。适当接受紫外线的照射，促进皮肤下的7-脱氢胆固醇转化，也有利于钙的吸收。长期在室内接受训练的运动员，由于接触日光照射较少，可适量补充维生素D，如鱼肝油等。蛋白质摄入过多会导致钙的流失，故蛋白质的摄入要适量。

（三）女运动员三联综合征

女运动员三联综合征（The Femals Athlete Triad）是指女运动员中容易发生的饮食紊乱、闭经和骨质疏松症。女运动员三联综合征不仅影响运动能力，而且严重影响女运动员的身体健康。

1. 饮食紊乱

饮食紊乱是指进食无规律、进食行为异常，甚至出现神经性厌食或神经性贪食。大多数女运动员饮食紊乱的比例和程度较低，未达到神经性厌食的程度，但控体重项目运动员发生饮食紊乱的比例较高，如体操、跳水和花样滑冰。

饮食紊乱导致能量摄入减少，机体多种营养素平衡失调，使耐力、力量、反应时间、反应速度等素质下降，同时容易影响认知等能力，注意力不集中。由饮食紊乱可导致营养不良，进而导致月经失调，不可逆骨丢失及其他严重的心理和医学问题。

2. 闭　经

闭经是指一年内只有一次或不到一次月经，饮食紊乱可导致闭经。研究显示，体操、芭蕾舞、长跑等女性容易发生闭经，可能与体重丢失、能量摄入不足、体脂偏低、身心压力较大有关，运动员发生闭经还与运动强度有关。

3. 骨质疏松或骨质丢失

骨质疏松以骨的结构变稀疏、单位体积骨量减少，容易导致骨脆性增加，易骨折为主要特征的。运动对骨是良好的刺激，但运动员中闭经或月经过少的女运动员发生骨丢失的现象比较普遍，严重的可导致骨质疏松。

4. 防治措施

对于女运动员的三联综合征，饮食紊乱重在预防和教育，让女运动员对体重和体形具有正确的认识态度，养成良好的饮食习惯，运用科学的方法控体重。对于闭经和骨量减少的女运动员，宜减轻运动强度，合理饮食，恢复能量平衡。每天摄入钙及其制品，或增加服用钙制剂以增加钙的摄入量。通过阻力训练增加肌肉重量和力量，改善运动员的骨骼状况。

第二节 儿童、青少年运动员的营养及措施

儿童和青少年时期是人生比较重要的时期，儿童期一般指6～12岁，青少年期为13～17岁，这个时期还包含青春发育期。儿童、青少年运动员正值生长发育期，机体新陈代谢旺盛，除了正常的生活、学习外，还需完成高强度的训练，对各种营养素有更高的要求。因此，儿童、青少年运动员的合理营养就显得尤为重要。

一、儿童、青少年运动员的生理及运动能力特点

儿童、青少年运动员处于生长发育期，其解剖生理特点不同于成年人，运动能力与成年运动员相比也有较大差别。

儿童少年骨骼处于生长的旺盛时期，随着年龄的增长，骨的矿物质增多、水分减少，坚固性增强，韧性减低。肌肉含水分较多，蛋白质、脂肪、矿物质含量较少，肌肉收缩机能差，肌力和耐力较差。儿童少年心脏发育不够完善，心肌收缩力量较弱，心输出量小，呼吸机能较弱。因此儿童、少年运动员运动能力与成年运动员相比有较大差距。随着年龄的增加和青春期的到来，以上机能都能得到不同程度的改善，运动能力也有提高。

二、儿童、青少年运动员要注意的营养问题和措施

（一）能　量

儿童、青少年运动员能量需求较高，除了要满足运动时消耗的能量外，还要保证生长发育的需要。如果能量摄入不足，将影响机体生长发育，同时影响运动训练效果。儿童、青少年运动员的能量消耗主要有以下几个方面。

1. 基础代谢的消耗

儿童少年基础代谢所需的能量占总热能的比例高于成年人，年龄越小者，基

础代谢率越高，随着年龄的增加，基础代谢缓慢下降。一般男性又高于女性，这和男性肌肉发达有关。同样体重和年龄者，瘦高个比矮胖者基础代谢要高。

2. 生长发育的需要

儿童、青少年处于生长发育的旺盛时期，占总能耗的比例随年龄增长而下降。

3. 运动训练和日常体力活动所消耗的能量

这部分能量是总能量消耗的主要部分，儿童、青少年运动员加上运动训练的原因，与同龄人相比能量消耗较大。能量的消耗又取决于运动强度和运动时间，项目不同，能量消耗也不同。

因此，儿童、青少年运动员要注意满足能量的需求，能量摄入应为1 750 kcal/d～2 700 kcal/d，高于同年龄普通人的供给量。其中碳水化合物占总热能比为50%～60%，脂肪为25%～30%，蛋白质为14%～16%。（表15－1）

表15－1　少年（13～17岁）运动员每日能量消耗及分配

营养素		普通人供给量	运动员需要量	对照/%
每日热量消耗	总热量（kcal）＊	2 300～2 800	3 500～4 400	152～157
	蛋白质（g）	80～90	131～165	164～183
	脂肪（g）	77～99	117～147	152～158
	糖类（g）	322～399	481～605	149～152
重量比	蛋白质（g）	1	1	—
	脂肪（g）	1	0.9	—
	糖类（g）	4～4.4	3.7	—
热量比%	蛋白质（g）	13～14	15	—
	脂肪（g）	30	30	—
	糖类（g）	56～57	55	—
每千克体重消耗	热量（kcal）＊	（50～51）	70～73	137～146
	蛋白质（g）	1.6～1.77	2.62～2.75	148～172
	脂肪（g）	1.66～1.70	2.34～2.45	134～148
	糖类（g）	7.1～7.16	9.6～10	134～141
	体重（kg）	45～56	50～60	107～111

（二）蛋白质

蛋白质是机体组织细胞的主要组成成分，机体各种组织器官的合成都需要蛋白质作为原料，此外蛋白质还构成调节机体各种生理功能的酶、激素、抗体、血红蛋白等物质。儿童、青少年运动员正处于生长发育的快速时期，机体组织器官的生长发育离不开蛋白质，同时运动训练时蛋白质还为机体提供能量，因此儿童、青少年运动员对蛋白质的需求较高。儿童少年运动员每日蛋白的摄入，7～11 岁为 3 g/kg 体重，蛋白质摄入在总能量中的比例为 14%～18%；12 岁～17 岁时为 2 g/kg 体重，占总能量的比例为 14%～16%，比同龄人每日要增加 10～20 g。同时食物蛋白质中要有 1/2 为优质蛋白，如鸡蛋、牛奶、禽、鱼及豆制品等，以提高蛋白质的利用率。

（三）脂　肪

儿童、青少年对类脂的需求较高，因为磷脂、胆固醇是组成细胞膜、神经髓鞘和脑细胞的重要成分。必需脂肪酸同样是儿童、青少年生长发育不可缺少的物质，必需脂肪酸至少应占总热量供应量的 2%。同时由于脂肪食物的摄入能促进脂溶性维生素的摄入，如果过多减少脂肪食物的摄入将导致脂溶性维生素摄入不足，对机体不利。建议儿童、青少年运动员脂肪摄入中饱和脂肪酸、单不饱和脂肪酸、多不饱和脂肪酸之间的比例为 1∶1∶1 为佳。由于脂肪是高热能食物，过多摄入在机体会导致肥胖，故脂肪供能比占总热能以 25%～30% 为宜。

（四）碳水化合物

碳水化合物的主要功能是提供能量，同时和脂肪、蛋白质组成糖脂、糖蛋白的形式在机体发挥多种作用。儿童、青少年运动员由于训练比赛的原因，能量消耗高，故应加大对碳水化合物的摄入，摄入量占总能量的比例为 60%～65% 时为宜，以满足能量的需求。

（五）矿物质

儿童、青少年对无机盐和微量元素的需求较高，其中比较重要的有钙、铁、锌等。

1. 钙

钙是人体含量最多的无机盐，是构成骨骼、牙齿及软组织的主要组成部分，同时与骨矿物质含量和体重增长密切相关。钙对保证机体正常的肌肉收缩、神经兴奋性的传导、血液凝固、心脏搏动同样起着重要作用。钙缺乏可引起长骨的生长停滞，影响机体的骨骼发育和健康。儿童、青少年运动员处于生长发育的旺盛时期，钙的需求超过成年人，每日膳食的供给量应达 1 000 ~ 1 200 mg。运动员可多摄入富含钙的食物以满足生长发育所需，如奶制品、鱼贝类、虾皮、豆制品等，也可适当补充钙剂，如碳酸钙、柠檬酸钙、葡萄糖醛酸钙等。在摄入钙的同时要注意维生素 D 的补充，对于长期在户外从事运动训练的儿童、青少年运动员，由于经常接受日光的照射，机体可有维生素 D 的转化。对于长期在室内从事运动训练的儿童、青少年运动员则要适量摄入维生素 D 胶囊，以促进钙的吸收。

2. 铁

铁是儿童、青少年易缺乏的一种微量元素，尤其对儿童、青少年运动员，缺铁不仅影响正常的生长发育，而且对运动员的运动能力有极大的负面影响。儿童、青少年运动员由于生长发育的需要对铁需求量增加，包括血容量增加、红细胞铁需求增加和血红蛋白浓度的增加等。在青春期前和青春期，血红蛋白浓度女性由 130 g/L 可增加到 133 g/L，男性增加到 141 g/L，铁平均总需求可能超过 118 mg/d 或者多于青春期前 2 倍。一方面是机体对铁的需求增加，另一方面，运动训练时大量出汗会造成机体铁丢失，女运动员还包括月经血中丢失的铁，因此儿童、青少年运动员由缺铁引起缺铁性贫血的发生率较高，故要注意铁的补充。

饮食中铁摄入不足是引起机体缺铁的主要原因之一。铁的食物来源有植物性食物和动物性食物，植物性食物来源铁主要是非血色素铁，吸收利用率差，仅有 1% ~5%。动物性食物铁主要是血色素铁，吸收率高，可达 20% ~30%。因此儿童、青少年运动员要多摄入富含铁的食物，尤其是动物性食物，如动物内脏、动物全血、肉、鱼等。维生素 C 可促进铁的吸收，运动员可结合补充。咖啡、浓茶及粗纤维影响铁的吸收，故运动员要减少这些物质的摄入。

3. 锌

锌是人体必需的微量元素，是多种酶的构成成分，参与调节机体众多代谢，同时在核酸代谢和蛋白质合成中起重要作用。儿童少年缺锌会使食欲降低，影响生长发育。一些研究证明中度锌缺乏即可限制儿童的生长，严重的锌缺乏还可以影响骨骼和性的成熟。由于锌可从汗液、尿液中排出，故运动员训练时大量出汗会导致锌丢失。富含锌的食物有海产品、禽畜类、内脏等，故可加强摄取，植物性食物中植酸、草酸、纤维素等影响锌的吸收，故在食物摄入时要注意避免。

（六）维生素

维生素多为辅酶的主要成分，在体内具有调节蛋白质、脂肪和糖代谢，参与氧化还原反应及细胞合成等功能。维生素对运动员维持运动能力非常重要，儿童、青少年运动员加上生长发育的需要，对维生素的需求要高于成年人。

1. 维生素 A

维生素 A 参与细胞的增生和分化，可维持正常的视力以及上皮细胞、黏膜的功能，是维持机体健康、提高机体免疫力、促进生长发育所不可缺少的营养素，同时维生素 A 对骨骼的发育也起着重要作用。儿童、青少年处于生长发育的高峰期，维生素 A 缺乏，将引起干眼病，生长发育受阻，同时机体抵抗力下降等。对于儿童、青少年维生素 A 的摄入量为 1 700 ~ 2 200 国际单位，对于视力要求集中的运动项目，如射击、击剑、乒乓球等项目运动员维生素 A 的供给量要适量提高。但维生素 A 长期摄入过多在体内会蓄积，引起中毒。除了多吃富含维生素 A 的食物，如动物肝脏外，还可摄入富含胡萝卜素的食物，如黄色和绿叶蔬菜等，适量补充鱼肝油也是良好的选择之一。

2. 维生素 D

维生素 D 能调节钙、磷代谢，促进骨骼和牙齿的正常发育，对于处在生长发育时期的儿童、青少年尤为重要。维生素 D 的缺乏将导致生长发育期儿童、青少年骨骼发育不良，发生佝偻病和骨质软化症。儿童、青少年运动员由于运动训练和生长发育的需要，维生素 D 的需求量更高。维生素 D 一方面可通过阳光照射，使皮肤下 7 - 脱氢胆固醇转化而来，另一方面可通过食物中摄入。富含维生素 D 的食物主要有动物肝脏、鱼肝油、禽蛋等。对于冬春季节及室内项目为主的儿童、青少年运动员要加强维生素 D 的摄入。同样，维生素 D 摄入过多在体内也会蓄积，故不能摄入过量，以 200 ~ 400 国际单位为宜。

3. 维生素 E

维生素 E 具有很强的抗氧化作用，可保护红细胞的完整性，是细胞呼吸的必要因子。机体缺乏维生素 E 将引起肌肉营养不良，神经系统功能异常。儿童、青少年运动员经常运动，机体生成自由基较多，因此对维生素 E 的需求量比同龄人要高，尤其是运动员上强度或大运动量训练时。维生素 E 在植物油中含量较高，坚果中含量也较高，故可加大摄入。如果摄入 VE 胶囊或制剂时，同样要避免摄入过量造成机体中毒。

4. 维生素 C

维生素 C 是人体需要量最多的一种水溶性维生素，可参与机体多种物质的羟化过程，具有很强的还原作用，可促进铁的吸收和胶原的形成，提高机体应激能力等多种作用。维生素 C 缺乏可导致坏血病。儿童、青少年运动员由于运动训练产生大量的自由基，同时出汗时汗液中有维生素 C 的流失，故要加强维生素 C 的摄取。维生素 C 的良好来源是新鲜的蔬菜和水果，膳食外补充时要避免过量，引起肾结石。

5. 维生素 B_1

维生素 B_1 是糖代谢中丙酮酸脱氢酶的辅酶组成成分，并与神经递质乙酰胆碱的合成与分解有关，对神经肌肉的正常传导和能量代谢有关。维生素 B_1 缺乏将引起神经传导受阻，故维生素 B_1 与运动能力关系密切。能量代谢越多，机体对维生素 B_1 的需求就越多，按热能消耗的比例计算，每消耗 1 000 kcal 的能量需要维生素 B_1 为 0. 5 mg。儿童、青少年运动员由于生长发育和运动训练的原因，能量消耗远高于同龄人，故维生素 B_1 的需求量更多，推荐为 1 mg/1 000 kcal。维生素 B_1 在谷类食物中含量较高，同时豆类、硬果、动物内脏、肉类、蛋类中含量也比较丰富，可以多加摄取。

6. 维生素 B_2

维生素 B_2 是机体中许多辅酶的组成成分，其主要生理作用是参与生物氧化，是肌肉蛋白质合成不可缺少的因素，对肌肉发育有重要作用。维生素 B_2 的需要量与能量代谢关系同样密切，儿童、青少年运动员的需要量与维生素 B_1 相同，也为 1 mg/1 000 kcal。富含维生素 B_2 的食物有动物的脏器、蘑菇、鳝鱼及蛋类，运动员可多加摄入。

7. 维生素PP

维生素PP也叫尼克酸或烟酸，主要以尼克酰胺的形式在体内构成辅酶I和辅酶II，在生物氧化过程中起递氢作用，促进物质代谢的进行。儿童、青少年运动员进行运动训练和比赛，维生素PP的消耗较大。机体虽可利用色氨酸合成尼克酸和尼克酰胺，在体内平均60 mg色氨酸可转变为1 mg尼克酸，但其转化量不能满足机体需要，仍需由食物摄取。尼克酸的供给量与热量成正比，每产生1 000 kcal热量需尼克酸5 mg，儿童、青少年为每1 000 kcal热量需尼克酸6 mg，运动员可达10 mg。尼克酸在食物中分布较广，以动物的内脏、瘦肉、花生、茶叶中含量较高。

（七）水

水是机体重要的组成成分之一，在体内分布极为广泛，是维持生命活动的必需物质。运动时机体通过水的蒸发带走大量热量，对维持机体正常的体温起着重要作用。

研究发现儿童体温调节机能不如成人有效，与成人相比儿童的体表面积和体重的比值较大，当外界环境温度高于皮肤温度时会从外环境中吸收更多的热量，当周围环境的温度低于体表温度时，单位体表面积的产热量要高于成年人。由于儿童少年的汗蒸发机制发育还不完善，出汗率低于成人，每小时出汗率和单位体表面积出汗率约为成人的1/3～2/3，限制其蒸发散热，结果会导致深部体温升高、心血管负担加重，从而使运动能力降低。故儿童青少年运动员在运动时要注意水的摄入，使热调节功能和呼吸循环系统的功能发挥较高的水平。

第三节　老年人运动的营养及措施

衰老是人不可避免的生理过程，是人体对内外环境适应能力减退的表现。通常认为65岁以上即为进入老年期。老年人在身体形态和机能方面均会发生一系列变化，运动和营养在一定程度上可以延缓衰老。因此，老年人如果能够科学地运动，加上合理的营养，将在很大程度上提高老年期的生活质量。

一、老年人的生理及运动能力特点

进入老年期，机体的生理机能普遍下降，与运动有关的生理功能变化如下。

（一）老年人消化功能的改变

老年人因牙周病、龋齿、牙齿的萎缩性变化，出现牙齿脱落或明显的磨损，影响食物的咀嚼和消化。味觉和嗅觉降低甚至异常，也将影响食欲。消化腺体萎缩，消化液分泌量减少，消化能力下降，易导致消化不良，最终影响食物中营养物质的吸收。

（二）心血管功能的改变

随着年龄增加，老年人易出现冠状动脉的生理性和病理性硬化，使心肌本身血流减少，心脏搏出量可减少 40% ~50%，耗氧量下降。血管壁生理性硬化渐趋明显，管壁弹性减退，脆性增加，故老年人血管对血压的调节作用下降，血管外周阻力增大，易出现高血压以及心血管意外。故老年人的运动强度宜低，不能从事高强度和爆发性的运动，以及需要屏气的运动，以有氧运动为主，防止由运动导致的心脑血管意外的发生。

（三）呼吸功能的改变

老年人由于呼吸肌功能下降，肺泡、气管及支气管弹性下降，使肺活量及肺通气量明显下降，减少 50% ~60%。同时血流速度减慢，毛细血管数量减少，组织细胞功能减退及膜通透性的改变，使细胞呼吸作用下降，对氧的利用率下降。故老年人不易进行剧烈的运动，代之以舒缓的运动如太极拳、气功、慢跑、游泳等有氧运动来改善和提高呼吸机能。

（四）骨骼和关节的变化

随着年龄增加，老年人骨骼中无机盐含量增加，钙的含量减少；骨骼的弹性和韧性减低，脆性增加。故老年人骨密度下降，易出现骨质疏松症，极易发生骨折。同时，骨骼肌萎缩，骨钙丧失或骨质增生，关节活动受影响，协调和平衡能力下降。所以，老年人运动前要做好充分的准备活动，防止冲击性的运动防止骨折的发生。另外，适宜的力量训练可以改善老年人的骨代谢，延缓骨量的丢失。

（五）神经系统功能的改变

老年人神经细胞数量逐渐减少，脑重减轻，脑功能逐渐衰退，记忆力下降，容易健忘，反应时较长。因此，老年人不宜从事高度复杂的运动项目，但可适当从事对动作或记忆有一定要求的运动，有助于改善老年人的记忆功能，提高大脑的思维能力。

二、老年人要注意的营养问题和措施

随着年龄的不断增长，老年人的活动量逐渐减少，能量消耗降低，机体内脂肪组织增加，而肌肉组织和脏器功能减退，机体代谢过程明显减慢，基础代谢比青壮年时期降低约10% ~15%，75岁以上老人可降低20%以上。因此，老年人每天应适当控制热量摄入，60岁以上的老年人总能量的供给在1 900 ~2 400 kcal。老年人消化功能下降，可以通过少吃多餐，适当的时候加餐，来满足机体的需求。

老年人每日糖的供给占总热量的50% ~60%。由于老年人普遍糖耐量低，胰岛素对血糖的调节作用减弱，简单的碳水化合物的过多摄入，在体内可转化为甘油三酯，易诱发高脂血症。所以老年人应控制糖果、精制甜点的摄入量，多摄入低血糖指数的食物，减少高血糖指数食物的摄入。老年人尤其不能空腹进行运动，否则极易引起低血糖，发生事故。

膳食纤维对于老年人具有特殊的重要作用。老年人普遍消化系统功能减弱，平滑肌紧张性降低、肠蠕动减慢。适量的膳食纤维摄入可刺激肠蠕动，有效地防治老年性便秘，预防结肠癌的发生。同时膳食纤维还有降低血脂、降血糖等功效。因此，老年人的膳食中要注意摄入足够的膳食纤维，在每日膳食中应安排一定数量的粗粮、蔬菜及水果。同时，粗粮中维生素 B_1 的含量相对于精制谷物中的含量要高，对于防止脚气病的发生具有一定的作用。

老年人通常合成代谢速度下降，分解代谢速度增加，蛋白质呈现消耗状态，肌肉蛋白质降解，对蛋白质的利用率下降，出现蛋白质营养不良。由于蛋白质对于维持老年人机体正常代谢，补偿组织蛋白消耗，增强机体抵抗力等方面均具有重要作用，维持机体氮平衡所需要的蛋白质数量也高于青壮年时期，故老年人每日蛋白质供给量为1～1.5 g/kg体重，男性75 g，女性65 g，占总能量的12%～18%。同时，要增加优质蛋白质的摄入量，以动物性食品和豆类食品蛋白质为最佳来源。

与青壮年时相比，老年人普遍脂肪组织增加，同时，不少老年人都有血脂偏高的现象。因此，老年人膳食中脂肪的摄入量以不超过总热能的25%为宜。适量的脂肪供给是必需的，具有促进脂溶性维生素的吸收，提供必需脂肪酸，为机体提供热量等作用。脂肪摄入过多，尤其是动物性脂肪摄入过多，可引起肥胖、高脂血症、动脉粥样硬化、冠心病等。故老年人每日脂肪摄入量一般控制在1 g/kg体重以下，胆固醇的摄入量在300 mg/d以内。

老年人普遍视力下降，足量维生素A的摄入对维持正常视觉功能必不可少。同时，维生素A能维护上皮组织的正常分化，提高免疫力。因此，适当摄入富含维生素A的食物对机体健康有利。富含维生素A的食物如动物肝脏、蛋黄、奶油等，同时也是含胆固醇较高的食物。因此，老年人可以多选择一些含有胡萝卜素的黄色或绿色蔬菜，通过胡萝卜素在体内转变为维生素A来解决上述矛盾。

老年人骨密度普遍下降，因维生素D缺乏引起骨质疏松症更为常见。维生素D可以促进钙磷的吸收，减少骨质疏松的发生率。建议老年人在多摄入富含钙的食物如牛奶、豆制品等的同时多从事户外运动，因为皮肤中含有维生素D的前身物，经阳光紫外线照射后可转变为具有生物活性的维生素D_3，促进骨骼健康。由于老年人肝肾功能下降，导致维生素D_3的合成不及青壮年时期，故适量补充维生素D的片剂也是一种良好的选择。建议老年人同时可适当进行抗阻力运动，即可促进肌肉力量的增加，也可有效地刺激骨，延缓骨量的丢失。

老年人体内有大量脂质过氧化物的产生，通过攻击细胞膜，导致衰老。维生素E是一种有效的抗氧化剂，能减少体内脂质过氧化物的产生，稳定生物膜结构，对机体具有保护作用。我国规定老年人维生素E每日供给量为12 mg，各种植物油是维生素E最良好的来源。除此之外，口服维生素E制剂，一般认为每日剂量小于300 mg，对大多数人来说比较安全。

维生素C具有还原性，能增强机体免疫力。维生素C能促进胶原蛋白的合成，维持血管弹性，减少老年人血管脆性增加，维持毛细血管的完整性方面具有重要作用。维生素C还能促进铁的吸收，减少贫血的发生。老年人由于消化吸收功能减退，体内血浆和白细胞内维生素C含量均明显下降，故老年人补充充足的维生素C显得尤为重要。老年人每日膳食维生素C供给量为60 mg，食物来源为新鲜的蔬菜及水果。

老年人消化吸收功能下降，对铁的吸收利用能力下降，容易发生缺铁性贫血。缺铁是世界性的老年营养问题。而食物铁的吸收率较低且受许多因素影响。植物性食物中的铁吸收率一般低于10%，膳食中植酸盐、草酸盐的存在以及胃酸缺乏时均可影响铁吸收。动物性食物中的铁一般多为血红素铁，可直接被人体吸收，吸收率高于植物性食物且影响因素较少，一般吸收率可达20%左右。含铁较丰富的食物有大豆及其制品、黑豆、豌豆、芥菜、香菜、桂圆、猪肝、肾、乌鱼、虾子、淡菜、芝麻酱等。

钠摄入过多会导致循环血量增加，易诱发高血压。食盐是钠的主要来源，另外卤制品、咸腌食品中钠的含量也不少。老年人普遍味觉功能下降，趋于选择口味重的食物，导致钠的摄入过多。因此，老年人宜改变饮食习惯，口味清淡，减少钠的摄入。钾是细胞内液中主要的阳离子，与心肌的正常生理功能关系密切，膳食中应有足够的钾供给方能满足机体需要。老年人体内含钾量较低，须注意从膳食补充。富钾食品主要有各类水果和蔬菜。

老年人体内水量逐渐下降，要注意适量增加饮水。尤其是晨起时，经过一夜睡眠休息后，由于呼吸、排尿和皮肤的蒸发，体内水分丢失很多，致使血容量不足，血液黏稠度增高，微循环淤滞。此时更要注意补水，否则易诱发血栓形成及心、脑疾患。老年人每日摄入水量应在1 500 mL以上，尤其是运动时出汗，导致水的大量丢失，更应该及时补水。此外，老年人体温调节能力下降，运动时补水，有利于体温调节，增加散热，减少热应激的发生。

本章小结：

女运动员和儿童、青少年运动员，以及老年人是运动人群中的特殊群体，对其营养问题要加以重视。

1. 女运动员应根据运动项目的要求合理安排营养。对于体重有特殊要求的运动员，应尽量减少饱和脂肪酸的摄入，加强对不饱和脂肪酸的摄入。同时要适当补充维生素胶囊或片剂，减少摄入脂肪过少所导致的维生素摄入不足。女运动员由于月经周期等的影响，容易缺铁，导致缺铁性贫血，缺钙在女运动员中也比较常见，故女运动员要注意加大对铁和钙的吸收。对于力量项目女运动员而言，加强对高蛋白食物的摄入，促进肌肉蛋白合成。

2. 儿童、青少年运动员由于处于生长发育时期，同时又受运动训练的影响，对营养素的需求较高，故应加大对各种营养素的供给，以提高运动员的运动能力。

3. 老年人是特殊的群体，随着年龄的增加，机体诸多机能下降，因此，要根据老年人的生理特点加强营养措施。

思考题：

1. 女运动员要加强哪些方面的营养，为什么？
2. 儿童、少年运动员对能量的需求有哪些要求？
3. 儿童、少年乒乓球运动员维生素的需求中有哪些要求？
4. 老年人运动时要注意哪些营养问题？

参考文献：

[1]张蕴琨．运动营养学[M]．桂林:广西师范大学出版社,2005.
[2]陈吉棣．运动营养学[M]．北京:北京大学医学出版社,2002.

（左　群）

第十六章　运动、营养与慢性病防治

提　要　慢性病的危害日益增加，而体力活动不足和营养不合理是其主要影响因素。本章就心血管疾患、糖尿病、骨质疏松症、肥胖等慢性病中的多发和/或高危病症，简单介绍运动、营养与其防治的关系。

近年来，我国的经济和现代化进程快速发展，人民生活水平显著改善，饮食结构也出现了明显改变。调查表明，城乡人群的谷类和薯类消费减少，而肉、蛋、奶和水产品的消耗量大幅度上升；人民生活中的体力活动成分减少，静态生活方式的比例在增加。这些明显变化使人群疾病模式发生了改变，其中由营养过剩和不平衡以及身体活动缺乏所导致的慢性病在增加，并且成为人们生活和劳动能力丧失乃至死亡的重要原因。例如，《2002 年中国居民营养与健康状况调查报告》显示我国成人超重率为 22.8%，肥胖率为 7.1%，估计人数分别为 2.0 亿和 6 000 多万。大城市成人超重率与肥胖现患率分别高达 30.0% 和 12.3%，儿童肥胖率已达 8.1%。与 1992 年全国营养调查资料相比，成人超重率上升 39%，肥胖率上升 97%，预计今后肥胖患病率将会有较大幅度增长。与此同时，2 型糖尿病、高血压病、痛风等慢性病的发病率显著升高。《美国医学会杂志》（The Journal of the American Medical Association，JAMA）发表我国 18 岁及以上成人样本中，根据国际最新临床诊断标准进行诊断的糖尿病估测患病率为 11.6%，约 1.139 亿人。大量的流行病学、临床和实验研究的结果表明，若干重要的慢性病，如高血压病、动脉粥样硬化性心血管疾病、糖尿病以及某些癌症等，其发病危险均与膳食营养具有不同程度的相关性。目前认为，慢性病的发生是遗传基因和环境因素相互作用或共同作用的结果，慢性病的遗传基因易感者（指遗传基因存在缺陷者）在不利的环境影响下发病的危险上升，发病年龄提前，病情严重；而他们如果注意合理营养、科学进行体育锻炼、养成健康生活方式，则可能不发病或病情较轻；相反，无基因缺陷者若长期处于不利的环境影响之下，如缺乏身体活动、营养不合理、吸烟、酗酒等不健康生活方式等，却会导致慢性病的发生。虽然目前尚不能定量估计在慢性病发生中遗传和环境因素相互作用的机制、风险和效益，但进行体育锻炼、保证合理营养、保持合理的生活方式，这样能够降低慢性病发生的危险是确切无疑的。

由于当前疾病谱中慢性病已成为危害人民健康的首要因素，而大量研究又都确认，进行科学的体育运动和保持合理营养对各年龄阶段的人群能够起到增强体质和增进健康，并减少慢性病的发病危险的作用，因此体育运动与合理营养相结合这种非药物、经济实用、有效而又无副作用的措施，成为提高人民健康水平和生活质量的不可缺少的成分。在合理营养的前提下，体育锻炼能促进身体机能，改善体力，对心理状态起到良好的作用；而营养物质能调节器官功能，提高运动中机体的工作能力，促进运动后体力的迅速恢复。因此，如何在体育锻炼的同时保证合理营养，从而使两者相得益彰，最大效能地发挥有利于健康的作用，成为受到关心的问题。

第一节　身体活动、营养和心血管疾病

在慢性心血管疾患（chronic cardiovascular disease）当中，人群患病率不断升高、对人民健康危害最严重的当属高血压病、动脉硬化、冠心病等常见和多发病；而这些疾病之间又存在着密切的联系，目前公认，高血压病、高血脂是引起动脉粥样硬化和冠心病的显著危险因素。体力活动和营养因素与这些疾病都存在密切的相关。多数研究表明，中等强度的体力活动与冠心病的发生与分级呈负相关；血压水平与钠盐的摄入量呈正相关。

一、运动、营养与高血压病

（一）基本概念

正常成人的血压在不同生理情况下会有一定波动，成年人血压正常值范围的上限分别为收缩压140 mmHg／舒张压90 mmHg。所谓高血压病（hypertension），是指动脉血压（收缩压和/或舒张压）升高超过正常值范围。高血压病是一种对人体健康危害很大的常见病、多发病，与冠心病和脑血管意外有密切的联系。近年来，我国高血压的患病率逐年上升。大规模的流行病学研究发现，我国高血压患病率存在城市高于乡村，北方高于南方，脑力劳动者高于体力劳动者和民族差异等特点。

高血压病根据发病原因分为原发性高血压病（essentialhypertension）和继发性高血压病（secondaryhypertension）。继发性高血压病的血压升高实际上是某些原发疾病的一种体征或出现的相应症状。引起继发性高血压病的原发疾病经过治疗痊愈后，患者的动脉血压基本上可以恢复正常。而原发性高血压病占高血压患病数的绝大多数。原发性高血压病确切发病原因尚不十分清楚，一般认为高级中枢神经障碍占主导地位，体液、内分泌调节、肾脏等也参与在发病过程中；与遗传因素、环境致病因素、营养学因素、心理因素、缺乏体育活动以及不良生活习惯等有密切关系。对于一个高血压病患者来说，某个因素可能是主要的发病原因，但其他因素也可能对发病起到推波助澜的作用。因此，高血压病的预防和治疗是一个庞大而复杂的系统工程。

（二）体育运动预防和治疗高血压病

体育运动时由于骨骼肌的舒缩活动，反射性地引起心脏射血能力的提高；引起供应骨骼肌的动脉血管尤其是小动脉、微动脉明显扩张，总外周阻力有所下降，因此舒张压可以有不同程度的下降。虽然控制心血管运动的植物性神经系统并不接受大脑皮层的主动有意识的控制，但有研究报道练习健身气功等可使动脉血压尤其是舒张压明显下降，可能是注意力的集中导致了大脑皮层和皮层下中枢的兴奋性和兴奋程度的改变，大脑皮层和心血管中枢紧张程度下降，导致每搏输出量下降和外周血管舒张、外周阻力下降所致。

体育健身活动的强度一般在有氧运动的中小强度范围内。有氧运动能有效地改善体内可能存在的脂类代谢紊乱的状况，从而减缓了动脉粥样硬化症（atherosclerosis）的发展进程，同时降低了血液中脂类物质的相对浓度，使血流阻力下降。对动脉血压的降低起了一定的作用。

长时间的有氧运动消耗脂肪作为能量供应的主要来源，对减少体内脂肪含量，减轻体重有很大作用。有研究表明，全国各地人群体重指数（BMI）与高血压发病率呈正相关，说明体脂含量高低与高血压发病有密切关系。体育健身运动有效降低体重指数，对高血压的预防和治疗将起到十分重要的作用。

（三）与高血压病有关的营养因素

1. 钠、钾

经常过量食用含钠较高食物，会引起体内水分潴留，促使体内血容量相对增加，增加血管对升压物质的敏感性引起小动脉痉挛，外周血管阻力增高，导致高血压病乃至并发症。研究表明，血压水平与盐的摄入量呈正相关。摄入食盐多于6 g/d的人群，血压随年龄增长，高血压病的发生率较高；而每日摄入食盐少于4.5 g的人群，血压很少随年龄增长，高血压病的发病率较低。且临床研究表明：高血压病一旦确立，再降低食盐摄入量，不能完全加以纠正。而高钠饮食不仅仅可以升高血压，还可造成内皮功能紊乱、蛋白尿、肾功能下降等不良影响。

而相反的是，钾盐具有调制钠引起血压升高的作用，可能与钠/钾比值改善有关。据调查，钾盐的摄入量与中风的死亡率成负相关。

2. 肥　胖

肥胖是导致高血压病发病的原因之一，有报道指出，当体重超出标准体重的10%，血压将会升高0.88 kPa（6.6 mmHg），肥胖者高血压病发病率明显高于正常体重者。

3. 饮　酒

长期大量饮酒是高血压病的重要危险因素。研究表明，每周饮酒多于500 mL（相当于每日饮用55°白酒75～125 g），其收缩压和舒张压水平比不饮酒者高0.61

kPa（4.6 mmHg）和0.40 kPa（3.0 mmHg）。重度饮酒除引起高血压病外，还可增加心肌病和脑出血的危险。

4. 其他元素

膳食纤维、镁、钙的摄入量也与中风的死亡率呈负相关。钙有利尿作用，有报道认为钙缺乏可以加重由高钠引起的血压升高，补钙后尿中排除的钠盐量增加。镁摄入增加可使外周血管扩张，血压下降。

（四）营养治疗与食物选择

1. 限钠补钾

世界卫生组织建议人均食盐的日摄入量应低于5 g，我国1997年发行的《中国居民膳食指南》中提倡将过去低于10 g的限额改为6 g以下；且需长期保持。我国1992年全国营养调查结果发现我国人群呈高钠低钾的膳食结构，建议一般人在饮食当中应适当增加富含钾的素菜水果，如豌豆苗、莴笋、芹菜、丝瓜、茄子等，不必使用钾制剂。

2. 控能限脂

根据肥胖轻重程度对热能摄入进行一定控制，使总能耗大于总摄入量，随体重下降，血压也会相应下降。中度以上肥胖患者可限制总摄入能量5 016 kJ（1 200 kcal）以下。同时限制饱和脂肪酸和胆固醇含量高的食物摄入。

3. 限　酒

每日饮酒量应少于50 g高度白酒，高血压病人或高发时期应完全戒酒。

4. 补充微量元素

摄入富钙食物如牛奶、虾、鱼、蛋类，增加镁的摄入，如香菇、豆制品、菠菜等。多吃新鲜蔬菜水果，补充维生素C和叶酸等。

5. 膳食要求

少吃过咸食物、腌制品及辛辣食物，不宜浓茶、浓咖啡等。餐次少量多餐，避免暴饮暴食，食物种类齐全，营养均衡。美国研究团队提出DASH（Dietary Approaches to Stop Hypertension）饮食原则，是医学界首度提供明确饮食比例，只要遵循此一原则，二周内血压明显下降。DASH饮食计划营养素原则，一日热量摄取不超过1 800 kcal，热量来源中，脂质占27%、饱和脂肪酸占6%、蛋白质占18%、糖占55%，再配合少钠（2 000 mg）、低胆固醇（300 mg），摄取高量的钙（750 mg）、钾（4 000 mg）、纤维（25 g）。参与DASH试验的受试者随机地摄入对照饮食（标准的美国饮食）、富含水果蔬菜的饮食、或富含水果蔬菜和低脂乳制品的饮食（DASH饮食）。研究人员在试验开始时和按规定进食8个月后分别对受试者的血压进行测量。研究人员发现，DASH饮食降低收缩期血压的效果明显好于对照饮食（-11.2 mmHg，$P<0.001$）和富含水果蔬菜饮食（-8.0 mmHg，$P<0.01$）。从总体上看，DASH组患者的血压从146/85下降至134/82 mmHg。DASH组32名受试者中有18人收缩期血压降至140 mmHg以下，而对照组25名受试者中有6人、水果蔬菜组24名受试者中有12人达到这一水平。但高血压患者合并肝肾功能不全则需咨询临床营养科医师。同时，DASH饮食有助于降低青年糖尿病人群的心血管病风险。（图16－1）

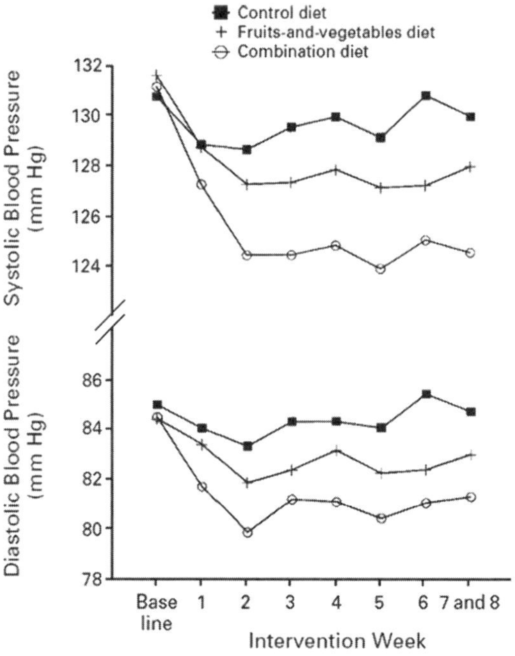

Mean Systolic and Diastolic Blood Pressures at Base Line and during Each Intervention Week, According to Diet, for 379 Subjects with Complete Sets of Weekly Blood-Pressure Measurements.

图16－1　饮食干预对血压的影响

二、运动、营养与高脂血症

（一）基本概念

膳食脂肪中的胆固醇和甘油三酯可被胆汁酸溶解进入脂类蛋白质复合物，并被小肠吸收。胆固醇并不溶于血浆，必须与载脂蛋白结合形成大分子复合体，称为血浆脂蛋白，以胶体形式在血液中运输。不同密度的脂蛋白对胆固醇的运输方向大相径庭。高密度脂蛋白（high density lipoprotein，HDL）可将沉积于血管壁的胆固醇运输回肝脏代谢，是冠心病的保护因子；而低密度脂蛋白（low density lipoprotein，LDL）和极低密度脂蛋白（very low density lipoprotein，VLDL）是将肝脏合成或消化道吸收来的胆固醇向外周组织运输，即可以增加动脉管壁胆固醇的沉积量，引起动脉粥样硬化症。作为动脉粥样硬化和冠状动脉疾病（CHD）危险性的重要指标，血浆中的脂类物质在动脉粥样硬化的过程中所起的作用已经得到了深入的研究。

在美国的胆固醇教育工程发布的第二份报告中，将血液总胆固醇含量在200 mg/dL以下认为是理想水平，240 mg/dL以上认为有高度危险。LDL－C含量在160 mg/dL以上认为危险增高，130 mg/dL以下是低风险。HDL－C含量在35 mg/dL以下认为患冠心病的危险增加。总胆固醇/高密度脂蛋白比率在5以上认为危险增加，而3.5以下则危险很低。另外，美国运动医学会（ACSM）认为HDL－C含量在60 mg/dL以上就能够在一定程度上对抗冠心病的发生。

（二）身体活动和脂代谢

体力活动有利于调整脂代谢：研究表明，有氧运动能够使导致动脉硬化的血脂指标如胆固醇（TC）、甘油三酯（TG）和低密度脂蛋白（LDL）水平下降，从而使抗动脉粥样硬化的保护因素高密度脂蛋白（HDL）水平增加。尤其是通过使胆固醇酰基转移酶（LCAT）活力的增加，可使HDL2水平增加。高脂饮食使低密度脂蛋白受体信息核糖核酸（LDL－R－mRNA）表达下降，而运动可使其保持不降，从而使心血管病的危险因素减少。增加体力活动还有抗凝血、抗缺血、加强纤溶和对抗心律不齐等良好作用。

（三）饮食营养和脂代谢

饱和脂肪酸和胆固醇的摄入量与动脉粥样硬化的发病呈正相关。脂肪摄入量过多，将引发肥胖并会间接影响心血管病的发生；减少总的脂肪量和饱和脂肪酸的摄入量，常是减低患冠心病危险性计划的一个合理手段。增加饱和脂肪酸（碳链含 12 ~ 16 个碳原子）的摄入量会引起 TC 和 LDL – C 的浓度增高，从而增加患冠心病的危险。因此，饱和脂肪酸的摄入量是人群中血清胆固醇和 LDL – C 的浓度的主要膳食决定因素，也是人群冠心病危险的决定因素。

鱼油含有大量 ω – 3PUFA（Omega 3 多不饱和脂肪酸），主要是二十碳五烯酸和二十二碳六烯酸（EPA 和 DHA），因具有抑制肝脏中极低密度脂蛋白和甘油三酯合成，进一步抑制低密度脂蛋白胆固醇的生成，并有减少血小板凝集的作用，起到防治冠心病和心肌梗死的作用而受到重视。但有研究报道建议应多摄食含Omega – 3 多不饱和脂肪酸丰富的鱼，而不是食用浓集的鱼油。补充鱼油对 TG，LDL – C 和血凝时间的影响还不肯定。除鱼以外，大豆蛋白质可降低低密度脂蛋白胆固醇；大豆中的纤维素还有利于胆固醇的排泄，也是冠心病患者的一种理想食品。

临床研究曾一度强调减少膳食总的脂肪摄入量和提高 P/S（不饱和脂肪酸/饱和脂肪酸）值有利于降低血压和防治冠心病，但由于多不饱和脂肪酸的过氧化率高，而单不饱和脂肪酸不降低高密度脂蛋白，指出用单不饱和脂肪酸（MUFA）取代饱和脂肪酸（SFA）有助于 TC 和 LDL – C 水平下降，HDL – C 水平不降低。最近有资料报道，采取多吃鱼、橄榄油、豆类和干果类、绿叶素菜等食物，可获得减少心、脑血管意外，癌症、肥胖、糖尿病及抑郁症等疾病危险因素的效益。还有报道提出，将膳食中的 SFA 减少到 8% 或 7% 以下，用单不饱和脂肪酸取代饱和脂肪酸。对于低密度脂蛋白持续不降的患者，宜将胆固醇降低到 200 ~ 250 mg/dL，脂肪供能比降至总能量的 25%，多不饱和脂肪酸占总热量的 7%、以 1% ~ 2% 的亚油酸来满足必需脂肪酸的需要量，也会有益于心、脑血管病。

此外，食用含有复合碳水化合物、纤维素、维生素、矿物质、微量元素等植物性食物多的膳食者，冠心病的发病率低，这与此类膳食中脂肪总量、饱和脂肪酸和胆固醇含量较低、而且这些食物中还含有黄酮、有机酸等非营养素却有助于降脂的活性物质有关。

三、运动、营养与冠心病

（一）相关基本概念

冠心病（coronary heart disease，CHD）是冠状动脉粥样硬化，使冠状动脉血流减慢、狭窄甚至阻塞，导致心肌缺血缺氧而引起的心脏病，是危害人类健康的一个主要非传染性疾病。我国卫生部资料统计显示，冠心病的发病率和死亡率30年来逐年上升，占总死亡率的1/3以上。冠心病的病因和发病机理十分复杂，目前仍不十分明确。危险因素被报道有200多种，遗传因素、营养因素、心理因素、神经内分泌免疫调控紊乱和不良生活习惯可能是引起动脉粥样硬化的五大主要易患因素。营养失衡或不良营养习惯，如高脂膳食尤其是高动物脂肪膳食、高胆固醇膳食、低纤维素膳食，不良生活习惯如过量吸烟、过度疲劳、经常性的睡眠不足和缺乏体育活动，不良心理状态如容易紧张、嫉妒心理，以及神经系统、内分泌系统和免疫系统调控紊乱等因素，促使遗传因素中易患基因的多方面表达量增加，从而引起疾病发生。

（二）体力活动防治动脉粥样硬化

近年来发现适宜的有氧身体练习可以升高血浆HDL，降低血浆LDL，升高HDL/LDL比值，使肝脏分解、处理胆固醇的作用明显提高，从而降低总胆固醇含量，使骨骼肌对脂肪的利用增加，尤其是长时间中、小运动强度的有氧运动，脂肪的供能比例大大增加，对降低血浆甘油三酯含量的作用十分明显。血浆脂类物质含量的下降，对降低血液黏滞度，在相同的心肌收缩力的作用下提高血流速度，改善已经发生动脉粥样硬化症的器官的血液供应，具有积极的意义。

有氧运动中机体对氧供应的需求量增加，刺激肾脏分泌产生较多的促红细胞生成素，可以在一定程度上提高血液红细胞计数和血红蛋白含量，降低红细胞膜结构中的胆固醇比例和提高膜内磷脂的含量，从而提高红细胞膜的流动性，提高红细胞变形能力，间接地提高心肌的血液供应量。研究表明，长期适宜的、有规律的有氧运动不仅使运动参加者的心脏发生了适应性的心脏肥大，引起了心肌细胞间毛细血管密度的增加，还可以促进心脏冠状动脉侧支循环的建立，心脏这种对运动训练的适应性反应对于提高心肌的血液供应量十分有利。

（三）饮食营养和冠心病

生活方式的改变包括合理膳食、运动、戒烟和减少酒精摄取对于血脂异常的控制是必需的。严格的膳食干预对于 CHD 的预防和治疗很重要，因为它可使胆固醇降低至少 6%。总胆固醇和饱和脂肪酸以及胆固醇较低而复合碳水化合物较高的膳食是治疗高胆固醇血症的基础。目前国内外营养资料均倡导膳食脂肪提供的热量占总热能的 30% 以下，包括饱和脂肪提供 10% 以下的热能，其余 20% 由多不饱和脂肪酸和单不饱和脂肪酸等量地提供。

富含鱼油如 ω－3 多不饱和脂肪酸（ω－3－polyunsaturated fatty acid 3－PUFA）的膳食可减少 VLDL 和 TG 的水平。另外，有证据表明 ω－3－PUFA 存在抗动脉粥样硬化和抗血栓形成的活性。流行病学研究表明与不摄取鱼的对照相比，每日摄取 35 g 鱼的病人中发生与心脏有关的死亡减少 44%，突发性的死于 MI 的危险性降低 67%。另外，每日摄取 ω－3－PUFA 达到 4 g，共 12 周可使 TG（主要是 VLDL）水平减少 24%。因此，鱼油与其他降脂药物结合可用于治疗不能耐受烟酸或纤维酸衍生物的Ⅳ/Ⅴ型高甘油三酯血症的病人。但是，摄取富含各种鱼油的膳食可能会缓慢地促进 LDL 氧化，因为它们是多不饱和脂肪。这在一项研究中得到证实，在这项研究中生育酚（维生素 E）水平因摄取含大量鱼油的膳食而降低。这可能表明在自由基形成增加的环境中生育酚的消耗增加。

膳食干预成分如可溶性纤维、鱼油、合成的脂肪或代用脂肪、膳食中的天然抗氧化剂，可减慢动脉粥样硬化的发生过程。有一项研究表明 2 英两的燕麦麦麸或燕麦片可使 LDL 降低 15%。LDL 水平呈剂量反应方式减少是由于燕麦麦敖中含有可溶性纤维和 β 葡聚糖。另外一项研究证实，使用可溶性纤维具有相似作用倾向。

膳食类黄酮（见于红酒中）可能也有抗氧化的特性，但其与人 CAD 的联系尚不确定。胆固醇喂饲的兔子中，膳食补充一氧化氮（NO）前体精氨酸可增加体内内源性 NO 的产生，减少单核细胞聚集和细胞增殖。

总之，有规律的运动、限制饮酒、忌烟、减少膳食脂肪的摄取、补充可溶性纤维、鱼油或各种抗氧化剂可能会预防动脉粥样硬化的发展过程。但是，对于低脂肪膳食其有益作用还没有定论。与降低胆固醇的作用无关，高脂肪膳食可能也会损害内皮功能，增加血栓的形成，然而用低脂肪膳食代替可能并不会完全取消这些有害作用。高多不饱和脂肪膳食可能增加 LDL 的氧化，这很可能与过量的氧化代谢机制有关。另一方面，多种膳食干预措施可预防 LDL 氧化，这可能对动脉粥样硬化过程产生有益的作用。

第二节 运动、营养与糖尿病

一、关于糖尿病的基本概念

糖尿病（diabetes mellitus，DM）是一种常见的具有遗传倾向的内分泌代谢障碍的慢性疾病，以血糖升高为主要表现，伴有碳水化合物、蛋白质、脂肪代谢紊乱为特征。血糖升高的主要原因在于胰岛素分泌量的绝对减少和相对减少，胰岛素受体后功能缺陷和胰岛素抵抗等。典型的糖尿病人临床症状主要表现为多尿、多饮、多食和渐进型消瘦。糖尿病的病因既有遗传因素，又有环境因素，肥胖和体力活动减少是其中很重要的危险因素。（图 16 – 2）

对于糖尿病患者来说，运动治疗结合饮食治疗和胰岛素及降糖药应用的药物治疗是糖尿病治疗的“三驾马车”，是综合施治的中心组成部分。

二、身体活动对糖尿病的控制作用

运动是糖尿病患者健康管理的重要组成部分，不仅对糖尿病的治疗意义重大，而且明显降低糖尿病发生发展的危险因素。适量规律的持续运动能增强糖尿病患者的体质，改善健康状况；可以提高机体对糖和脂肪的利用率，减轻高血糖症，促进血糖水平的控制，缓解体内代谢紊乱，减轻糖尿病的并发症。通过运动还可以控制体重，减轻胰岛素抵抗，恢复机体的胰岛素敏感性，改善血脂代谢，促进

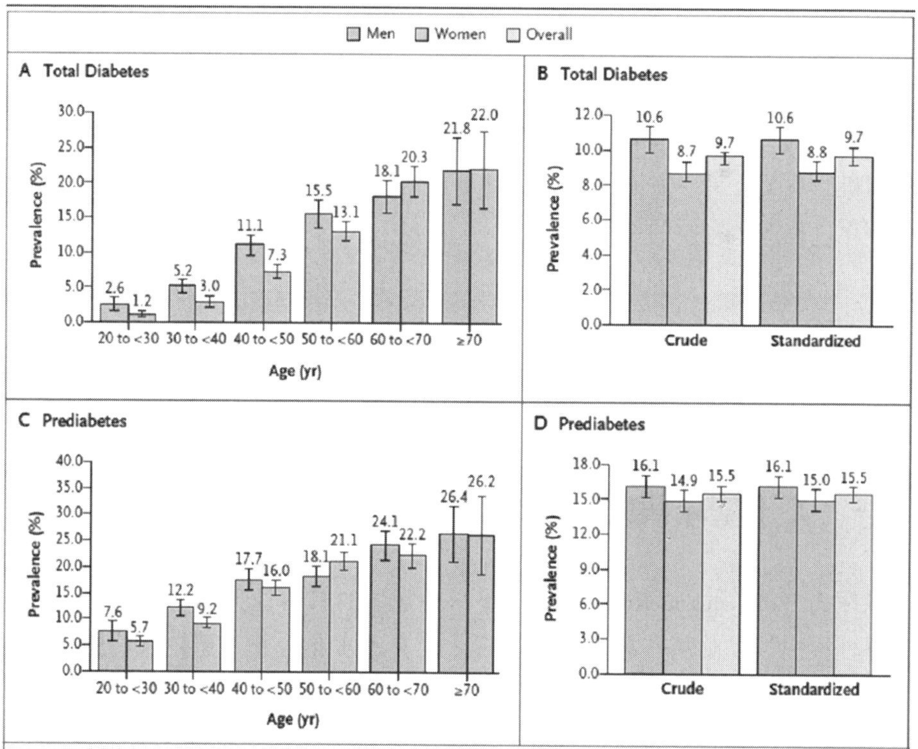

Age-Specific Prevalences of Diabetes and Prediabetes among Chinese Adults 20 Years of Age or Older.
The prevalences of total diabetes (Panel A) and prediabetes (Panel C) among men and women are shown, according to age. The crude and age-standardized prevalences of total diabetes and prediabetes among men and women are shown in Panels B and D, respectively. Total diabetes includes both previously diagnosed diabetes and previously undiagnosed diabetes. Prediabetes was defined as impaired fasting glucose or impaired glucose tolerance. I bars indicate 95% confidence intervals.

图 16－2　中国糖尿病发病率[1]

心理健康等。

运动的近期效果是降低血糖，远期效果是减少降糖药物的应用。由于糖尿病多并发症，而且有些并发症还相当严重。因此，适宜的体育健身运动对早期糖尿病人的治疗作用比较有效。而晚期糖尿病人并发症严重，是否能参加体育运动还应根据患者的病情和运动能力而决定。

糖尿病患者在参加体育健身运动时应严格遵循运动处方的规定，严格控制运动强度和运动量，并应该经常性地进行血糖测定。糖尿病患者的体育健身运动是治疗疾病的辅助方法之一，要重视临床医学包括中医药学在糖尿病治疗中的重要作用。

与冠心病、高血压病患者一样，糖尿病患者应参加一些缓慢、轻松、持续的健身体育运动，运动方式以全身运动为宜。糖尿病患者不宜进行静力性、力量性身体练习。因为这些需要憋气的运动项目将对糖尿病患者形成较大的不安全隐患。

三、与糖尿病有关的营养因素

饮食治疗是糖尿病的另一个基本措施，即使采用降糖药物，也仍需要以饮食治疗为基础。

食用富含植物性含高碳水化合物膳食人群的非胰岛素依赖性糖尿病（NIDDM）流行较少。这与食用这种膳食时肥胖的发生率低，而肥胖是 NIDDM 的危险因素有关。临床研究还证实这种膳食有利于改善糖耐量和胰岛素的敏感性。轻型糖尿病采用饮食治疗，即可使病情得到控制。近年，国内外的研究曾提出放宽糖尿病患者膳食中碳水化合物的量，使其达到总热量的 55% ~60% 并同时增加纤维素的摄入量。目前我国一般膳食平均摄入的纤维素为 10 ~30 g/d，糖尿病人可增加到25 ~35 g/d，但要考虑病人的耐受能力，最多不超过 50 g/d。由于碳水化合物的血糖指数较高，具体应用尚有争议。

冠心病和动脉粥样硬化是糖尿病人的常见合并症，采用膳食措施防治高脂血症和心血管病的膳食原则，也适用于糖尿病，并应是糖尿病人膳食的重要组成分。部分糖尿病人有骨量减少的腰背酸痛症状，与胰岛素绝对和相对不足所致的维生素 D 缺乏、钙、磷、镁吸收障碍有关，成因与表现非常复杂，应先控制糖尿病，其次针对维生素 D 代谢异常给药治疗。

四、营养治疗原则

饮食治疗是治疗糖尿病行之有效的基本措施。无论何种类型，用胰岛素还是用口服药，都必须通过饮食控制以减轻胰岛 β 细胞的负担，改善症状，防治各种并发症。对于年长、肥胖而无症状或少症状的轻型患者，血浆胰岛素空腹及餐后偏高者，饮食治疗为首要措施。

糖尿病饮食治疗的目的在于使患者恢复和维持正常的血糖、尿糖、血脂水平，防止和减缓并发症的发生，具体可参考《糖尿病医学营养治疗指南（2010）》[2]。平时，在饮食治疗中要注意以下原则。

（1）适当节制饮食，限制总能量摄入量，以达到和维持理想体重。

（2）膳食中碳水化物、蛋白质和脂肪比例应适当，碳水化合物占总供能的50%～60%。同时注意补充适量的维生素和微量元素。

（3）避免高糖食物，如各式甜食、糖果、甜饮料等。

（4）提倡高纤维饮食，减少酒和钠的摄入。

（5）糖尿病饮食治疗需长期坚持。

（6）肥胖、妊娠、并发症患者的饮食治疗应视具体情况而定。

第三节　运动营养与骨质疏松症

一、关于骨质疏松

骨质疏松症（osteoporosis，OP）是威胁健康的另一个慢性病，以骨结构变稀疏、单位体积骨量减少、骨脆性增加、易骨折为主要特征。随人口老龄化程度提高，已成为当今社会老年人（尤其是绝经后妇女）发生骨折的首要诱因，骨折后往往难以痊愈并遗留功能缺陷，严重影响其生活质量。

1993年在香港召开的第四届世界卫生组织国际骨质疏松研讨会上，对骨质疏松定义为：骨质疏松症是以骨量减少、骨的微观结构退化为特征，致使骨的脆性增加以至于发生骨折的一种全身性骨骼疾病。骨质疏松分为原发性和继发性和特发性数种，其中原发性骨质疏松最为常见。骨质疏松被认为是骨代谢异常所导致的病理状态，在这种情况下，骨矿物质的丢失加快，超出了正常随年龄增加而丢失的速率，其结果表现为骨皮质变薄，骨髓腔扩大，骨小梁变得细小而稀疏，这样骨的重量、密度和机械性能下降，变得更加脆弱而容易发生骨折。在现代，人们的脑力活动日益增加而体力活动和体育运动相对缺乏，加上饮食方式的改变，容易造成钙的流失，这在客观上加速了骨质疏松的进程。事实上，骨矿物质的丢失在人群中十分常见，例如女性在35岁以后体内的钙就以每天25 mg左右的速度流失，在绝经期后流失的量可以达到每天50 mg，以至于这种现象被认为是随年龄增长而自然发生的退行性变化。目前认为，性激素水平低下、缺乏运动和营养不合理是骨质疏松症的三大危险因素。

二、体育活动防治骨质疏松

大量研究证明，体育锻炼是维护骨健康，对抗骨流失，预防骨质疏松的重要而有效的手段。在骨的生理过程中，应力有着非常重要的影响。骨的生长、发育、萎缩等都与应力的大小直接有关。在某一最佳应力值的作用下，骨量的变化保持平衡，即骨的吸收和形成大致相等，在骨所能承受的应力上下限范围内，如果实际应力大于最佳应力时，骨的形成占优势，表现为随外力的增加，骨的横截面积增大，从而使应力随之下降；实际应力小于最佳应力时，骨的吸收占优势，骨组织不断萎缩使横截面积减小，以保持适当的应力值。

Wolff在1884年首先提出了骨的“功能适应原则”，即在功能需要的地方骨形成，而在不需要的地方发生骨吸收。以后的许多研究证明，骨骼能够按照作用于其上的外力，不断进行着塑造。因此体育锻炼对骨的影响显而易见，不同形式的体育锻炼对骨骼形成了各种各样的机械作用力，锻炼者的骨将会对这些作用力，或者说功能的需要，发生适应性的变化。实际的情况证明了这一点。例如，跳远选手的股骨会比游泳选手有更高的骨矿密度和更大的强度；乒乓球选手持拍手的前臂骨会比普通人更加粗壮，即拥有更多的骨量。事实上，这种情况比比皆是。反之，肢体若由于神经的损伤或固定等原因长时间静止不动，其结果不仅仅是肌肉会发生废用性萎缩，骨骼也会发生明显的钙流失和骨质疏松的现象。宇航员在长时间的失重状态下也出现骨质疏松现象，是另外一个典型的例子。

体育活动对骨健康的意义可以从这样一些方面来分析：首先，生命过程早期阶段的体育锻炼能够使骨发生良好的适应，骨皮质增厚，骨小梁增加，骨的外形更加粗壮，这样不仅增强了骨骼的强度和抵抗力，减少了受伤的风险，同时也使锻炼者得到了较高的骨总量，拥有更多的骨储备来应付生命后期阶段随年龄而日趋增加的骨量丢失；其次，成年以后的体育锻炼能够增强骨的生成过程，有效对抗和减轻骨量的丢失，对于骨量的维持有重要的意义。

三、与骨质疏松有关的营养因素

骨质疏松症的发生主要与机体钙缺乏有关，原因主要有以下3方面。

（一）膳食缺钙

膳食钙不足可引起钙摄入减少，进而引起负钙平衡。为了维持血钙水平，机体通过增加甲状旁腺激素（PTH）分泌等促进骨质吸收（溶解），使骨骼中的钙释放入血，从而导致骨质减少。人群观察显示，膳食钙供给量低的人群，骨质疏松症的发病率明显高于摄入高的人群。膳食缺钙主要与膳食结构有关。膳食组成中乳类和动物性食物较多时，钙的含量较多，消化吸收率较高，反之则少。

（二）钙吸收减少

1. 膳食钙磷比例不平衡

膳食中的钙磷比例儿童以2:1或1:1，成人以1:1或1:2为宜。膳食中磷含量过高时，可降低钙的吸收量，并使血中钙离子浓度下降，进而刺激PTH的分泌，使骨钙释放以补充血钙。因此长期摄入高磷膳食，能使骨骼缓慢地连续性地丢失矿物质。

2. 维生素D缺乏

维生素D可促进肠黏膜上皮细胞合成钙结合蛋白，该蛋白有助于钙通过肠壁的转运而增加钙的吸收，凡能引起维生素D缺乏的原因，均可间接引起钙吸收下降。

3. 脂肪过多

脂肪与钙可结合形成不溶性钙皂由粪中排出，使结合的钙丢失。因此膳食中的脂肪，特别是饱和脂肪过多时可抑制钙的吸收。

4. 年龄的影响

钙的吸收随年龄的增长而下降。据研究，婴儿钙的吸收率约 75%，儿童为 40%，成人仅 20% 左右，65 岁以后进一步降低。

5. 形成不溶性钙盐

膳食中植酸、草酸和膳食纤维等都能和钙结合形成不溶性盐影响钙的吸收，含量过高时，可使钙吸收减少。

（三）钙排出增多

体内钙主要通过粪、尿和汗 3 条途径排泄。每日自尿排出的钙约 100 ~ 200 mg，粪排出约 100 mg，汗中约 10 mg。膳食蛋白质含量高时，尿钙排出明显增加，可能与蛋白质中含硫氨基酸分解产物的硫酸根能增加钙排出有关。但来自肉类的蛋白质摄入并不太有影响，可能与肉类含磷有关。

四、有关营养治疗

（一）钙　剂

骨以结合钙的形式保存了体内 99% 的钙元素，其余约 1% 存在于体液中。体液中的离子钙是钙的活性形式，对于神经冲动的传导、肌肉收缩过程、血液凝固、糖原分解等一系列重要的生理过程发挥重要作用。为了维持正常的生理功能，机体必须保持适当的血钙浓度（约 83 ~ 105 mg/L），在饮食中钙不足或身体需钙量增加的情况下，机体就会通过激素反应等调节手段来增加骨吸收过程，释放骨钙到血中以满足需要。因此，日常补充足够的钙对于机体在发育期达到可能的最大骨量和在一生中骨量的维持是非常必要的。无论年龄和性别，钙都被认为是饮食中必不可少的元素。

虽然钙剂的合理补充已成为目前各种防治骨质疏松措施的必要条件之一，而且关于补钙对绝经后妇女骨密度的影响不同学者之间仍有异议，但对缺钙的老年人和绝经后妇女来说，钙剂是首选的，也是最经济的基础治疗。我国根据联合国粮农组织（FAO）及世界卫生组织（WHO）专家委员会建议，规定每日钙、磷的需要量为：钙，成人（两性）400～500 mg，绝经期妇女1 200～1 500 mg，老年人1 000～1 200 mg；磷，孕妇、乳母1 500～2 000 mg，成人1 300 mg。钙的最佳摄入是指：（1）使成人峰值骨量达到最大值；（2）维持成人峰值骨量；（3）骨峰值后，使骨量丢失达到最低限度时所必须的摄入量。我国是以谷类膳食为主的民族，往往磷多于钙。因而更加需要注意合理的膳食搭配。适当的钙、磷比值范围是1∶2到2∶1之间，同时应注意有足够的维生素D。

有学者认为单纯补钙不能完全阻止绝经后骨丢失，但补钙可以使骨丢失的速度减慢30%～50%。有研究等对301名绝经妇女补钙（500 mg/d）2年观察骨密度的情况得出结论：钙剂对绝经早期妇女（指绝经时间少于5年）骨密度无显著影响，但对绝经晚期妇女（绝经时间超过5年者）桡骨、椎骨、股骨颈等处的骨量丢失有明显抑制作用。另一位学者的报告也指出2 000 mg/d的元素钙补充对早期绝经者无明显影响，1 000 mg/d的元素钙补充则能显著抑制绝经后5～13年妇女的腰椎、Ward三角和股骨近端的骨量丢失。有人推测可能是绝经早期由于雌激素的骤减，使骨质急剧丧失，从而使钙剂的疗效不能得以充分发挥所致。当绝经几年以后，骨进入一个持续缓慢丢失的新稳态，这期间的骨丢失部分与缺钙有关，所以补钙有效。一项研究表明，对于采用激素替代疗法（HRT）的妇女来说，如口服结合雌激素（Premarin）每日需0.625 mg，若每日补充钙1 000～1 500 mg，则Premarin的量可减至每日0.3 mg。因此，有学者认为对未绝经或采用HRT的65岁以下妇女建议每日应摄入1 000 mg的钙，对超过65岁的妇女或大于50岁而未采用HRT的妇女建议每日应摄入1 500 mg的钙，才能保持钙平衡。Riis等对43名绝经妇女进行为期2年的观察，每天给2 000 mg元素钙，在一定程度上提高前臂近端及全身骨骼的骨密度，主要为皮质骨，但对前臂远端和脊柱等处的松质骨无影响。Posen也认为骨骼不是均质性的，补钙对防止皮质骨的丢失有作用，而对松质骨无效，特别在绝经后妇女。总之，钙剂的应用可弥补骨丢失，特别在抑制皮质骨的丢失方面作用更为明显。大多数学者认为1 000～2 000 mg/d的元素钙即能有效地防治骨质疏松，不应随便加大剂量。在肾结石或原因不明的高尿钙情况下应慎用。

（二）植物雌激素

虽然激素替代疗法能有效地减少骨量的丢失及骨折的发生，但其远期的副作用如增加子宫内膜癌、乳腺癌的危险也同时存在。使激素替代疗法在绝经后妇女或已患有骨质疏松妇女中的应用受到限制。

近年来，人们对另一类新药——植物雌激素已表示出越来越多的关注，这是因为植物雌激素具有雌激素样作用，且具有选择性，如可作用于骨，抑制其过度吸收，但对子宫内膜及乳腺无增生作用。其典型代表药物依普拉芬已开始用于骨质疏松的临床治疗，并取得了良好的疗效。在自然界的较高级或较低级植物中均能合成一大类苯－γ－吡喃酮衍生物——类黄酮，它们广泛存在于动物和人类摄入的各种植物中。一些已明确的有雌激素样作用和抗雌激素作用的天然类黄酮被认为是植物雌激素，它们能与真雌激素受体相互作用。

众多植物如大豆、三叶草芽、红豆种子等以及许多传统中药都含有丰富的植物雌激素。例如葛根中黄酮类化合物高达12%，其中包括大豆甙元；鸡血藤中含有大豆甙元，并且鸡血藤在临床上被用来治疗乳腺增生；蒲公英中含有考迈斯托醇（coumestml）；山豆根中含有染料木黄酮（genistein）等。

虽然植物雌激素的活性不如合成或提取的雌激素，但由于它不具有远期的副作用，而且黄酮类药物还可用于心血管病的防治，所以它仍是一类很有前途的防治骨质疏松的新药，具有广阔的开发前景。对于牛奶不耐受的绝经后妇女，经常食用含黄酮类比较丰富的大豆及其制品；山楂、蒲公英、葛根等药食同源的中药能在一定程度上预防骨质疏松的发生。

第四节　肥胖和运动营养

一、肥胖的危害

肥胖（obiposity）是一种既有遗传基因缺陷又有过食和运动不足等环境因素影

响的多因素疾病。其中体力活动不足或饮食不合理是引起体重超重或肥胖的重要原因。很多慢性病均以腹部肥胖（内脏肥胖或中心性肥胖）介导而发病。有报道提出大约有20多种医学问题与肥胖有关。人体研究结果提示：腹部的脂肪堆积比臀部或大腿部的脂肪堆积对于慢性病的发生有更大的风险。成人体重超重者与体重正常者比较有较高的心血管病、Ⅱ型糖尿病、高血压病、子宫内膜癌等的发病率。

二、身体活动防治肥胖

人的进食量和体力活动是影响体重的2个主要因素。体力活动有利于维持合理的体重和体脂肪率。成年人保持恒定体重的基本原理是能量的摄入量与消耗量之间的平衡，长期体重的维持是遗传特征和环境因素相互作用的结果。增加体力活动或运动有利于保持合理的体重。研究提出体力活动与体质指数（Body Mass Index，BMI）存在负相关，但现有数据尚不足以得出“低水平的体力活动就是肥胖原因”的结论。然而近期的一些研究通过长期、大数量的追踪研究观察到体力活动与体重增长存在明显的负相关，并由此提出缺少体力活动和体重超重具有互为因果的关系。

因此，提倡运动和体力活动已成为当今世界许多国家促进人民健康的一个重要举措，其主要原因是运动调节能量平衡，预防慢性病，有益于各年龄组人群的健康和体能，这已为大量科学实验所证实。运动作为一种非药物、经济、无副作用的预防措施已成为健康生活方式不可缺少的成分，尤其适合我国国情。

三、与肥胖和减体重有关的营养问题

个人对热量摄入和热量消耗的选择对于其是否会发生肥胖具有决定性的影响。每日通过饮食摄入了多少热量、摄入食物的类型、活动量，这些是评估生活方式对体重影响的基本要素。如果摄入的热量多于消耗量，那么这种热量供需正平衡的结果就会是体重（脂肪）的增加。为了减轻脂肪重量，就应该建立热量供需的负平衡。这可以通过降低热量摄入和增加热量消耗来实现。

（一）摄取食物

当个人摄取了过多的热量，其剩余部分就会以脂肪的形式储存在体内。从进化论的观点看，这是生物体对食物供应不稳定的环境所产生的适应。而当个体处于食物供应相对稳定的环境中时，这种适应机制的结果就是身体脂肪的增加。

健康专家常常争论的一个问题是：对应于他们的体重而言，肥胖者是否真的吃下了过多的热量，而关于每日饮食量的追踪研究在这个问题上没能给出清晰的答案。其原因可能是由于人们倾向于低估自己的饮食量，同时又高估运动量。更进一步的研究通过同位素标记食物来记录个人饮食量，结果表明，体重过高的人其热量消耗和摄取都比正常体重者高。较高的能量消耗是由于维持过重的体重进行新陈代谢的需要；而摄取过多的热量其原因尚未得到清楚的解释。

（二）进食方式和肥胖

当脂肪被吃下，在体内有更优先再合成为脂肪储存的倾向，而不是优先合成蛋白质和碳水化合物。从理论上说，脂肪的热效应（用于消化、吸收、转运、储存脂肪的能量）相对较小，因此将其再合成为脂肪并储存就更容易。因此，高热量和高脂肪的饮食引起体内脂肪合成增加，这是发展成肥胖的重要原因之一。

也有一些研究表明，肥胖者和体重超标者有这样一种倾向：他们摄取的总热量中脂肪的比例比正常人更大。看上去食物中含有更多的脂肪和单糖使个人更有可能发展为肥胖。在饮食习惯把复合碳水化合物作为主要能源物质的地区，肥胖的发生率相对较低。目前尚不清楚，在影响成年人对食物的偏好和对食物的选择的因素当中，个人口味和社会文化习惯何者的影响更为重要。

（三）通过改变生活方式控制体重

很多人对减肥往往有各种误区，有人认为少吃碳水化合物可以减肥，有人提出少吃脂肪可以减肥，还有人认为减肥需要少吃肉。其实，哈佛大学公共卫生学院对此进行了长达 2 年的观察，发现无论减少三大宏量营养素中的哪种比例，只要控制每日总能量摄入，即可达到减肥的目的。每一个体重超标者都应对自身的生活方式进行评价，以找出是其中的哪一方面促成了体重的过度增加。然而，有一些普遍的建议将会对试图减轻体重者有所帮助。

- 减少总热量摄入。
- 减少摄入脂肪。
- 增加身体活动。
- 改变饮食行为。

为了降低体重应建立起热量供需的负平衡。为降低体重所设定的热量摄入量应以保证健康为前提，并最终满足减轻体重的目标。根据美国运动医学会（ACSM）的建议，每周体重减轻的量不应超过1 kg。一般的做法是，每周使热量缺少3 500 ~ 7 000 kcal（500 ~ 1 000 kcal/d），这样，从理论上，会出现每周减少脂肪0.5 ~ 1 kg的效果。

热量负平衡的计算是基于个人每日热量消耗的基础上的，根据美国体质与健康指导员手册的标准，个人每日热量消耗的粗略计算方法如下：

首先计算基础代谢率（BMR），Harris – Benedict 公式是一种较为简单常用的估算基础代谢率的公式：

男子：$BMR = 88.362 + (4.799 \times 身高) + (13.397 \times 体重) - (5.677 \times 年龄)$

女子：$BMR = 447.593 + (3.098 \times 身高) + (9.247 \times 体重) - (4.33 \times 年龄)$

BMR 单位是 kcal/d，身高单位为 cm，体重单位 kg，年龄单位为年。

在基础代谢率算出后，用以下标准估算每日活动所需热量。计算所得的值为维持当前体重所需热量的粗略估计值。

- 对一个只需要很少的身体活动（例如，大多数时间坐着工作）进行工作或休闲（例如，不进行有规律的体育活动）的人，将 BMR 乘 1.4。

- 对需要中等程度的身体活动（例如，更多的时间是走或站立）进行工作和/或从事有规律（至少每周3天）的中低强度的体育活动（例如步行或慢跑）的人，将 BMR 乘 1.6。

- 对于需要高度体力活动的工作（例如搬运工等）和/或从事有规律（至少每周4天）的中高强度的体育活动（例如慢跑或跑步）的人，将 BMR 乘 1.8。

大多数健康成年人可以每日摄入热量1 000 ~ 1 500 kcal 而不至于出现不良后果。而如果每日热量摄取在800 kcal以下，那么这一过程必须处于医生监督之下，因为热量摄入的限制过于严格。ACSM 建议每日热量摄取不应少于1 200 kcal。值得注意的是，以上是针对普通人的建议。而对于某些特殊需要者，例如运动员、老年人、某些代谢失常的患者，他们的热量需求可能更为特殊。在限制饮食的情况下，将可能会出现 BMR 和瘦体重的下降。这种负作用在热量亏损额更大的人将会更加明显。

本章小结：

1. 减少食盐、酒精的摄入以及减体重都可使血压降低，这与血容量、心输出量、血管周围阻力及肾功能改善有关。

2. 有规律的运动、限制饮酒、忌烟、减少膳食脂肪的摄取、补充可溶性纤维、鱼油或各种抗氧化剂可能会预防动脉粥样硬化的发展过程。

3. 运动治疗结合饮食治疗和胰岛素及降糖药应用的药物治疗是糖尿病治疗的“三驾马车”；运动的效果是降低血糖和减少降糖药物的应用；饮食治疗的目的在于恢复和维持正常的血糖、尿糖、血脂水平，防止和减缓并发症的发生。

4. 骨质疏松症以原发性发病率高，主要原因是缺钙（膳食缺钙、钙吸收减少和钙排出增加）。要注意合理营养，随增龄适时适量补钙，同时加强室外体力活动。骨质疏松症的预防是人一生要注意的问题。

5. 体力活动不足或饮食不合理是引起体重超重或肥胖的重要原因。通过减少食物总热能摄取、选择合适的进食方式和改变生活方式控制体重是较为有效的预防方案。可根据公式计算出个体基础代谢率，并标准估算每日活动所需热量，以控制每日热能平衡。

思考题：

1. 心血管疾患与运动不足及营养失衡有何内在的联系？可采用什么有效方法进行防治？

2. 糖尿病患者宜采用何营养及运动手段控制病情？

3. 如何采用营养配合运动的方式预防骨质疏松症的发生？

4. 如何采用营养配合运动的方式控制或减轻体重？

5. 健身防病的合理膳食营养是什么？

参考文献：

[1] Yang W, Lu J, Weng J, *et al*. Prevalence of diabetes among men and women in China[J]. N Engl J Med, 2010, 362: 1090 – 101.

[2] 中华医学会糖尿病学分会 中国医师协会营养医师专业委员会. 糖尿病医学营养治疗指南(2010), 2010.

[3] Sacks FM, Svetkey LP, Vollmer WM, *et al*. Effects on blood pressure of reduced dietary sodium and the Dietary Approaches to Stop Hypertension(DASH) diet[J]. N Engl J Med, 2001, 344: 3 – 10.

[4] Liese AD, Bortsov A, Günther AL, *et al*. Association of DASH diet with cardiovascular risk factors in youth with diabetes mellitus: the SEARCH for Diabetes in Youth study[J]. Circulation, 2011, 123(13): 1410 – 1417.

[5] Katan MB. Weight – loss diets for the prevention and treatment of obesity[J]. N Engl J Med, 2009, 360(9): 923 – 925.

（郑　璇）

第十七章　运动员营养状况的评定

提　要　运动员的营养状况与运动员的健康和运动能力密切相关，对保证和提高训练效果，维持良好的竞技能力非常重要。营养状况的评定是以膳食营养调查为基础，通过运动员体格检查和营养状况的生化监控进行综合评价，目的为全面了解运动员的膳食是否合理，发现存在的问题。我国地域辽阔，各地区运动员的膳食组成和饮食习惯比较复杂，一些食物的处理和烹调方法也有很大的不同，且运动项目种类较多等，都会造成营养素摄取不平衡或摄取量不充分。因此，为了解运动员的膳食组成、营养状况、健康情况与运动能力的关系，为进一步改善运动员的营养和健康状况提供基本资料，必须有计划地对运动员进行营养调查。

营养调查（nutritional survey）是评定营养状况的基本方法，系指运用各种手段准确地了解某人群或特定个体各种营养指标的水平，以判断其当前的营养和健康状况。完整的营养调查工作包括：膳食调查、身体营养状况检查及实验室检查3部分。膳食调查是通过每人每日膳食中营养素的摄取量，看这些营养素的摄取量是否满足身体日常需要，作为评价营养状况的基本资料。身体营养状况检查是应用临床方法来检查运动员的发育情况及营养缺乏病的病征，以判断受试者的营养和生长发育状况。实验室检查是测定受试者的血液、排泄物或者身体其他成分（如头发）中所含有的各种营养素、营养素的代谢物或其他化学成分的变化以评定膳食中营养素的水平、吸收与利用情况，对运动员的营养状况和健康状况进行全面而完善的评价。膳食调查、身体营养状况检查及实验室检查3部分是互相联系和互相验证的，一般应同步进行。本章主要介绍运动员的膳食调查、营养状况的体格检查和营养状况的生化监控等。

第一节　运动员膳食调查

运动员是一组特殊的人群，其营养需要量随运动量、运动条件和不同季节而变化，因此必须经常进行营养调查。通过营养调查可以全面了解运动员个体或群体膳食和营养状况，了解运动员膳食中营养素的供给量是否平衡，早期发现营养问题。

膳食调查的目的是了解在一定时间内调查对象通过膳食所摄取的能量和各种营养素的数量和质量，借此来评定正常营养需要能得到满足的程度。膳食调查是营养调查工作中一个基本组成部分，它本身又是相对独立的内容。单独膳食调查的结果就可以成为对所调查的单位或人群改善营养和进行咨询、指导的主要工作依据。

膳食调查点应选择在食品生产、供应情况、地理条件、气象条件、居民饮食习惯等特点上具有代表性的地区。调查时间一般四季都可进行。

一、膳食调查的方法

常用的膳食调查方法有 3 种，即称重法、查账法和询问法，三种方法各有特点，可根据不同情况而采用相应的方法。

（一）称量法（或称重法）

指对某一伙食单位（集体食堂或家庭）或个人一日三餐各种食物的食用量进行称重，计算出每人每天各种营养素和平均摄入量，调查时间为 3 ~ 7 天。其步骤包括：（1）准确记录每餐各种食物及调味品的名称；（2）准确称取每餐各种食物的烹调前毛重、舍去废弃部分后的净重、烹调后的熟重以及吃剩饭菜的重量；（3）计算生熟比（生熟比 = 生食物重量/熟食物重量）；（4）将调查期间所消耗的食物按品种分类、综合，求得每人每日的食物消耗量；（5）按食物成分表计算每人每日的营养素摄入量。

称重时要准确掌握2方面的资料：一是厨房中每餐所用各种食物的生重和烹调后的熟食重量，从而得出各种食物的生熟比值；二是称量个人所摄入熟食的重量，然后按照上述生熟比值算出每人各种食物的重量，再计算出每人每日各种生食物的摄取量，然后将平均每人每天各种食物的进食量填入“每人每日营养素摄取量计算表”，按食物成分表计算出每人每天营养素的摄取量。此种方法较准确，适用于特殊要求的集体单位、个人以及要求严格的研究方面，但费时费力，不适合大规模的膳食调查。称重膳食调查表参见表17－1。

表17－1　＿＿＿＿＿＿＿＿运动员膳食调查表（称重法）

姓名：＿＿＿＿＿　性别：＿＿＿　年龄：＿＿＿　运动级别：＿＿＿　调查日期：

餐别	饭菜名称	食物名称	熟食重（g）	熟食剩余重（g）	实际进食量（g）	相当于生重（g）	备注
早餐							
午餐							
晚餐							
点心							

（二）记账法

适用于有详细账目的集体单位的膳食调查。具体方法是在一定的时期内，如1

周、10天或半个月，根据被调查单位的每日购买食物的发票和账目、就餐人数的记录，获取各种食物总消耗量和每日用餐人数，据此和食物成分表计算出每人每日平均的食物消耗量及各种营养素的摄取量。因此，用记账法进行膳食调查的可靠性取决于被调查单位的账目和每餐就餐人数统计的准确性。

调查期间应注意食物分类要清楚，如肉类应分为畜类、禽类、鱼和其他海产品，蔬菜应分为叶菜、茄果类、根茎类等，然后再进行亚类细分为猪、牛、羊肉等。食物名称记录要准确，如猪里脊肉、鸡肉、基尾虾等。调查者应到现场观察，看看有无废弃食物的情况，如有应加以纠正，或可以从食物总消耗量中扣除。记账法一般简便易行，易掌握，所费人力少，可调查较长时间的膳食。但没有称重法准确，不宜用于深入研究某些营养问题。

在调查期间要准确登记就餐人数，根据食物消耗量计算每人每日食物的消耗量，通过查食物成分表或相应的计算机软件，计算出各种营养素的摄入量。上述可参照表17－2。

表17－2 ______项目运动员膳食调查表（记账法）

就餐总人数：______ 其中运动员：______ 教练员：______ 其他人：______ 调查日期：______

食物名称	调查前结存量（kg）	调查期间购入量（kg）	调查结束时剩余量	食物总消耗量	平均每人每日消耗量	备注

（三）询问法

此种调查方法的缺点是不太准确，误差较大，但优点是最为方便，一方面在客观条件限制不能进行记账法与称重法调查时，可采用询问法调查，此法可用于家庭或个人。开始前应向调查对象说明调查的意义和方法，然后填写姓名、年龄、性别、职业、饮食习惯等。询问膳食主要组成部分和数量，每日进餐次数、时间、食物种类、数量、主食、副食、水果、点心等，将每日摄取的食物的种类和数量详细填入"询问膳食调查记录表"内（表 17－3）。询问有困难或有疑问时应加用称重法核实，以提高调查结果的准确性和弥补单纯询问的不足。询问观察不一定要连续进行3 日，中间可间隔一二天。调查记录表内所列各项内容必须认真详细填写。如发现询问观察不完全或者有遗漏或者对熟食的估计量（如饭、菜、汤面等）不准确，应再询问、观察加以纠正。

表 17－3　询问膳食调查记录表

姓名＿＿＿＿＿＿ 性别＿＿＿＿＿ 年龄＿＿＿＿＿ 运动项目＿＿＿＿＿＿＿＿＿

饮食习惯：食欲　好　中　差　饮食时间：早＿＿＿＿＿　中＿＿＿＿＿　晚＿＿＿＿＿

嗜好：饮酒　饮茶　甜味饮料　点心　其他

食物摄取量记录表

日期	餐别	饭菜名称	食物名称	原食物使用量/g	废弃量/g	净摄入量/g

二、膳食营养评价

膳食营养评价的目的就是运用膳食调查所得到的资料，按照营养学的基本原则来衡量食物搭配是否合理，摄入的营养素能否满足机体的需要，各种营养素是否平衡等。

（一）每日膳食营养素摄入量

根据上述调查表中每日营养素摄入量，对照“推荐每日膳食中营养素供给量标准”（RDA），计算出各种营养素的实际摄入量占 RDA 的百分比，以了解每日摄入的营养素量是否合适，从而评价营养是否合理。

各种营养素的摄取量不一定必须达到百分之百才算满意，因为所订的供给量标准比一般平均需要量要高些。能量是否平衡对人体健康影响极大，故是营养的关键问题，应首先考虑。一般热量的摄入量占供给量标准的 90% 以上为正常，低于 80% 为摄入不够。如热量的摄入量长期超过供应量，将导致脂肪堆积，危害健康。其他各营养素摄入量如在 RDA 的 80% 以上，一般可保证大多数人不致发生缺乏病症状，低于 60% 属于严重不足。当然，人体对各种营养素的需要量有相当大的个体差异，即使吃同样的膳食，有的人会发生某种营养素缺乏症，而另外一些人则完全正常。

（二）热能营养素来源及分布

热能营养素的来源与该地区的经济生活或家庭的经济水平有关。经济水平低，动物性食物就少，谷类或薯类摄取比较多，如这类食物的供热量占总热量百分比高时（如达到 90%）很容易产生蛋白质不足和一些维生素缺乏现象。蛋白质供给量应占总热量的 11% ~15%，其中儿童和青少年应为 12% ~15%，成人为 10% ~12%。糖类供应量占总热量的 60% ~70% 为宜，脂肪应占总热量的 20% ~25%。

（三）蛋白质来源及分布

我国居民大部分蛋白质的来源为植物性食物，其中蛋白质的质量不高，应增加一些动物蛋白，可以更好发挥蛋白质的互补作用。因此在蛋白质摄入量满足的情况下，动物性和豆类蛋白质总量的 30% 以上，这样被认为蛋白质质量良好；而低于 10% 被认为蛋白质质量差。

（四）脂肪来源及分布

脂肪在膳食中主要的供能物质，但同时也是脂溶性维生素的溶媒，一些不饱和脂肪酸是人体必需脂肪酸。摄取脂肪尤其是饱和脂肪酸过多，可促使发生动脉硬化。在脂肪的供应中，要求植物性来源的脂肪不低于总脂肪量的50%。

（五）三餐热量的分配

一日三餐热量分配应为，早餐占30%，中餐占40%，晚餐占30%。一般一餐的热量不能超过全天总热量的50%。目前我国三餐分配不合理的现象主要表现为早餐热能不足，这不仅对儿童、青少年的身体发育不利，同时也成为学生学习和工作效率下降的重要原因。

通过对膳食调查结果的分析和评价，除了对被调查者的各种营养素摄入情况有比较全面的了解外，还应当对调查中发现的问题，如食物的贮存、加工烹调方法、饮食卫生习惯、食物合理利用和搭配等，提出可行的改进意见或建议，以便使被调查者改善其膳食情况，提高合理营养水平，增进身体健康。

第二节　身体营养状况检查

开展营养调查工作时，应对被调配者进行体格检查，主要包括身体测量、临床体检和营养缺乏症检查3部分。

身体营养状况体格检查，主要是观察受检者因营养素缺乏或摄取量不足而影响生长、发育以及发生营养缺乏病症状及体征，一般包括人体测量和临床检查。人体测量测定人体身高、体重及其他长径（如坐高、股骨长）和周径（如胸围、腰围、臀围、腿围等），取得测量资料并用这些资料以及由此计算出体质指数（如BMI）和比值（如腰臀比）以评价人体发育状况及健康水平，从而了解对机体有长期和深远影响的营养状况。临床检查是应用临床手段来检查受检者在生理功能、临床和体征等方面有无异常表现即营养缺乏和过剩的病征，以判断受检者营养不良。体格检查比较简单，但又是营养状况评定时不可缺少的一部分。

一、身体测量

（一）体重和身高

体重和身高是人体测量资料中的基础数据，在反映人体营养状况上比较确切。体重可以反映一定时间内营养状况的变化；而身高可反映较长时期的营养状况。

1. 标准体重

与身高相应的理想体重称标准体重。根据所测得的身高，按一定的公式算出的标准体重。

我国常用的标准体重多用 Broca 改良公式，即：

标准体重（kg）＝身高（cm）－105

或用平田公式，即：

标准体重（kg）＝〔身高（cm）－100〕×0.9

评价标准：用实际体重改变率表示，即实测体重与标准体重的距离。

实际体重改变率（%）＝（实际体重－标准体重）÷标准体重×100%

实测体重与标准体重在±10%范围内为正常体重，±（10%～20%）为过重或瘦弱，±20%以上为肥胖或严重瘦弱。

2. 理想体重百分率

表示被测量者实际体重偏离总体标准的程度。

理想体重百分率（%）＝实测体重÷标准体重×100%

评价标准：>90%正常；80%～90%为轻度营养不良；60%～80%为中度营养不良；<60%为严重营养不良；>120%为超重；>150%为肥胖，>200%为病态肥胖。

（二）皮褶厚度

皮下脂肪占总全身脂肪总量的一半，并与体脂总量的消耗和贮备呈正相关，所以测量皮褶厚度可推算体脂的变化，间接反映热能的营养情况。与体脂关系最密切、应用最多的是三头肌皮褶厚度。其他部位，如肩胛下部、腹部等皮褶也较常用。

三头肌皮褶厚度测量方法：被测者上臂自然下垂，取左上臂背侧三头肌部，左肩峰至尺骨鹰嘴的中点上方约1～2 cm，测试者用左手拇指和食指将皮肤边同皮下组织捏起呈皱褶，然后用皮褶计测量皮褶根部的厚度。正常参考值中国男性为8.4 mm；女性为15.3 mm。评价标准：>90%的正常参考值为营养正常，90%～80%为轻度体脂亏损，80%～60%为中度体脂亏损，<60%为严重体脂亏损，>120%为肥胖。

（三）上臂围和臂肌围

1. 上臂围

上臂围测定时左臂自然下垂，用软皮尺先测出上臂中点位置，然后测上臂中点周长。我国男性平均为27.5 cm。因上臂围包括皮下脂肪在内，故能反映热能营养状况，但不常用。通过上臂围和三头肌皮褶厚度，可计算出上臂肌围。

2. 上臂肌围

可较好反映肌肉蛋白质营养状况和全身蛋白质的贮存状况。

上臂肌围 = 上臂围（cm）－0.314×三头肌皮褶厚度（mm）

评价标准：我国男性平均为25.3 cm，女性为23.2 cm。测量值>平均值90%为营养正常，90%～80%为轻度肌蛋白消耗，80%～60%为中度肌蛋白消耗，<60%为重度肌蛋白消耗。同时，该指标与血清白蛋白浓度密切相关。

二、营养缺乏病的体征检查

由于营养缺乏病的症状及体征比较复杂，在体征检查应注意以下2方面：一是轻度营养缺乏病很不典型，检查时要仔细不要遗漏；二是有些症状及体征不是特异的，其他因素也可引起，所以要注意鉴别诊断。一般情况下，营养缺乏是渐进过程，在营养摄入不足时首先运用体内贮存的营养素。当贮存的营养素不足或耗尽时才出现营养素缺乏的临床表现。因此，当体检发现营养缺乏症时，说明营养不良已经历了较长过程。表17－4列出各种症状与营养缺乏的关系。

表 17－4　各种症状与营养缺乏的关系

身体部位	症状	可能缺乏的营养素
全身	体重过轻	能量、蛋白质、钙、磷、维生素
	食欲不振，易疲劳	维生素 B_1、维生素 B_2、维生素 C、尼克酸
	膝反射亢进或消失	维生素 B_1
	下肢浮肿	蛋白质、维生素 B_1
头发	缺少光泽、少、稀疏、易脱发	能量、蛋白质
脸	面色苍白，缺油脂	蛋白质、维生素 B_2
	满月脸	蛋白质
眼	结膜苍白	铁
	毕脱斑，结膜、角膜干燥，角膜软化畏光，角膜血管新生、周围充血	维生素 A、维生素 B_2
唇	唇炎、口角炎，瘢痕	维生素 B_2
舌	猩红、赤裸露肉	尼克酸
	品红、慢性舌炎	维生素 B_2
牙床	肿胀，海绵状出血	维生素 C
腺体	甲状腺肿大，腮腺肿大	碘，能量
皮肤	干燥，毛囊角化过度，粉刺	维生素 A、维生素 B_2
	瘀点、瘀斑，糙皮性皮炎	维生素 C，尼克酸
	阴囊皮炎	维生素 B_2
指甲	凹形甲，匙状甲	铁
皮下组织	水肿，皮下脂肪减少	蛋白质，能量
肌肉及骨骼系统	肌肉萎缩，颅骨软化，骨骺增大，前囟门持久不闭合，弯腿，串珠肋	蛋白质，能量，维生素 D
肝脏	肿大	蛋白质，能量
神经系统	多发神经炎，活动减弱	维生素 B_1 及 B 族维生素
心脏	肥大，心动过速	维生素 B_1

第三节 运动营养的生化监控

运动营养的生化监控是在膳食营养调查和体格检查的基础上，对运动员进行实验室营养生化指标的检测，了解膳食营养是否满足运动员身体健康和运动训练的需要，为改善膳食提供依据。营养生化的监控主要通过测定受检者体液（血液、排泄物、汗液等）或其他身体成分（如头发）中所含有的各种营养素、营养素的代谢物或其他化学成分的含量，以评价膳食中营养素的水平、吸收、利用与储存情况，从而评价人体的营养素水平和运动员的机能状况。

一、生化评价的一般指标和评价标准

常规的营养生化的测定包括：血浆中营养素水平；营养素经尿中排泄的速率、浓度和总量；尿中营养素代谢产物水平；营养不良时造成血、尿中出现营养素的异常代谢产物；与营养素摄入量有关的血液成分或酶活性的改变；毛发和指甲营养素成分的测定；营养素负荷、饱和试验及核素试验等。

进行实验室生化测定时，取样的种类、方式、时间等因素是重要问题。所取的样品应确切反映被检者的营养素摄入水平，而且要考虑样品的易取性。目前应用取样最多的是尿和血液。一般来讲，血液比尿检查能提供更广的检测范围。血液的检查包括全血、血浆、血清、红细胞、白细胞及淋巴细胞中营养素的含量等。检查血样中的营养成分要注意血液中营养成分的浓度在较大程度上反映的是最近期膳食情况，而不是长期的营养状态。早晨空腹血样可能校正近期膳食引起的血液成分的波动。

取尿样的测定时，收集 24 h 尿样能比较正确地反映每日经肾脏排出的特定营养素含量，但 24 h 尿样的收集困难。任选一次尿样又受采尿时间、尿量多少、采样前水分摄入量、体力活动等多种因素的干扰，直接影响尿中营养成分及其浓度。因此，进行营养调查时，尿样采集选择晨尿，或用尿内某一营养成分对尿肌酐（g）的比值来表示。（表 17 -5）

表 17－5 常用的生化指标及营养评价

检查项目	评价标准	临床意义
血清总蛋白（g/L）	6～17 岁≥60 正常 <60 不足 成人≥65 正常 60～64 不足 <60 缺乏	不足或缺乏时提示蛋白质摄入不足，或严重的肝肾疾病，如肝硬化、慢性肾炎等
血清白蛋白（g/L）	成人 35～55	缺乏时引起水肿、创伤难愈合、免疫功能下降
血红蛋白（g/L）	成年男子≥130 正常；<130 缺乏 成年女子≥120 正常；<120 缺乏	缺乏时称为贫血。可由于合成减少，如铁或蛋白摄入不足引起，也可因红细胞破坏过多。
血清运铁蛋白（g/L）	18～25 正常	体内缺铁或长期失血时升高；恶性贫血、肝病、补铁过多时降低。
视黄醇结合蛋白（mg/L）	26～76 正常	是反映膳食中蛋白质营养最灵敏的指标，缺乏时意义同血清白蛋白。
血清甘油酯（mmol/L）	<1.47 正常	高脂、高糖、高热量饮食时升高；糖尿病、肥胖症、动脉硬化者也可见升高。
血清胆固醇（mmol/L）	<5.95 正常	食入富含胆固醇的食物等可升高。更易引起动脉硬化。
血清高密度脂蛋白胆固醇（mmol/L）	0.88～1.76	降低时发生动脉硬化的危险性增加，升高时发生动脉硬化的危险性降低。
血清维生素 A（mg/L）	成人：200～900 正常	低于正常值与摄入不足有关，可引起夜盲、结膜干燥、皮肤干燥等

续表

检查项目	评价标准	临床意义
血清维生素 C（mg/L）	4～8 正常；<4 缺乏 8～12 充裕	食物摄入不足时降低，可引起牙龈炎、皮下出血，结缔组织形成不良
尿肌酐（g/24 h）	成年男子 0.9～1.8 成年女子 0.8～1.5	蛋白质营养不良时降低
血清铁（μmol/L）	成年男性 13.6～28.3 成年女子 10.7～31.0	营养不良、吸收不良引起降低，最常见引起贫血，有乏力、头晕、心悸、气急、面色苍白等
血清锌（μmol/L）	成人 101～119	摄入不足时降低，可引起生长发育迟缓、性成熟迟缓、食欲减退、伤口不易愈合等

二、运动员营养生化监控系统

运动员营养生化监控一方面可以反映运动员的营养水平和身体机能状况，另一方面又能反映对运动训练的适应和营养素的需求。科学合理的营养生化监控是掌握训练负荷和了解运动员机能状况的重要内容，也是科学化训练的重要环节。营养生化监控的内容除了一般实验室生化的检测之外，还应考虑运动训练的特殊环境、特殊训练阶段的因素，尤其应对运动能力和身体机能状况进行综合评定。目前在运动训练的实践中，常用的营养生化监控指标体系包括以下方面。

（一）蛋白质营养及铁代谢指标的营养监控

1. 蛋白质营养评价指标

运动训练过程中蛋白质分解代谢增强，同时也诱导运动后蛋白质合成能力提高，因此运动员对蛋白质的营养需求相应增加。运动员若因训练负荷过大、能量或蛋白质食物摄取减少、消化吸收机能下降等因素，可能引起蛋白质营养不良，表现为肌肉蛋白减少、血浆蛋白降低以及运动性疲劳加剧等症状。一般可以通过血红蛋白和血清蛋白含量测定、氮平衡实验、血尿素测定等评价。

血红蛋白是红细胞中一类含铁的蛋白质，是氧转运环节的核心物质，其主要生理功能是运输氧和二氧化碳，并参与体内的酸碱平衡调节。血红蛋白的含量可以反映运动员蛋白质和铁的营养水平，也可以反映运动员的运动能力和运动训练的适应状况。一般在大负荷训练的开始阶段，血红蛋白表现为下降趋势，因此从营养生化监控出发，要定期检测运动员血红蛋白的水平。

除血红蛋白外，血液中白蛋白、前白蛋白、血浆免疫球蛋白等也可以反映蛋白质的营养水平。这3种蛋白均在肝脏合成，当在血液中浓度降低时，可以认为是脏器蛋白缺乏、生化合成减低的缘故。其中白蛋白是血清中最多的蛋白质，合成数量受营养状况和内分泌的影响。白蛋白水平下降会引起血浆渗透压下降，是因蛋白质营养不良而引起浮肿的原因之一。测定样品易采集，方法简易，但白蛋白生物半寿期（20天）长，早期缺乏时不易测出，主要用于群体蛋白质营养状况调查，是反映蛋白总体状况的一个良好指标。其评价标准见表17－6。

表17－6　白蛋白营养评价标准

状况	评价标准/（g/L）
正常	>35
轻度缺乏	28～34
中度缺乏	21～27
严重缺乏	<21

注：当白蛋白浓度低于28 g/L时，会出现水肿。

前白蛋白是肝脏合成的一种糖蛋白，参与机体维生素A和甲状腺素的转运及调节，具有免疫增强活性和潜在的抗肿瘤效应。其半寿期约1.9天，前白蛋白迅速的转化速率使得它能更加及时地反映营养状况和能量状况。对于运动员在不同训练期蛋白质营养生化的监控更为灵敏，如按体重级别进行比赛的运动项目，不同减重阶段的营养评价。其评价标准见表17－7。

表 17－7 前白蛋白营养评价标准

状况	评价标准（mg/L）
正常	157～296
轻度缺乏	100～150
中度缺乏	50～100
严重缺乏	<50

2. 铁代谢评价指标

铁是人体必需的微量元素，人体内铁绝大部分与蛋白质结合而存在，正常成年男子体内的含铁量约为3～5 g，女子体内的铁含量稍低于男子。运动能增强铁代谢，易发生铁丢失和吸收下降，引起铁储备下降。当铁缺乏时，运动员有氧代谢能力下降，易疲劳，免疫机能降低等症状，因此，经常监测和评定运动员的铁代谢指标，对于保护运动员健康和提高运动能力都有重要意义。目前主要采用血清铁、血红蛋白、转铁蛋白、铁蛋白、血清转铁蛋白饱和度等指标评价铁代谢状况。还可以辅以红细胞压积、平均红细胞容量、血清或血浆运铁蛋白受体等指标。

其中血清铁蛋白是反映体内铁储备最敏感的指标之一，并且测定方法简单。一般缺铁时，血清铁蛋白降低，也反映蛋白质的营养水平。对运动员的评价标准为：当血清铁蛋白<60 ng/mL时，表示体内可能缺铁；当血清铁蛋白<40 ng/mL时，表示体内储存铁缺乏；当血清铁蛋白<20 ng/mL时，表示体内肯定缺铁，并常伴随骨髓铁不足。

铁代谢指标的检测对判断运动员铁营养水平、运动性贫血具有重要作用。一般体内出现缺铁性贫血之前，已有不同程度的缺铁，此阶段需要通过铁代谢指标进行综合评价，单一指标很难评价是否缺铁，最好选择2项以上指标组合检测。缺铁可分为三个阶段：储铁缺乏、缺铁性红细胞生成及缺铁性贫血，三者总称为铁缺乏症（表17－8）。

表 17－8 铁营养状况的指标评价

血液参数	铁营养正常	铁储备下降	红细胞生成缺铁期	缺铁性贫血
血清铁蛋白/（μg/L）	12～300	<12	<12	<12
运铁蛋白饱和度/%	35	35	<16	<16
红细胞游离原卟啉/（μg/dLRBC）	30	30	>100	>100
血红蛋白/（g/L）	>120	>120	>120	<120

（二）能量代谢及肌肉状态的营养生化监控指标

运动时骨骼肌的能量代谢增强，能源物质的需求增加，能量消耗的可达安静时的2～3倍甚至上百倍。能量代谢指标的评定能够反映运动员能源物质储备情况，也能够反映运动水平及骨骼肌的机能状况。反映能量代谢的营养指标主要有血糖水平、血尿素、尿酮体、血清肌酸激酶、尿肌酐等。

1. 血　糖

血糖主要指血液中的葡萄糖，运动员血糖的正常范围与正常健康人相同，为3.89～6.11 mmol/L。血糖变化可以反映体内糖代谢的状况，正常肌糖原储量的肌肉工作时，肌内燃料充足，对血糖的依赖性较低；而在低糖原储量的肌肉中，运动时对血糖的依赖性较高。一般在长时间亚极量强度运动时，血糖参与供能的比例随运动时间的延长而增加。当血糖摄取速度大于肝糖原分解速度时，会引起血糖水平下降。剧烈运动至衰竭时，肌糖原可下降至安静水平的25%，肝糖原和血糖水平也明显下降。由此诱发的运动性低血糖会严重影响以糖为主要燃料的脑细胞功能，造成中枢疲劳、不良感觉和运动能力下降。因此，在运动训练期间，血糖指标常用于训练期间运动员体能，合理补糖的监控，以及反映运动员糖储备的状况。

2. 尿　素

尿素是蛋白质代谢的终产物，也是运动员机能评定的重要指标，其在肝脏中的生成率和肾脏的排泄率处于动态平衡。一般情况下，当膳食蛋白质增加时，尿素排泄量增加，运动训练会使蛋白质代谢增强，所以运动员的血尿素水平略高于普通人。在运动情况下，血尿素的变化主要与运动负荷量有关，长时间大强度运动时，血尿素水平增加，蛋白质和氨基酸分解增强。训练负荷量越大，血尿素也越高，恢复也越慢。在使用血尿素来作为负荷量和恢复状况的评定时要注意以下几点：（1）运动员血尿素的个体差异较大，最好采用运动员个体的纵向比较；（2）高蛋白饮食会影响血尿素水平；（3）限制热能摄取也会影响血尿素水平，对于按体重级别比赛的运动项目，评价负荷量时应考虑是否限制热能摄取。

3. 酮　体

酮体是肝脏中脂肪酸不完全氧化的产物，透过细胞膜进入血液，为肝外组织提供能源。当人体饥饿、糖供应不足时，酮体生成增多。一般血酮体的浓度比较恒定，约 0.03 ~0.5 mmol/L，尿中酮体含量甚微，不易测出。当机体缺氧或糖大量消耗的情况下，脂肪酸动员加强，则酮体生成增加，可代替血糖提供部分能量。当酮体生成超过组织所能利用时，在尿中会出现酮体。因此，测定尿酮体，可以了解糖原储备和脂肪供能情况，对于评价运动员能量代谢及训练程度都有帮助。

4. 血清肌酸激酶

血清肌酸激酶（CK）是骨骼肌中的一种重要代谢酶，运动训练引起肌细胞通透性增加，使 CK 溢出增加。因此血清肌酸激酶活性的测定能反映运动员身体机能状态及运动后身体恢复状况。一般运动员血清 CK 水平的升高与运动强度呈正相关，同时运动的类型也会影响 CK 的水平，如骨骼肌离心收缩（下坡跑，跳深训练等）对肌肉的刺激作用最大，CK 的升高也最明显。通常 CK 的安静值为：男运动员不高于 300 U/L，女运动员不高于 200 U/L。训练期对 CK 的监控，可用于评价运动强度，运动适应的状况及运动员的机能状态。但要注意在评定 CK 测试结果时，运动员是否有肌肉损伤。

5. 尿肌酐

尿液中肌酐是肌肉中肌酸的代谢产物，尿肌酐的数量反映肌肉的质量，间接反映体内肌肉中蛋白质的含量。一般骨骼肌发达的运动员与同体重的人相比，尿肌酐的排泄量较多。反之，尿肌酐排泄量少，说明肌肉发达程度低，体脂较多。测定尿肌酐时不能以任意一次尿液代表日尿肌酐排泄量，通常用 24 h 内每千克体重尿肌酐排泄量来表示，也称为尿肌酐系数。表示方法：

尿肌酐系数 =24 h 尿肌酐排泄总量/总体重（mg/kg 体重）

男性的尿肌酐一般为 18 ~ 32 mg/kg 体重，女性为 10 ~ 25 mg/kg 体重。对于在短跑、举重等爆发力项目的运动员，肌肉发达程度高，肌酐系数高达 36 ~ 42 mg/kg 体重，并与专项成绩密切，其数值高是肌肉机能的反映。但在测定尿肌酐系数应排除运动员服用肌酸和大量摄取肉类物质的影响。

（三）维生素的营养监控

维生素是一类有机小分子物质，一般体内不能合成，运动训练引起维生素的需求量增加，也易引起丢失增多。当缺乏时，易引起相应的缺乏症，且运动能力下降。但在达到正常水平时，额外补充并不能提高运动能力。

1. 维生素 A（视黄醇）

维生素 A 属于脂溶性维生素，主要营养功用是维持正常的视觉功能、上皮的正常生长与分化，以及维持机体的免疫功能。对要求视力集中的运动项目如击剑、乒乓球、射击、赛车等项目的运动员，维生素 A 不足会影响运动能力。

成人血清维生素 A 的参考含量范围为每 100 mL 含 100 ~ 300 U。维生素 A 缺乏的早期症状为暗适应能力下降，严重者发展为夜盲症。现场调查时可以采用暗适应计测定，暗适应时间一般在 30 s 以下为正常。但需注意排除视神经萎缩、色素性网膜炎、近视性视网膜脉络膜炎等因素引起的暗适应能力降低。另外，运动员在训练期过度疲劳，血糖过低和睡眠不足时，也会降低暗适应能力。也可以通过检测血清视黄醇结合蛋白的水平反映维生素 A 的营养状况，视黄醇结合蛋白是运输维生素 A 醇的特殊蛋白，成年男子的平均血浆视黄醇结合蛋白（RBP）为 47 μg/mL，女子为 42 μg/mL。对于减控体重项目的运动员和要求视力集中的运动项目，监控和评价维生素 A 的营养水平非常重要。

2. B 族维生素的营养

维生素 B_1、维生素 B_2、烟酸在体内主要参与能量代谢，它们的需要量与机体热能摄取量成正比例关系。维生素 B_1、维生素 B_2 缺乏时，运动员的糖代谢能力下降，充足的 B_1、B_2 有利于有氧代谢能力的发挥。运动员由于训练期间汗液丢失增加，能量代谢增强，对该类维生素的需要量较大，近年来的营养调查也发现该类维生素普遍处于低水平，一般 B 族维生素的营养状况通过血液生化指标和尿负荷试验来评价。

（四）机体水、电解质的代谢状况评价

运动过程中，由于汗液的丢失经常超过水分的摄取，从而导致机体脱水或低水合状态。脱水会降低细胞内外液量，导致血液高渗和低血容量；低水合会降低有氧运动能力。伴随着水分的丢失，也会加剧电解质代谢的紊乱程度，从而引起运动能力下降。运动训练期间，及时评价机体水、电解质的代谢状况，对于提高运动能力和加快运动后的恢复有重要意义。目前主要通过总体水、细胞外水和细胞内水的测定、血容量的测定以及尿比重、尿液颜色的观察等评价水及电解质的代谢状况。

（五）免疫机能的营养监控

免疫球蛋白是机体受抗原（如病原体）刺激后产生的，其主要作用是与抗原起免疫反应，生成抗原—抗体复合物，从而阻断病原体对机体的危害，使病原体失去致病作用。人血浆内的免疫球蛋白可分为5类：免疫球蛋白G（IgG）、免疫球蛋白A（IgA）、免疫球蛋白M（IgM）、免疫球蛋白D（IgD）和免疫球蛋白E（IgE）。其中IgG是最主要的免疫球蛋白，约占人血浆球蛋白的70%。运动员免疫能力下降时，其中IgG、IgA和IgM常会减少，在免疫机能评定方面，多测定这3种球蛋白水平。

谷氨酰胺是一种氨基酸，也是人体中含量最多的游离氨基酸。我们免疫系统的淋巴细胞和巨噬细胞对谷氨酰胺的依赖性很高，因为它们要靠谷氨酰胺来提供能量和合成蛋白质的碳源和氮源。谷氨酰胺不是必需氨基酸，它在人体内可由谷氨酸、缬氨酸、异亮氨酸合成。在疾病、营养状态不佳或高强度运动等应激状态下，机体对谷氨酰胺的需求量增加，以致自身合成不能满足需要。运动员的血浆谷氨酰胺正常范围是480～800 μmol/L，在过度训练时明显下降，约降至300～400 μmol/L，因此血浆谷氨酰胺水平可以作为评价过度训练的一个重要指标。

总之，运动员营养生化的监控是在膳食调查的基础上，根据运动训练的任务和运动员身体状况相结合，选择适宜的测定指标，进行综合评价。

本章小结：

评价营养状况通常采用营养调查的方法，营养调查工作主要包括：膳食调查、身体营养状况检查及实验室检查3部分。膳食调查是通过每人每日膳食中营养素的摄取量，看这些营养素的摄取量是否满足身体日常需要，作为评价营养状况的基本资料。主要方法有称重法、查账法和询问法。身体营养状况检查是应用临床方法来检查运动员的发育情况及营养缺乏病的病征，以判断受试者的营养和生长发育状况。评定方法一般采用身体检查（包括身高、体重、皮褶厚度、上臂围和臂肌围等）和营养缺乏病的体征检查。实验室检查是测定受试者的血液、排泄物或者身体其他成分（如头发）中所含有的各种营养素、营养素的代谢物或其他化学成分的变化以评定膳食中营养素的水平、吸收与利用情况，对运动员的营养状况和健康状况进行全面而完善的评价。膳食调查、身体营养状况检查及实验室检查3部分是互相联系和互相验证的，一般应同步进行。开展营养调查的最终目的是根据调查和监测资料纠正存在的问题，并为更好改善运动员营养状况提供实际的和理论的依据。

思考题：

1. 完整的营养调查包括哪些部分？各部分有何联系？
2. 常用的膳食调查方法有哪些？比较各方法的优缺点？
3. 维生素A、维生素B_1、维生素B_2、维生素C缺乏症的表现各有哪些？
4. 论述运动员营养生化监控的主要内容。

（史仍飞）